汽车金融实务

主 编 牛艳莉

重庆大学出版社

内容提要

金融是现代经济的核心，汽车金融对汽车产业有着巨大的推动作用。本书的编写兼顾了理论性和实用性，紧密联系现实经济社会中汽车金融的实际现象和问题，同时围绕当今汽车金融的实际操作需要，以通俗易懂的语言、真实生动的案例、翔实可靠的数据，系统介绍了汽车金融的概述、目前国内外汽车金融的发展概况、汽车金融市场的主体、汽车消费信贷、汽车保险、汽车租赁、汽车置换以及当前汽车金融发展面临的困境和未来的发展趋势。每个项目都引入了实际案例分析，贴合生活，并且通过指导学生实践，结合实际案例，强化其实践应用能力，有利于更好地把握知识内容。

本书内容系统、丰富，既可作为高等院校金融类、经济类、工商管理类、保险类和营销类等专业学生的教学用书，也可作为汽车金融公司、汽车经销商和汽车保险从业人员的培训教材，还可作为从事经济管理工作人员的参考读物以及汽车金融知识的普及参考读物。

图书在版编目(CIP)数据

汽车金融实务 / 牛艳莉主编. -- 重庆：重庆大学
出版社，2022.8
ISBN 978-7-5689-3488-6

Ⅰ．①汽… Ⅱ．①牛… Ⅲ．①汽车—金融 Ⅳ.
①F830.571②F840.63

中国版本图书馆 CIP 数据核字(2022)第 143140 号

汽车金融实务

主　编　牛艳莉
策划编辑：范　琪
责任编辑：杨育彪　　版式设计：范　琪
责任校对：谢　芳　　责任印制：张　策

*

重庆大学出版社出版发行
出版人：饶帮华
社址：重庆市沙坪坝区大学城西路 21 号
邮编：401331
电话：(023)88617190　88617185(中小学)
传真：(023)88617186　88617166
网址：http://www.cqup.com.cn
邮箱：fxk@cqup.com.cn(营销中心)
全国新华书店经销
POD：重庆新生代彩印技术有限公司

*

开本：787mm×1092mm　1/16　印张：14　字数：343 千
2022 年 8 月第 1 版　2022 年 8 月第 1 次印刷
ISBN 978-7-5689-3488-6　定价：45.00 元

前　言

21 世纪以来,随着我国经济持续、健康、高速的发展,城镇居民的收入水平不断提高,汽车已经成为家庭生活中比较常见的消费品。加之国家鼓励汽车消费政策的出台,汽车正以惊人的速度进入我国家庭。我国是全球最具潜力的汽车大市场,世界汽车制造业巨头无一例外地抢滩我国市场。近几年我国汽车产业迅猛发展,已达到一定规模,汽车产业已被列为我国的支柱产业。与之相适应,在我国汽车产销量迅速飙升的同时,汽车金融产业也渐渐登上了历史舞台,汽车消费的日益增长,也促进了汽车金融服务业的蓬勃发展,我国汽车后市场的业务领域也迅速扩充。

汽车消费的日益增长,既催生了对汽车金融从业人员的大量需求,同时也对汽车技术服务从业人员的专业知识和专业技能提出了更高的要求。如何培养具有综合就业竞争能力的汽车金融岗位高级技术应用型人才,就显得极为迫切和需要。鉴于此,黄河科技学院金融服务和经济管理的一线教师组织编写了本书,作为"21 世纪应用型本科院校金融与经济管理"系列教材之一。

本书以汽车金融服务为主线,围绕理论与实务的相关内容进行展开,坚持"理论够用,强调实务"的原则,同时根据实际相关工作的需要,系统介绍了国内外汽车金融的发展历程与现状、汽车金融市场的主体、汽车消费信贷、汽车保险、汽车租赁、汽车置换以及当前汽车金融发展面临的困境和未来的发展趋势,具有较强的实用性。

本书由黄河科技学院牛艳莉教授担任主编。本书在编写过程中,参阅了大量公开出版的教材、相关资料和期刊,吸取了许多有益的内容,在此向有关作者致以诚挚的谢意。

由于本书内容涉及面较广,编者知识水平有限,疏漏和不妥之处在所难免,敬请广大读者批评指正,我们不胜感激。

编　者

2022 年 1 月

目　录

项目一

金融与汽车金融

金融是现代经济的核心,在汽车产业发展中必将起到积极的推动作用。随着我国工业化的发展,我国汽车产业发展迅速,已成为汽车产销第一大国,我国的汽车金融服务业发展也随之日益蓬勃。汽车金融是依托并促进汽车产业发展的金融业务,本项目主要介绍金融与汽车金融的相关基础理论。

任务一 金融的概述

金融行业一直以来都是现代经济中炙手可热,也变幻无穷的行业。种类繁多的金融资产为人们提供了众多的投资与融资工具。发达的金融市场既为金融投机者提供了无穷的发财致富机遇,也为资金需求者提供了"取之不尽,用之不竭"的金融资源。然而金融泡沫、金融风险和金融危机也使无数人美梦破灭,甚至倾家荡产。金融的无限魅力更使金融蒙上了无数神秘的面纱。

1. 金融的内涵

金融是一个经济学的概念。在现代经济生活中,人们都离不开金融并频繁地使用"金融"这个词。金融实际上就是指资金的融通,是由资金融通的工具、机构、市场和制度构成的有机系统,是经济系统的重要组成部分。

根据金融系统中个体与整体的差异可以划分为两部分,即微观金融和宏观金融。微观金融是指投资者、融资者、政府、机构和个人等金融市场主体的投资融资行为及其金融资产的价格决定等微观层次的金融活动。宏观金融是指金融系统各构成部分作为整体的行为及其相互影响以及金融与经济的相互作用。金融作为资金融通活动的一个系统,是以各个微观主体个体的投融资行为为基础,即工具、机构、市场和制度等构成要素相互作用并与经济系统的其他子系统相互作用的一个有机系统。

2. 金融机构与分类

金融机构特指专门从事各种金融活动的组织。金融机构按融资方式的不同,分为直接金融机构和间接金融机构。直接金融机构主要指的是为筹资者和投资者双方牵线搭桥的证券公司、证券经纪人和证券交易所;间接金融机构主要指的是作为资金余缺双方进行金融交易的媒介体,比如银行和非银行中介机构。

金融机构根据发挥作用的不同,分为商业性金融机构和政策性金融机构两类。商业性金融机构主要指以营利为目的的金融中介机构,通过提供金融中介服务、运营资金以实现利润最大化。根据其资产和负债的业务不同,商业性金融机构又划分为存款型金融机构、投资型中介机构和合约型储蓄机构。而政策性金融机构是指由政府投资设立或担保的,依据政府决策和意向发放贷款的不以营利为目标的金融机构。在我国,政策性金融机构主要有国家开发银行、中国农业发展银行以及中国进出口银行,这类金融机构不向公众吸收存款,有特定的资金来源,它的主要任务就是向一些投资规模大、周期比较长、风险比较高和回报率低的特定部门或产业提供资金来促进其发展。所以政策性金融机构考虑的主要是社会效益,而不是赢利。

3. 金融的功能

金融的基本功能就是融通资金,它是现代经济的核心,在汽车产业发展中起到了举足轻重的积极作用。经济活动中,资金的流动、集中和分配就构成了一个金融系统。金融系统是由连接资金盈余者和资金短缺者的一系列金融中介机构和金融市场利用金融工具实现资金在个人、家庭、企业和政府部门之间的融通,并在中央银行等金融监管机构的监督下实现资金的有效配置。在这里,金融工具作为载体将资金从资金盈余者转移到资金短缺者,是一种载明资金供求双方权利义务关系的合约,规定了资金盈余者向资金短缺者转移资金的金额和期限等条件。金融工具又被称为金融产品或金融资产。生活中最常见的形式就是国债、股票和保险单。

金融系统在资金的融通中扮演了重要的角色。作为一个有机整体,金融系统利用金融中介机构和金融市场发挥着重要的功能。概括为以下几方面。

(1)聚集和分配资源

在现代经济活动中,仅仅依靠个人、家庭或其他单个的资金盈余者一般难以满足投资所需要的最小资金需求量。金融系统提供了很多资金聚集的渠道以满足资金短缺者的需要。

金融可以实现资源的跨期分配,也就是资源在时间上的分配。金融有助于资金在时间上的转换,如果没有金融系统的参与,资金短缺的企业无法在当前获得资金进行生产,就不会产生未来的收入和回报。金融使得资金盈余者可以利用本期消费不完的资金进行投资,在未来获得收益。

金融还可以克服金融资源在空间上分配的不均衡,实现资金在地区之间的转移。在某一时期,需要资金进行投资并有较高资本回报的企业可能远离有盈余资金的地方。同样道理,金融可以帮助资金进行跨国流动,如德国的居民也可以投资位于美国的企业。

(2)承担管理风险

风险是未来结果的不确定性。风险和资金一样,也能通过金融系统进行转移。在经济活动中,由于不确定性的存在,人们面临着各种各样的风险,金融活动本身也具有一定的风险。

保险就是一种很好的风险管理机制。作为金融中介机构,保险公司有助于进行风险转移。保险公司向那些希望降低风险的人出保险单,收取少量的保险费,将保险资金集中起来。当有人发生损失时,保险公司就进行大额赔付(相对于保险费而言)。换句话说,你只要支付较少的费用就可以避免较大的损失。而保险公司利用保险的形式,使一个人的损失由许多人一起分摊,因为并不是每个人都会遭受大额损失。对于参加保险的每一个个体来说,需要承担的费用也并不是很多,因此保险得到了广泛的认同。

（3）提供流动性

对于以各种工具形式储存的资金(如股票和债券),金融提供了许多以较小的损失将这些工具转化为现金的方式和渠道,其中一个重要的途径就是在金融市场上进行交易转让。

金融市场的流动性越高,金融工具转换为现金就越容易,需要的成本就越低、时间就越少。

（4）保证清算和支付

金融的一个传统的重要功能是为个人、家庭、企业和政府部门在购买产品或服务时提供有效的清算和支付服务。在只有物质交换的时代,一个人要想购买他人提供的产品必须用产品交换,很不方便。后来,黄金等贵重金属的出现为支付交换提供了便利。今天,我们用纸币代替了黄金作为清算支付系统的有效方式;但是,对于要进行大额采购和销售的企业或政府的投资项目,携带大量的纸币既不安全又不方便。金融便为这些活动提供了便利有效的清算支付方式。例如,支票的使用、信用卡的划账功能、电子货币的出现、网上支付系统的发展,使现代经济活动可以快速、准确、安全、方便地完成清算和支付。

现代的清算和支付活动一般都建立在巨大的计算机网络系统的基础上,即使你的开户银行和消费地点相隔万里,或者在不同的国家,只要他们的清算支付系统相互连接,你就可以轻松地完成转账和结算。金融为经济活动的高效运作提供了便捷的清算支付方式。

（5）收集和提供信息

金融不仅可以提供投融资途径,还可以提供大量的信息。例如,股票价格和利率的信息、上市公司的信息、汇率和债券价格的信息、政府经济决策的信息等。这些大量的信息为资金盈余者选择投资方式、资金短缺者选择融资方式提供了重要的参考。

（6）监督和激励资金的有效使用

众所周知,股东利用拥有的股权,可以参与企业的经营决策,特别是大股东,更可以利用这一点对企业进行监督。这种监督行为又称为"用手投票"。但是,金融市场上也同样存在搭便车的情况。在股权分散的情况下,每个股东都希望其他股东为了利益最大化,对企业进行监督,自己则坐享其成。一般说来,大股东由于利益的比例更大,也往往能够左右企业的决策向有利于他们的方向靠近。小股东更多的是"用脚投票"。在这种情况下,当企业业绩不佳时,股东就会在金融市场卖出其所持有的股票,一走了之。当企业的大多数股东都这样做的时候,企业股票价格下跌,企业的管理者就不得不重新调整经营策略和管理模式,以避免股价进一步下跌。

金融系统聚集和分配资源、承担管理风险、提供流动性、保证清算和支付、收集和提供信息、监督和激励资金的有效使用这六大功能,是金融系统最主要的功能。随着金融的发展,金融的功能也在不断地扩充和完善。

任务二　汽车金融的内涵

　　汽车金融最早产生于20世纪初的美国,距今已有100多年的历史。相比欧美国家的成熟市场,我国汽车金融还处于发展时期。从西方发达国家的长期实践来看,汽车金融一般是指在开展汽车销售这一环节中,相关企业或机构为消费者和经销商能够降低资金困扰使得交易顺利达成而提供的信贷、融资及其他金融服务。通常来说,汽车金融及汽车金融产品的服务对象是经销商和消费者,其中经销商库存融资、汽车消费贷款、汽车融资租赁与汽车保险这四种服务是最典型的汽车金融产品。

　　汽车金融的概念最早起源于美国。美国消费者银行家协会曾将汽车金融定义为:"汽车金融以个人、公司、政府等消费群体为对象,以其获取未来收益的能力和历史信用为依据,通过提供市场利率的各类金融资产和产品及相应的价值型投资服务,实现其对交通工具的购买和使用。"然而,关于汽车金融的具体定义众说纷纭,目前有以下几种。

1. 美联储对汽车金融的定义

　　美联储并没有对汽车金融给出直接的定义,而是给出间接的定义,它主要是对金融服务类公司做出定义,其定义如下:一个公司如果绝大部分的资产是由多种应收账款组成,比如销售服务应收账款、中短期商业信用等金融服务类资产组成,那么此类公司就称为金融服务公司。汽车金融服务公司就属于此类范畴。

　　从这一定义中可以间接得出汽车金融公司的两大特点:①汽车金融公司的服务对象主要是个人金融消费者;②应收账款类的金融资产是公司的主要资产。

2. 福特信贷对汽车金融的定义

　　全球汽车融资行业的领头羊福特汽车信贷公司对汽车金融的具体定义:以专业化和资源化满足客户和经销商的需要,为经销商和客户提供金融产品和服务,包括为新车、旧车和租赁车辆提供融资以及提供批售融资、抵押融资、营运资金融资、汽车保险、库存融资保险等服务,同时围绕汽车销售提供金融投资服务。

3. 中国银监会对汽车金融的定义

　　原中国银行监督管理委员会(简称"中国银监会")对汽车金融公司的定义:汽车金融公司是指经中国银监会批准设立的,为中国境内的汽车购买者提供贷款并从事相关金融业务的非银行金融机构,包括中资、中外合资和外资独资的汽车金融机构。

　　综上所述,汽车金融是金融服务类产业,它是汽车产业重要的组成部分,也是汽车业与金融业相互渗透的必然结果。汽车金融主要从事汽车消费信贷、汽车融资租赁以及向生产型企业提供资金支持。汽车金融对实体经济有积极的推动作用。汽车金融服务就是指在汽车的生产、流通和消费过程中的资金融通活动,包括汽车金融资金在融通中所涉及的汽车金融机构(资金供应者)、汽车金融工具(融通媒介)、汽车金融市场(融通场所)、汽车供应者及汽车需求者这几个关键因素所组成的一个完整系统。从金融服务方式来看,除信贷业务之外,还应包括汽车保险、汽车租赁、汽车置换等业务。

随着经济社会的向前发展,金融创新在不断加快,汽车金融服务的范围也会不断拓宽,汽车金融将是一个动态的概念。

任务三　汽车产业与汽车金融

1.汽车金融产业融合理论

随着时代的进步、社会的发展,现代金融体系日趋多元化、现代化和综合化。汽车金融作为一种产业金融而成为现代金融体系的一部分,并成为汽车产业在金融市场上的核心竞争力。产业金融是对能促进特定产业发展的一系列金融活动的总称,汽车产业与金融产业的融合不仅为汽车产业的发展带来新的生机与前景,也为现有的金融体系注入新的活力,拓宽了金融产业的范畴。据此可知,汽车金融是汽车产业社会化大生产的必然产物,而汽车金融存在和发展的物质载体恰恰是汽车产业。产业往往涵盖产品、技术、企业、市场、制度等多项系统,产业融合则也包括产品融合、技术融合、企业融合、市场融合、制度融合等多种系统的相互融合,正因为这种产业之间的相互融合,使得各种新技术、新产品不断涌向市场,经过市场竞争的作用与影响,在长期的发展和沉淀之中逐渐形成新的产业。汽车产业与金融产业正是在这样的一个过程之中实现产业融合,将互不影响的两个产业紧密联系在一起,形成一种跨产业的经济现象,共同对市场产生影响和发挥作用,由此形成汽车金融这一新的产业。

工业与金融机构的紧密联系往往是由于参与市场活动的资本家受到原始资本逐利性的驱动,正如汽车产业与金融产业的融合,汽车产业资本与金融资本相互渗透,对于产业融合而言,跨产业的企业资本联系是极为必要的,如果汽车企业与金融机构之间无法取得资本联系,就不会出现汽车金融服务行业,更不会形成汽车金融公司这一非银行的金融机构。

我国作为世界汽车生产和消费大国,近几年汽车产业迅猛发展,已达到一定规模。自20世纪90年代以来,汽车产业已被列为我国的支柱产业。汽车产业的高速发展和汽车消费的持续增长,为国民经济的增长产生了巨大拉动作用。因此通过加快发展汽车金融服务从而推动我国汽车产业快速发展成为国民经济中的支柱产业具有非常重要的现实意义。

2.汽车产业与汽车金融

(1)汽车产业

汽车产业是随着汽车工业的升级而产生的。汽车工业主要指整车及零部件的制造环节,而汽车产业突出的是整个汽车产业价值链,不仅包括汽车整车和零部件的制造环节,还涉及汽车的销售和服务等环节。金融是指货币资金的融通,它的基本职能是为经济的运行筹集资金和分配资金,通过金融市场或金融中介直接或间接地将资金从供给方转移给需求方。汽车金融是依托并促进汽车产业发展的金融业务,是在汽车生产、销售、使用过程中,由金融及非金融机构向汽车生产、流通及消费环节提供的融资及其他金融服务。

从产业的性质看,汽车产业价值链中的汽车制造环节属于第二产业,产业价值链中的销售、服务等环节属于第三产业。因此,汽车产业既是一个技术密集型产业,也是一个资金密集型产业。汽车产业的高技术含量和规模化生产决定了它从融资到生产、销售及售后服务，都离不开金融资本和金融服务。而金融行业是服务业，属于第三产业，其经营的本质是为相关产业提供资金，并在此基础上寻求自身发展。这种产业之间的相互依赖性决定了汽车产业和金融行业之间的必然联系。

（2）汽车产业与汽车金融的联系

①汽车产业的发展需要金融业的支持。

a. 汽车在生产、销售环节的资金融通需要金融业的支持。

专业的金融配套服务，对各个环节提供及时周到的资金融通，可以有效地疏通汽车生产、销售、消费和服务等各个环节，从而有效地化解供求矛盾。由于现代汽车生产是规模化和大批量的流水线生产，故产能的增加是跳跃性的，而社会满足这种产能的消费需求却是逐渐提升的，因此在市场上形成了生产有余、卖者有货、买者无钱的局面。通过金融手段可以调剂社会消费资金，使其在短时间内既可以实现购买的愿望，资金供给充分，还可以通过金融手段调节数量上的平衡。汽车经销商可以用与汽车有关的各项汇票、本票申请票据融资，获得低成本的流动资金，还可以申请抵押贷款获得资金支持。汽车消费者可以更快、更优惠地获得购车贷款。通过金融服务，消费者虽然增加了汽车消费的相关支出，但同时大大减少了一次性支出的现金流，因此，不至于因为汽车消费而失去资产的其他盈利机会，汽车消费的机会成本大大下降。通用汽车公司为了推动其汽车的销售，克服当时银行不愿向还属于奢侈品的汽车发放消费贷款的障碍，成立了通用汽车票据承兑公司，而福特公司为了给其流水线大规模生产的汽车寻找销路，稍后也成立了福特信贷公司。金融服务机构的大部分资金来自消费者的储蓄。同样，它应该而且也可以在汽车的生产性信贷和汽车的消费性信贷之间作适当的分配，以调节和保证社会消费基金与社会生产基金之间的平衡。

b. 金融业的发展可以提高汽车产业资金的使用效率。

开放金融市场能有效地从社会各个角落中吸收游资和闲散资金，形成根据货币供求状况在各部门、各地区之间重新分配资金的机制。金融行业提高汽车产业资金使用效率的作用，主要体现在对汽车生产制造企业、汽车经销商、汽车维修服务商、汽车消费者的作用上。

金融行业为汽车产业创造价值提供了强大支持。在汽车产业发展各个阶段，金融行业为汽车产业注入了大量的资金，使汽车产业不断创造出真实的价值。汽车产业规模较大，在规模经济效应下，金融行业对汽车产业的支持规模逐步扩大，为汽车产业创造庞大的价值规模提供了强大的支持。从这一点上说，金融行业的强大供给是汽车产业蓬勃发展的关键因素。

汽车产业是一个显著体现规模化的产业，是典型的资本密集、技术密集、高投入高产出和规模经济效益递增的产业，一般具有较高的资产收益率。汽车产业对资金的需求量非常大，客观上需要有自己的融资机构，因此，国外的汽车金融公司发展很快。汽车金融公司对汽车制造商、汽车经销商和汽车消费者都是非常有利的，它们相互促进，相互依存，逐渐形成了汽车制造商、经销商和金融服务的"铁三角"关系。

汽车金融服务可以解决汽车生产、流通和消费中的资金需求，使生产资金与销售领域的资金占用分离，使资金的投向和使用环节明朗化，有助于资金合理使用，提高其使用效率。在国外，汽车制造商将产品配送给经销商，为了避免长期占用资金，制造商一般对经销商仅有2个月的赊销期,在2个月内经销商还款是免息的。经销商为了解决采购资金不足的问题,利用汽车金融公司提现便成为有效的手段。它可以利用与制造商之间的商业汇票到汽车金融公司兑换现金。在这种机制下,汽车制造商由于经销商货款的及时到位而保证了生产经营的顺利进行,双方都不需要占用很多的资金。经销商也不会因为消费者采用信贷方式购车而带来资金压力。经销商可以将消费者签署的贷款合同交给汽车金融公司,汽车金融公司凭此合同将车款一次性打入经销商账户,消费者只要向汽车金融公司慢慢还款就可以了。汽车金融公司在资金层面解决了制造商、经销商和消费者三者的矛盾,有力地促进了汽车产业的发展。

c.金融服务可以为汽车产业带来新的利润增长点。

对汽车制造商而言,由于增加了汽车销售而增加了盈利。对经销商而言,可以从三个方面增加盈利:一是汽车销售量增加带来的利润;二是库存资金占用减少、周转加快而增加的盈利;三是从金融机构获得的佣金收入。通过开展汽车融资销售,汽车产品从生产环节转移到流通环节后,生产企业即可收回货款,不用考虑应收账款和呆账风险,可在新产品的研发上投入更多的精力和财力,进而提高整个汽车产业的技术水平和产品开发能力。在汽车产业进入微利时代后,与汽车有关的金融服务不单纯是促进汽车销售,它本身就是重要的盈利手段,汽车金融服务已经是汽车产业链上的重要一环。

d.金融服务有利于汽车产业的整合。

资金是重要的生产要素,在趋利性作用下资金的流动具有自发增加的倾向。在整个汽车产业中,资金是最活跃、最有渗透力的因素,在金融市场的作用下,汽车产业能按市场规律配置资源,优势企业可在资本的支持下完成对行业的整合,如20世纪20—30年代的美国,汽车生产企业在资本的作用下由200家整合到主要的3家(通用、福特和克莱斯勒)。

②金融业的发展需要拓展汽车金融产品。

汽车金融是金融业的重要组成部分,开拓汽车金融市场对金融繁荣与发展具有举足轻重的作用。纵观国内外汽车产业与金融业的发展历史,大体上存在这样一种趋势:哪个时期的汽车产业兴旺发达,这一时期的金融业必然兴旺发达。金融业与汽车产业是相互影响、相互促进的。汽车产业的发展对金融业的影响主要表现在以下几个方面:

a.汽车产业的发展是金融业发展的需要。

金融业的稳步发展,需要实行多元资产战略,体现金融业经营管理的资产分散化原则的要求。汽车消费信贷可扭转金融业融资主体单一的局面,提高银行贷款对象的素质,扩大资金供给,提高资金使用效率。金融机构提供汽车消费贷款,一是有利于以贷引存,优化存款增长;二是有利于增强银行服务功能,扩大社会影响,提高知名度和竞争力;三是有利于调整信贷结构,分散和控制贷款风险;四是有利于促进中间业务的发展,增加银行收入;五是有利于扩大消费需求,引导居民消费行为,促进消费结构的合理化。因此金融机构有利于调动从事汽车消费信贷的积极性。

b.汽车产业的发展丰富了金融产品。

为汽车产业提供的金融服务已是欧美等发达国家的第二大个人金融服务项目,是一个规模大、发展成熟的产业,有着多样化的汽车金融产品,如价格浮动式汽车金融产品、投资理财汽车金融产品、以旧换新式汽车金融产品、公务用车式汽车金融产品等。与股票、债券、银行存款等大众化的金融商品相比,汽车金融产品是一种较为复杂的金融商品,由于消费者喜好具有多样性和易变性,对汽车金融产品的需求也呈多样化趋势。各金融机构为满足消费者的多样化需求,必然会想方设法开发新的汽车金融产品。因此,发展汽车金融服务业,可以大大丰富金融市场的金融产品。

c.促进了金融结算工具的进一步应用和推广。

随着汽车产业的蓬勃发展,金融业介入汽车产业领域的范围逐渐扩大,居民个人通过办理抵押贷款来购买汽车的方式得到进一步推广。为了方便款项结算,个人采用支票和银行本票办理结算已经成为可能,为支票和银行本票的扩大应用提供了外部条件。另外,有的银行还利用信用卡办理汽车消费贷款手续,建立分期付款、分期还款的自动转账支付系统,也为信用卡的业务内容推广起到了积极作用,为银行拓展了结算服务领域。

以上分析表明,汽车产业与金融业相互融合是现代社会经济发展的必然要求,两者是一种相互促进、相互依赖、共同发展的关系。

任务四　汽车金融机构体系

1.市场体系

在现代市场经济社会中,金融市场对汽车产业融资活动的作用愈发明显。汽车生产和消费所需资金的筹集与融通几乎都要通过金融市场才能进行。

(1)汽车金融市场的构成要素

汽车金融市场是指围绕汽车行业需要的一系列金融服务而形成的投融资关系,是金融市场在汽车生产、流通、维修服务和消费领域的子市场和细分化市场。汽车金融市场的基本要素主要有以下三个。

第一,资金的供给者和需求者,即融资主体。资金供给者和需求者是指汽车金融市场上资金商品的买卖双方,是汽车金融市场最为基本的要素,包括家庭和企业。个人和家庭通过参与汽车存款或者购买汽车金融市场上的有价证券而成为汽车金融市场的资金供给者,或者为购买、修理汽车向汽车金融机构申请贷款而成为资金的需求者。同时企业将生产经营过程中暂时闲置的资金存入汽车金融机构或购买各种汽车消费有价证券,从而成为资金的供给者;企业为了汽车的生产、销售、售后服务向银行申请贷款以及在金融市场上发行债券而成为资金的需求者。

第二,融资中介。融资中介是指在汽车资金融通过程中处于资金供给者和资金需求者之间的中介,主要是指兼营或专营汽车金融业务的金融机构,如汽车金融公司、商业银行、保险公司、证券公司等银行及非银行金融机构。

第三,市场金融工具。汽车金融市场的金融工具是指可以在汽车金融市场上同货币相交易的各种金融契约。因为资金交易与一般商品买卖不同,必须借助于金融契约的形式,商业票据、汽车金融债券、汽车抵押债券、汽车生产、汽车销售、汽车维修服务企业和汽车金融机构所发行的股票以及未到期的汽车存款单和汽车抵押贷款契约等,这些都是可以用于交易的金融工具。

（2）汽车金融市场的分类

汽车金融市场作为金融市场的重要组成部分，可按照市场层次划分，分为一级市场和二级市场。汽车金融一级市场又称为初级市场，是汽车金融融资活动的初始市场，包括汽车信贷、新汽车金融机构上市交易等。在该市场中借款人通过汽车金融中介机构或直接从资本市场进行资金融通。汽车金融二级市场是指汽车金融融资工具的再交易和再流通市场，包括汽车金融中介机构将持有的汽车借款合同直接出售或以证券的形式转让给二级市场机构的交易，或汽车有价证券的再转让交易。

（3）汽车金融市场的融资方式

汽车金融市场的融资方式有两种：直接融资和间接融资。直接融资是指汽车金融机构直接向汽车产业投资，参与相关企业的生产、销售、维修服务及其他经营活动，以获取利润，还包括汽车生产、销售、维修服务等企业在资本市场上发行股票或债券来筹集资金。直接融资一般受到融资双方在资金数量、时间、地点及范围等方面的限制，因此，显得不灵活，但直接融资对汽车生产、销售、维修服务企业改善经营管理，提高经济效益具有很大的帮助。

间接融资是指银行等汽车金融机构不直接参与汽车生产、销售、售后服务与投资，而是根据自身资本运转状态与实际力量，对从事汽车生产、销售、维修服务的企业组织存款并发放生产经营及消费所需的贷款，当然也可以是经中央银行批准在限额内发放固定资产贷款（包括技术贷款）。上述贷款通常采取抵押贷款的形式。间接融资具有无限扩展的可能性，不受融资双方在资金、数量、时间、地点与范围等方面的限制。因此，融通灵活方便，资金运用也较为合理有效。在金融活动中，尤其是在汽车金融活动中，必须依靠间接融资的方式，才能合理有效地实现资金融通。

在实务中直接融资与间接融资各有利弊，两者应当相互补充、相互促进才能充分提高资金的使用效益，促进汽车产业的健康发展。

2. 企业组织结构体系

在现代市场经济中，汽车金融活动的开展必须依赖一定的金融机构。汽车金融机构是汽车金融运营的载体。这里的汽车金融机构是指经营汽车金融业务的各种金融中介和经营附属汽车金融业务的各种金融企业，主要包括汽车金融公司、商业银行及非银行金融机构，如证券公司、保险公司、信托公司等。从世界范围来看，各国的汽车金融机构组织体系都因各国不同的政治、经济和文化背景而不同。

（1）国外的汽车金融机构体系

在国外，从事汽车金融服务的机构包括商业银行、信贷联盟、信托公司、汽车金融服务公司等金融机构。大多数国家的商业银行都积极推广汽车消费贷款，商业银行已成为汽车贷款的主要供应商。20世纪60年代中期，美国商业银行提供了56%的汽车贷款，1998年年底美国商业银行的这一比例有所下降，但仍然达到35%，2017年年初这一比例下降到28%，2019年又上升到33%左右。在新加坡，由于新旧汽车的售价差别太大，加上政府对汽车使用年限的严格管制，新加坡商业银行则较少直接涉足汽车贷款，通常是通过向金融公司或从事汽车贷款业务的其他信贷公司提供贷款的方式间接参与汽车贷款。

国外汽车金融服务公司是办理汽车金融业务的企业，归属于生产和销售汽车的母公司，向母公司经销商及其下属零售商的库存产品提供贷款服务，并允许其经销商向消费者提供多种选择的贷款或租赁服务,设立汽车金融服务公司是推动母公司汽车销售的一种手段。由于它们与汽车制造商、经销商关系密切,具有成熟运作的经验和风险控制体系,因而能够为消费者、经销商和生产厂商提供专业化、全方位的金融服务。经过较长时间的发展,汽车金融服务公司已经非常成熟完善,在北美和欧洲市场上都有代表性的汽车金融服务公司。

从传统业务来看,信托公司主要是代为管理财产,如代人管理不动产和其他私人财产,安排和管理退休金、养老金,管理企业的偿债基金等。由此可以看出,信托公司有两种不同的职能:一是财产信托,即作为受托人代管财产和安排投资;二是作为真正的金融中介机构,吸收存款并发放贷款。当然信托公司的受托投资活动必须符合法律规定。信托公司托管资产的投资去向主要集中在各种金融债券及企业股票投资上,另外也发放一定比例的长期抵押贷款。第二次世界大战以后,信托公司作为金融中介的职能得到了迅速的发展,其资金来源主要集中在私人储蓄存款和定期存款,资金运用则侧重于长期信贷,汽车金融服务也是目前信托公司从事的主要业务之一。近年来,信托公司的资产组合越来越趋于分散化,它们与商业银行的差别也越来越小,自20世纪70年代以来这类非银行金融机构开始大力开拓新的业务领域,并采取许多措施提高其竞争力,例如设立了专门的汽车金融服务机构等其他专业化的附属机构。

信贷联盟最早起源于19世纪40年代的德国,它是由会员共同发起,旨在提高会员经济和社会地位而创立,并以公平合理的利率为其会员提供金融服务的一种非营利性信用合作组织。资金来源除会员的存款或储蓄外,信贷联盟还可以向银行、其他信贷联盟等筹集资金。信贷联盟可以发放生产信贷,也可以是包括汽车消费信贷在内的信贷。但是信贷联盟对外发放贷款一般也有一些限制条件,比如年龄限制、数额限制和贷款期限限制等。

(2)我国汽车金融机构体系

传统汽车金融市场的参与者主要包括商业银行、汽车企业集团财务公司、汽车金融公司、保险公司和金融租赁公司等。随着我国汽车金融市场的打开以及个人征信体系的完善,互联网金融公司、小额贷款公司等金融机构也纷纷参与其中,提供的金融产品除了传统的汽车消费贷款、信用卡分期等,还包括融资租赁产品等,使得消费者有更多选择的空间。

在我国,商业银行是唯一可以吸收公众存款的汽车金融机构,垄断着近80%的资金资源,商业银行在国内汽车金融市场占据了60%的份额,而美国这一数据仅为35%。在我国汽车金融市场上,汽车金融公司和商业银行成为构成金融市场竞争的两大利益主体。商业银行正在加速布局汽车金融领域,目前浦发银行、中信银行、招商银行、光大银行、交通银行、广发银行等多家银行都成立了汽车金融中心,服务模式多是通过与经销商及汽车厂商建立商业合作关系,以经销商作为主要的分销渠道,在各地陆续成立分中心,开拓汽车金融信贷相关业务。

我国汽车金融公司的资金来源主要有股东投资,接受境外股东及其所在集团在华全资子公司和境内股东3个月(含)以上定期存款和向金融机构借款。它的主要业务范围是接受汽车经销商采购车辆贷款保证金和承租人汽车租赁保证金;经批准,发行金融债券;从事同业拆借;向金融机构借款;提供购车贷款业务;提供汽车经销商采购车辆贷款和营运设备贷款,包括展示厅建设贷款和零配件贷款以及维修设备贷款等;提供汽车融资租赁业务(售后回租业务除外);向金融机构出售或回购汽车贷款应收款和汽车融资租赁应收款业务;办理租赁汽车残值变卖及处理业务;从事与购车融资活动相关的咨询、代理业务;经批准,从事与汽车金融业务相关的金融机构股权投资业务;经中国银监会批准的其他业务。相比商业银行,如今汽车金融公司的优势,体现在缓解经销商的库存融资困境上。越来越多的金融公司在保留原有新车库存融资等传统业务的前提下,逐步开始涉足二手车库存融资及新能源领域,为经销商提供金融保障,缓解经销商的燃眉之急。

按照《企业集团财务公司管理办法》的规定,企业集团财务公司是指以加强企业集团资金集中管理和提高企业集团资金使用效率为目的,为企业集团成员单位提供财务管理服务的非银行金融机构。它的资金来源主要有股东投入、成员单位的存款和同业拆借。符合条件的财务公司,可以向中国银监会申请发行财务公司债券。其从事的业务主要有:对成员单位办理财务和融资顾问、信用鉴证及相关的咨询、代理业务;协助成员单位实现交易款项的收付;经批准的保险代理业务;对成员单位提供担保;办理成员单位之间的委托贷款及委托投资;对成员单位办理票据承兑与贴现;办理成员单位之间的内部转账结算及相应的结算、清算方案设计;吸收成员单位的存款;对成员单位办理贷款及融资租赁;经中国银监会批准还可以从事承销成员单位的企业债券;对金融机构的股权投资;有价证券投资;成员单位产品的消费信贷、买方信贷及融资租赁等业务。

我国汽车企业集团设立的财务公司分属于不同的汽车企业集团。虽然《企业集团财务公司管理办法》没有对汽车企业财务公司从事汽车金融业务进行规定,但是,由于其规定部分财务公司经中国银监会的批准,可以从事成员单位产品的消费贷款、买方信贷及融资租赁等业务,事实上也放开了汽车企业财务公司从事汽车金融业务的政策限制。然而,尽管部分汽车企业集团财务公司已经开始进行汽车消费贷款的试点工作,由于资金来源有限,经营管理经验不足等原因,其在汽车金融领域内的专业化优势尚未显现。

金融租赁公司是指经中国人民银行批准,以经营融资租赁业务为主的非银行金融机构。它的资金来源有:金融机构借款、外汇借款、同业拆借业务、经中国人民银行批准发行金融债券等。其业务范围包括:直接租赁、回租、转租赁、委托租赁等融资性租赁业务;经营性租赁业务;接受法人或机构委托租赁资金;接受有关租赁当事人的租赁保证金;向承租人提供租赁项下的流动资金贷款;有价证券投资、金融机构股权投资;租赁物品残值变卖及处理业务;经济咨询和担保;中国人民银行批准的其他业务。

互联网汽车金融是汽车金融以互联网为载体的表现形式,涵盖了消费信贷(包括新车、二手车)、融资租赁(包括新车、二手车)、供应链金融和互联网保险等融资业务。互联网汽车金融的直接参与主体主要包括车商贷平台、电商交易平台和互联网汽车保险平台。各个主体从不同角度切入车贷业务,为不同对象提供定制化产品,大大提高了产品应用效率,降低了获客成本。从供应链金融到汽车消费金融,互联网平台可覆盖汽车全产业链。互联网汽车金融平台的优势有以下三点:一是可依托流量优势,降低汽车消费金融获客成本。渠道成本在汽车金融领域成本上仅次于资金成本,4S店由于店面及人员投入较高,作为汽车金融的传统渠道成本较高且难以灵活调整。通过自建平台或与互联网公司合作,渠道成本控制方面可以得到主动权,进一步降低其绝对值。二是可以靠大数据技术,获得更加全面真实的用户数据,提高坏账甄别率,加快贷款审批速度;提高供应链金融运作效率。大数据作为互联网金融平台的固有优势,不仅体现在汽车消费金融领域客户征信信息的完整性上,也体现在供应链金融领域,对厂商信息的整合,可将企业的历史交易数据、运营情况、财务状况等信息做到电子化,从而全面、高效地整合信息发放贷款。三是互联网融资相对资金成本可控,且期限更为灵活。资金成本是汽车金融最大的成本,从互联网(余额宝等)产品的收益率来看,其利率虽有上升,但仍低于银行基准利率。另外,随着用户对互联网理财产品的关注度上升,且第三方支付有一定导流作用,更为快捷的投资理财服务预计将来会聚集更多的社会闲置资金,用于高速增长的互联网消费金融领域。

任务五　汽车金融的作用

汽车金融学是一门介于汽车产业经济学、货币银行学、保险学和投资学等学科之间的边缘学科。它是以这些学科的基本理论和基本方法为基础,逐步独立和发展起来的,是专门研究汽车金融活动的方法和规律的科学。它的研究对象是货币资本在汽车生产、交换、消费及服务领域的配置方式与配置效率。

随着我国汽车消费市场的对外开放,汽车发达国家的金融资本和先进的管理技术大量涌入我国汽车产业,民族工业将在整个汽车产业链条上展开与外资企业的竞争,围绕汽车金融所展开的服务,必将成为今后我国汽车市场竞争的焦点。汽车金融是汽车生产厂家、经销商和消费者之间的纽带和核心,是围绕汽车生产、汽车销售环节的一系列金融服务。伴随着汽车产业的发展,金融行业在经济发展中具有非常重要的作用,而汽车产业大多是发达国家或发展中国家的支柱产业。将汽车产业和金融行业结合起来,在微观和宏观上都有其重要的意义。

1.汽车金融对宏观经济的作用

(1)有利于调节国民经济供需不平衡

在现代经济条件下,汽车金融的发展能够间接推动国民经济的发展,有利于调节国民经济供需不平衡。汽车金融主要是通过调节汽车产业供需矛盾平衡来实现调节国民经济运行中的供需不平衡,汽车金融的产生和发展是生产与消费的矛盾激发的。20世纪初,西方的工业化得到了明显的发展,汽车厂商生产的效能越来越高,对当时的社会而言,汽车对于私人来说还属于奢侈品,很少有人能够购买得起,而汽车厂商生产的汽车又越来越多。在这种情况下,汽车金融公司诞生了,汽车厂商为了解决自身的销量问题,开始筹建自己的汽车金融服务公司,消费者可以借助汽车金融公司提供的金融服务提前购买汽车,不必全额付款,使得汽车工业与汽车金融得到了相互发展。汽车金融的产生和快速发展,是汽车工业现代化的必然结果,是其在消费领域和资金融通领域的体现。

(2)对国民经济产生乘数效应

汽车产业是国民经济的重要组成部分,汽车产业的健康发展对国民经济的发展有重要的影响。汽车金融不仅可以促进汽车产业的发展,还能带动其他相关产业的发展,对国民经济产生极大的乘数效应。汽车金融主要从以下几个方面对国民经济产生乘数效应。一是通过汽车金融的促进作用,进而推动制造业的发展,推动国民经济的增加。一般工业增加值率在40%~50%,发达国家汽车产业的增加值率仅有30%左右,而我国汽车产业的增加值率只有22%左右。二是汽车金融在推动汽车产业发展的同时,也推动其他产业的发展,进而推动国民经济的发展。对国民经济产生乘数效应,汽车金融在为汽车购买者提供金融服务的同时,也带动其他产业的发展,比如保险业,与法律咨询相关的服务业。数据显示,汽车工业的一定投入,可以使主要相关服务业增加30%~80%的投入。

(3)汽车金融的发展有助于提高就业

就业机会的增加是经济发展和社会稳定的标志之一。汽车金融支持发展汽车工业有正效应,同时有利于社会增加就业岗位。汽车金融的发展能促进有关部门,如汽车维修业、汽车保险业的发展和其他行业,具有较强的就业能力。在2007年,德国的汽车工业直接向社会提供的就业岗位就达到500万个,中国汽车工业在2007年达到了300万人的就业。截至目前,由于汽车产业的快速发展,其为社会提供的就业机会已经远远超过了这一数据,汽车金融的发展极大地促进了社会的就业,增加了社会稳定。

2.汽车金融对微观经济的作用

(1)汽车金融对汽车制造商的功能

汽车金融对汽车制造商的功能主要体现在汽车金融对其资金的支持作用,汽车金融主要为汽车制造商增加销量,同时又可以为其提供生产资金的融通。对汽车制造商来说,资金在生产中起重要的作用,由于汽车生产的投入比较大,资金回笼的问题一直是汽车行业亟待解决的首要问题。汽车金融可以帮助汽车制造商实现生产资金的快速回笼,加快资金的周转。汽车制造商资金周转速度慢的主要原因是应收账款较多,汽车制造商的应收账款主要是经销商的应收账款及客户的应收账款,短期内很难收回,应收账款越多就会导致生产资金的严重不足,汽车金融公司的产生将在很大程度上解决此类问题,汽车制造商在生产资金出现紧张的时候,可以向银行寻求资金支持,同时也可以向汽车金融公司求助,汽车金融公司直接为其提供生产资金的支持,这使汽车制造商在寻求资金支持时有较多的选择。同时也可以为汽车产业的其他相关者提供金融支持服务,这在一定程度上解决了汽车制造商的资金周转问题,大大提高了资金的利用效率。

(2)汽车金融对汽车经销商的融资服务

汽车经销商也是汽车金融公司主要服务的对象之一,一般说来,汽车经销商不可能完全用自有资金从事经营活动,必然会从外源寻求资金的支持,汽车金融公司就可以为其提供一个可靠的、专业化的融资平台,汽车金融公司主要为汽车制造商提供设备融资和营运资金的融资。汽车金融公司对汽车经销商主要的金融支持是帮助汽车经销商向制造部门购车批发资金以及面向消费者零售资金的融通。批发资金主要用于汽车经销商的短期资金需求,为其提供短期的周转资金,零售资金主要用于汽车消费者融资的中长期资金,比如为汽车经销商提供相关设备的融资服务,二者用途不同,导致二者性质的截然不同。提供短期和长期资金的融通,使得汽车金融的金融支持服务一定程度上为汽车经销商提高了风险控制能力和资金管理能力,从一定程度上为汽车经销商的稳健经营保驾护航。

(3)汽车金融对消费者的作用

消费者需求是汽车行业发展的动力,汽车金融对消费者的主要功能是为消费者的消费提供消费贷款,除此之外,汽车金融还为消费者提供租赁融资、维修融资、保险等业务。汽车只属于消费品,而非投资产品。高的折旧率又是汽车的一大主要特性。汽车消费者如果以一次性付款的方式购买汽车,不仅要承担高折旧率的损失,而且可能还会承担投资回报率大于贷款利率的损失。在汽车金融发达的国家,消费者在一般情况下即使有充足的资金也不会在购车时采用全额付款的方式来购车,消费者主要是通过消费贷款的方式来购买汽车,随着生产技术的发展,汽车的重置价格不断降低,汽车金融的出现同时为消费者承担了一定的机会成本。

总之,汽车金融具有金融产品的属性和发展的特点,有很强的专业性,是金融深化与汽车金融改革相结合的衍生产物。由于汽车金融在我国是一个崭新的发展领域,采取正确的发展方向和模式是我国汽车产业发展赢得竞争优势、可持续发展的战略核心。

项目二
国内、国外汽车金融的发展概况

任务一　汽车金融的衍生

20世纪初,汽车金融服务业开始出现。当时汽车还属于奢侈品,因而银行不愿意向汽车消费者发放贷款,这给汽车购买者和销售商造成了障碍,致使大多数消费者买不起汽车,进而使汽车制造商缺乏足够的发展资金。为解决这个问题,20世纪20年代初,美国的汽车公司组织了自己的财务公司,开创了世界汽车消费信贷的先河。随后汽车金融服务业得到了极大的发展,包括顾客在银行贷款买车、经销商为经营筹措资金以及制造商为扩大规模而筹资建厂等。目前,汽车消费信贷已经成为国际汽车厂商主要的赢利模式之一,仅在2002年,美国通用汽车信贷公司就为全球800万用户提供了信贷支持,福特汽车公司信贷业务的税前利润高达30亿美元,已经接近其主业汽车制造业的水平。

在汽车产业及金融服务体系较为成熟的国家,汽车融资是一个广泛的概念,主要是指与汽车有关的金融服务,包括为最终用户提供的零售性消费贷款,为经销商提供的批发性库存贷款,以及为汽车维修服务的硬件设施投资建厂等。从金额上看,零售性的消费贷款占整个汽车融资的75%以上,且其利润远大于批发性贷款,是汽车融资业务的主导。

在国外,提供汽车融资的金融机构主要是商业银行和各大汽车集团下的财务公司。商业银行受理最终用户或经销商的贷款申请,一般不与特定的车款车型挂钩,对贷款人在何处购车也没有限制。由于汽车行业是一个技术性很强的行业,融资机构进行融资评估需要掌握较高的专业知识,对产品有较深的分析和了解,这是银行较难做到的,同时银行并非是处理二手车、库存车的专业机构,因此银行并不是汽车融资的主要提供者。汽车厂商自己组建的财务公司,虽然只为自己的品牌汽车服务,但用户购车一般是直接找到汽车经销商,并且用户选购、筹款、付款或过户等所有的手续都是在经销商处一次完成的,给消费者带来极大的便利。因此由汽车制造商组建自己的财务公司为自己的品牌汽车量身定做金融服务产品成为国际上的主流做法。世界主要汽车厂商的财务公司,如通用汽车的 CMAC、福特汽车的 FORD CREDIT、标致-雪铁龙的 BNAQUEPSA PSA FINANCE 等,都建有一套自成体系的生产、销售及售后服务模式,构建起了独立的汽车金融服务体系,极大地推动了汽车制造业和金融服务业的发展。

任务二　国外汽车金融的发展历程

20 世纪初期欧美国家汽车工业得到大力发展,消费者对汽车抱有强烈的购买欲望。但购买力有限,汽车生产厂家开始向用户提供汽车销售分期付款业务,这是最初的汽车金融服务。它的出现标志着汽车消费方式的重大变革,实现了消费者购车支付方式由最初的全款支付向分期付款的转变。随着生产规模的不断扩张、消费市场的扩大和金融服务及信用的建立与完善,汽车金融公司这一为国家法律认可的公司载体形式应运而生,帮助用户解决在分期付款中出现的资金不足问题,从社会筹集资金并促使汽车金融服务形成了完整的"融资—信贷—信用管理"的运行过程。

从汽车金融公司的发展历程上看,1919 年美国通用汽车建立了全资子公司——通用汽车票据承兑公司(GMAC),是最早的汽车金融服务机构。1930 年德国大众汽车公司推出了"甲壳虫"汽车的购车储蓄计划,向"甲壳虫"的未来消费者募集资金。此举开了汽车金融服务向社会融资的先例,为汽车金融公司的融资开辟了新渠道。随后主要汽车制造商开始设立金融机构对经销商和消费者进行融资,银行也开始介入这一领域,并和汽车制造商的财务公司形成相互竞争的局面。

随着市场的扩张和竞争的加剧,汽车金融公司逐渐显示出竞争优势。金融管制的放松,使得这类机构能够直接发行商业票据和公司债券来融资,其资金不足的劣势不复存在。现在这类专业汽车金融机构已遍布全球,最大的 3 家是通用票据承兑公司、福特信贷公司、大众汽车金融公司。

国外汽车金融服务现已形成一定规模,并已形成较为成熟的模式可供参考,年增长率稳定在 2% ~3% 。目前全球每年新旧车销售收入约 1.3 万亿美元,其中约有 70% 是通过贷款购买的。在美国,购车的平均贷款比例为 80% ~85% ,德国是 70% ,在印度也达到了 60% 。我国目前该数据是 23.8% (2018 年),因此还有很大发展空间。

20 世纪 90 年代以来,由于合并重组、获利减少、坏账增加、汽车租赁残值风险上升等因素,不少银行逐渐退出了这一市场,甚至连花旗银行、美洲银行这样的世界性大银行,也基本退出或收缩了汽车金融业务。汽车金融公司在这一市场的主体地位得到进一步的增强。

任务三　国外汽车金融的发展特点

1. 提供汽车金融服务的公司呈多样化态势

(1)公司的设立方式多样化

美国是金融比较发达的国家,也是金融自由化程度很高的国家,对汽车金融的方式没有太多的限定。比如对资金的来源以及股东的资格等,美国政府规定银行、工商企业和个人只要达到规定的条件均可参加发起设立汽车金融服务公司，只要符合汽车金融公司设立的程序即可。汽车金融公司的设立方式主要有以下几种：一是由汽车制造商直接发起的汽车金融公司，其最初的目的是由于汽车生产技术的发展，生产效率提高，而汽车的单价又比较高，为消费者提供汽车消费信贷，推动汽车的销售。二是由一些实力较大的机构单独或者联合成立的汽车金融服务公司，一般是由大银行或者大的财务公司等单独或联合成立，为汽车产业提供一系列的金融服务，比如为汽车制造商和经销商提供融资服务以及为个人汽车消费者提供汽车消费信贷。三是汽车金融公司的设立与制造商和银行等金融机构没有太大的关系，以股份制的形式设立，是一种独立型的企业。一般说来，这种金融公司规模较小，股东来源较广泛，不是为特定的汽车品牌提供金融服务，而是为多种汽车品牌提供金融服务，运作模式相对比较灵活。

（2）资金来源的多样化

汽车金融公司设立方式多样，导致其资金来源的多样化，汽车金融虽然属于金融机构，但是它不能像商业银行那样向公众吸收存款，它的资金来源很大程度上只能依靠自有的资金。除此之外，资本市场和银行信贷也是其资金的来源渠道之一，但占的比重相对较小。一般来说，规模较小的汽车金融公司其融资方式主要是从商业银行贷款和其他金融机构贷款，与之相对应的大型汽车金融公司如通用、大众成立的汽车金融公司的信用等级比较高，抗风险能力也较高，可获得资金的方式也比较多，大型的汽车金融公司还可以从从事实业的母公司得到资金的支持。

随着市场的扩张和竞争的不断加剧，汽车金融的发展方向在不断地变化，其主要体现在融资对象的多元化、服务对象的多元化和业务的国际化。随着金融的不断创新、金融改革的不断推进，汽车金融市场的发展不断趋于完善，汽车金融向行业自律的方向不断发展。

2. 汽车金融公司收益持续增长，监管体系规范

（1）监管体系完善

完善的监管体系是一个国家金融发展的主要标志之一。国外汽车金融发达的国家，已经建立了完善的监管体系。以美国为例，美国的金融监管体系十分完备，其金融体系的设计反映了市场经济中金融发展的一般规律，主要体现在金融运作模式和监管方式的选择等方面。美国的金融的运作模式也是一步步发展起来的，美国从最初的分业经营模式到混业经营模式、存款保险制度的建立与完善、利率的市场化等一系列金融发展的举措形成了美国完善的金融体系。汽车金融能够在美国发展迅速，除美国本身是一个金融自由程度很高的国家外，其完善的监管体系是其快速发展的又一必要条件。

为了明确汽车金融公司的专业特性，不与其他金融机构产生激烈的竞争，从而导致市场风险的扩大、金融市场的不稳定，政府在政策法律中对汽车金融服务公司规定了明确的职能。政府为汽车金融公司提供良好的市场环境，以及相关的配套设施，比如建立良好的信用机制，使汽车金融公司能够在良好的信用环境下运行，有利于汽车金融公司融资渠道的多样化，汽车金融公司在良好的信用环境下可直接进入资本市场，进而获得较多的资金支持。此外，政府通过建立资信评级体系，为汽车金融公司提供完善的资信评级服务，促使汽车金融服务公司良性运作。由于汽车金融公司是由实体产业衍生而来的服务业，一般都与汽车制造母公司有这样那样的联系，因此一般来说其风险要小于商业银行等金融

机构。

（2）专业优势明显、发展迅速

汽车金融公司同商业银行等其他金融机构相比，没有太多的优势。特别是在资金与网络方面，汽车金融公司不可能有像商业银行那样庞大的资金支持，也没有较多的客户营销网络。但是从汽车金融公司诞生的那天起，就一直快速发展起来，这主要是汽车金融公司自身的特点决定的，它的业务比较专业化，有其独特的优势，它的出现是顺应历史的发展潮流，它的快速发展是利用了各方面优势的结果。

随着金融自由化的加深，汽车金融公司的融资渠道更加多元化，汽车金融公司通过直接发行商业票据和企业债券来获得资金。汽车金融公司大多是汽车工业母公司发起设立的，或者与汽车制造商有或多或少的联系。汽车金融公司形成了自己独特的专业优势：汽车金融服务业的人员往往来自汽车制造企业，同时汽车金融公司与客户、经销商直接联系，对其比较了解，保持着密切的联系。这些条件帮助汽车金融服务公司逐渐获得了极强的竞争优势，体现了专业化分工的威力，对汽车金融公司和汽车制造商都有极大的好处，一方面，汽车金融服务公司为汽车消费客户提供消费贷款，汽车消费者能够在资金不足的情况下购买汽车，方便了汽车消费者购车。对汽车制造企业来说，汽车金融公司在帮助消费者购车的同时，为汽车制造企业增加了更多的销量。另一方面，汽车制造企业又进一步加大对汽车金融服务公司的支持力度，使得汽车金融服务公司能够快速稳定发展，汽车金融公司是汽车产业发展到一定阶段的产物，二者是一种相互促进、相互发展的关系。

（3）收益比较可观

汽车金融公司有着迅速的发展态势以及广阔的市场，这些因素都使得目前的汽车金融公司收益比较稳定。汽车金融的主要收入来源是放贷的利差以及相关的服务费用，除此之外，随着竞争的不断加剧，汽车金融公司开始一些高风险、高收益的业务。对一些信贷状况不好的个人也发放消费贷款，这类业务属于次级贷款业务，其利率一般也相对较高，租赁业务也开始成为汽车金融公司的主要业务之一，为汽车金融公司提供多样化的利润来源。汽车金融的另一利润来源是进入资本市场，其主要的业务是应收账款的资产证券化，在美国，汽车贷款是仅次于住宅抵押贷款的第二大金融资产，汽车贷款能够在未来带来稳定的现金流，汽车贷款资产证券化与房地产等其他资产证券化完全一样，通过将汽车金融的相关资产打包来发行证券，能够盘活自身的资产，获得新的资金来源。汽车金融公司通过专业的服务手段吸引众多的客户，以灵活的方式开展业务，再加上对客户关系比较紧密，一致以专业的服务吸引客户，为大多数消费者所青睐，从而带来可观的收益。

3. 稳定的资金筹措渠道和先进的管理经验

在一般情况下，银行由于可以吸收存款，在开展这项业务时，资金来源比较稳定。而其他汽车金融机构则必须通过资本市场和从其他金融机构的借款来筹措资金。在美国，由于资本市场比较发达，专业的汽车金融公司主要通过发行商业本票筹措短期资金，通过发行公司债券来筹措中长期资金，除此之外，也直接向银行借款。在日本，专门从事汽车金融业务的信贷公司则主要是向金融机构借款，有时也从资本市场直接筹措资金。

国外汽车金融的开展以一定规模的金融资产和相对完整的金融组织体系为基础，并拥有专业管理经验和预防风险能力。汽车金融具有高风险性，但是在日本、美国和韩国有相对成熟的金融市场、完善的金融体制和发达的金融组织,其信用评估和风险管理意识强烈并形成了较为成熟的做法,如通过计算机管理方案评估信用,对贷款风险进行分类,以保证贷款品质。一是对融资对象,无论是存货融资的经销商还是分期付款的用户,都进行较为详细的信用评估,从而尽量降低信用风险。二是对融资的车辆设定抵押权或取得所有权,从而在融资对象无力付款时,可以依法取回车辆或优先受偿。三是对存货融资的车辆,要求购买保险,并定期对库存车辆进行盘点。四是对进行存货融资的经销商,要求其负责人及主要股东提供个人对融资合同的连带保证,对分期付款的用户有时也要提供连带保证人等。

任务四　我国汽车金融的发展历程与现状

1. 我国汽车金融的发展历程

汽车金融在中国盛行的时间不长,以亚洲金融危机为界,可以分为两个不同的阶段。1997 年亚洲金融危机爆发前,中国汽车金融处于试点探索阶段,汽车金融发展较为缓慢,规模小、品种少。1995 年才首次出现由上海汽车集团与国内金融机构联合推出的汽车贷款消费。汽车金融服务并没有引起商业银行的重视。1997 年亚洲金融危机爆发后,中国受到较大的外部冲击,出口规模锐减,消费和投资需求严重不足,汽车产业压力增加。为此,我国制定了以扩大内需为目标的宏观经济政策,支持和鼓励商业银行开展各种消费信贷业务。自此汽车金融服务登上了各家商业银行的重要议事日程,驶入了规模扩张的快车道。

自 1995 年汽车贷款消费在我国首次推出以来,回顾这二十多年的发展可以总结为以下四个阶段。

第一阶段:起步阶段,即 1998 年之前。汽车金融在我国基本处于空白状况,我国金融机构基本上不从事汽车金融服务,因为购车人主要是公务用车者,私人购车很少,基本都是全额付款。1995 年上海汽车集团首次与国内金融机构联合推出汽车消费贷款,这是我国汽车消费贷款业务开始的标志。在此之后,我国的汽车金融开始慢慢发展起来。然而,由于当时我国的经济不发达,金融体系刚刚开始建立,各方面业务还不完善,金融监管当局对金融监管比较严格,中国人民银行也不支持银行机构开展汽车金融业务,认为当时的经济金融环境还不适合开展汽车金融业务,开展汽车金融业务存在很大的市场风险,所以在我国汽车金融服务业发展的早期,我国商业银行基本不参与汽车金融服务业务。总体而言,我国在这一时期开始考虑发展汽车金融,但是发展的条件还不成熟。汽车金融没有被国内大众接受,业务规模有限。

第二阶段:快速发展阶段,即 1998 年到 2003 年上半年。私人汽车消费急剧增加以及商业银行大力开展汽车金融服务使得汽车金融服务超常规快速发展。

1998 年以中国建设银行率先恢复汽车金融服务业务为标志,我国汽车金融服务业进入了快速发展阶段。中国人民银行不再对商业银行开展汽车金融服务业务进行限制,开始支持各大金融机构发展汽车金融服务业务,在这一时期,中国汽车工业获得了飞速发展,居民生活水平不断提高,对汽车的需求比较旺盛。国内的汽车消费市场快速增长,由于市场的需求与政策的支持,各大金融机构纷纷推出了针对汽车金融的一系列业务,这其中主要是为消费者购车提供信用贷款。在多种因素的促进下,我国汽车金融服务业务在这一时期得到了快速发展。

第三阶段:调整阶段,即 2003 年下半年到 2004 年 8 月。该阶段特点是汽车金融服务迅速冷却。自从我国加入 WTO 后,车价不断降低,征信体系不健全,汽车消费信贷出现了大量坏账。因此从 2004 年 2 月份开始,全国各大银行的汽车消费信贷业务开始急剧萎缩,国内汽车金融服务业务陷入停滞状态。

我国汽车金融服务业务在一段快速发展阶段之后迅速进入调整阶段。一方面由于前一阶段的快速发展,汽车信贷发放过多,蕴藏着巨大的风险,过度竞争的市场环境带来的是不稳定性;另一方面由于我国金融机构在风险管理水平方面的不足,在从事汽车金融服务业务中出现了诸多问题。在我国汽车金融发展过程中,汽车制造商、商业银行、汽车金融公司等展开了激烈的竞争。他们为了得到更多的市场份额,大大降低客户的资信水平,降低利率水平,延长贷款年限,最终造成汽车金融的信用违约风险极度增加,汽车金融面临着极大的信用风险,严重阻碍了汽车金融市场的健康发展。诸多因素的影响,使我国汽车金融产生了大量的坏账,有数据表明 2003 年汽车信贷的坏账率达到 50% 以上,2004 年汽车信贷的坏账率更是高达将近 60% ,各大金融机构开始迅速收缩自己的汽车金融业务。自此国内的汽车金融服务业务进入调整阶段。

第四阶段:重新稳定发展阶段,即从 2004 年 8 月开始至今。2004 年 8 月 18 日,上海通用汽车金融有限责任公司在沪正式成立,作为我国首家专业汽车金融公司,这是个具有里程碑意义的日子,标志着中国汽车金融业开始向汽车金融服务公司主导的专业化时期转换。随后又有福特、丰田、大众等汽车金融服务公司相继成立。

我国汽车金融经过调整阶段之后,从 2005 年开始到今天,我国的汽车金融业开始进入稳定发展阶段。在各大金融机构意识到风险控制的重要性之后,开始对开展汽车金融业务加大风险控制,对汽车金融业务持审慎态度。我国的汽车金融公司开始走专业化发展的道路。同时这一时期我国的汽车销量增加也非常迅速。我国汽车金融开始在新的环境下重新快速发展起来。

2. 我国汽车金融的现状

目前,我国的汽车消费结构已经发生很大的变化,私家车消费成为我国汽车消费的主流,2006 年我国已经成为全球第三大汽车消费市场,2009 年成为第一大汽车消费市场。2009 年以后我国汽车销售也一直走高,据统计,2014 年我国的汽车销售量达到 2 300 万辆,截至 2019 年汽车销量再创新高,达到 8 900 万辆。汽车工业在我国的快速发展,催生了相关配套产业的发展,在一定程度上促进了我国汽车金融业的发展。经过多年的发展,我国汽车金融业走过了从萌芽到稳步发展的时期,然而,与国外汽车发展强国相比,我国的汽车金融业仍处于起步阶段。

(1)商业银行占有大部分市场份额

目前,我国主要从事汽车金融服务业务的机构有银行类金融机构和非银行类金融机构两种。我国是银行主导的金融体系,在各种金融业务方面都有天然的优势,国内以工、农、中、建、交为代表的商业银行最早涉足我国的汽车金融服务业,四大国有和股份制商业银行几乎垄断了我国的汽车金融业务。据数据表明,从信贷主体来看,目前我国发放汽车消费信贷的主体还是商业银行,大约占汽车消费信贷市场总量的 67% ,其次的市场份额则是由从事汽车金融服务业务的汽车金融公司占有。美国商业银行在汽车金融业务的市场份额只占一小部分,大约30%,其他的大部分市场份额则是由像汽车金融公司那样从事汽车金融业务的非银行类金融机构主导。可见,我国商业银行在汽车金融中绝对的主导地位。

(2)政府政策、法律法规的不断放开

我国自加入世界贸易组织以来,一直都在有序、稳健地推动相关金融政策、法律法规的放开。相关的政策、法律法规也开始陆续出台,2004年10月1日,银监会出台了了新的《汽车贷款管理办法》用以取代1998年出台的旧的《汽车消费信贷管理办法》,其目的是适应新的金融环境,进一步规范汽车消费贷款业务。随着金融环境的不断变化,2008年1月30日颁布了《汽车金融公司管理办法》,在2004年出台的《汽车贷款管理办法》的基础上,比较全面地规范了汽车金融业务,从政策上来说,也是进一步对汽车金融业务的放开。2005年4月,中国人民银行和银监会根据金融市场的需求,对信贷资产证券化做出了规定,颁布了《信贷资产证券化试点管理办法》,由此信贷资产证券化有了政策指导。该新办法对信贷资产证券化的性质、结构安排、相关机构职责以及资产支持证券的发行与交易等各项内容作了初步规定,从而奠定了我国个人消费信贷资产证券化的基础。汽车金融资产证券对我国来说是一个新生事物,处于起步阶段。我国根据国外汽车金融资产证券化的成功经验,结合国情开始在一些大的机构试点。目前,我国的汽车金融公司资产证券化已经在上海通用汽车公司开始试点,它标志着我国传统的资产证券化的主体已经发生改变,从银行等金融机构扩展到非银行金融机构,金融资产证券化的品种也开始发生改变,逐步多样化。2012年9月12日《公安部关于修改〈机动车登记规定〉的决定》修正,主要围绕公安部关于不再要求提供有关规章设定证明事项和取消有关规范性文件设定证明事项的通知,规范我国有关机动车登记规定的相关文件。为进一步支持促进汽车消费,规范汽车贷款业务管理,中国人民银行、中国银监会决定修订《汽车贷款管理办法》,2018年1月1日中国人民银行、中国银监会令〔2017〕第2号文件作出加强规范汽车贷款管理办法,规范汽车贷款业务管理,防范汽车贷款风险,促进汽车贷款业务健康发展等法律法规。

(3)汽车贷款率低

目前,我国从事汽车金融的相关主体的主要汽车金融业务是汽车消费贷款的发放,而对其他汽车金融业务的开展力度不大,衡量一个国家汽车金融发达程度的指标很多,汽车贷款率是其中最为重要的指标。在西方汽车金融发达国家,居民的消费习惯已经改变,通过信贷和租赁买车是汽车销售的主要方式。欧美国家的汽车消费贷款比率普遍在70%~80%,甚至更高。大量使用汽车消费贷款的不仅是在欧美等汽车发达国家。实际上,消费能力有限的欠发达国家消费者才是贷款购车的主力。根据2019年中国汽车金融报告的数据,目前我国的汽车贷款率低于30%,在汽车金融发展初期,贷款比率甚至在20%以下,远远低于国际平均水平,说明我国的汽车金融有很大的发展空间。

3.我国汽车金融发展过程中的问题

(1)居民消费观念比较传统

消费是促进经济发展的动力之一。在我国,汽车消费信贷已经成为仅次于房地产的第二大银行信贷业务。随着我国经济的不断发展,居民教育水平和收入水平不断提高,居民更加注重生活质量,不再将消费局限于对基本生活的需求,越来越多的人更加倾向于将汽车、旅游当作信贷消费的对象。高学历、高收入的人群相对低学历、低收入的人群更多地使用消费信贷,经济发达地区(如北京、上海、广州、深圳)运用汽车消费贷款的人群较多。年轻群体比老年群体更加认同消费贷款。但是,我国的居民消费习惯整体上还是比较传统,提前消费的观念在短期内很难普遍形成,全额付款的方式仍然是当下我国消费的主流方式。数据表明,我国的汽车消费信贷发放率不足汽车消费的30%,传统的消费观念是束缚我国汽车金融发展的一大障碍,我国居民缺乏超前的消费意识,还需要教育和文化的慢慢改变,短时间内很难改变我国大多数居民保守的消费观念。

(2)融资渠道狭窄,金融管制严格

与发达国家相比,中国金融市场不发达,金融体系不完善。为了规避金融风险,我国金融当局对汽车金融机构的融资渠道都采取了严格的控制,导致我国汽车金融的融资靠资本市场的融资比率不大,一般以内源融资为主,融资渠道比较狭窄。我国《汽车金融公司管理办法》规定,原则上汽车金融公司是可以发行金融债券来获得运作资金的,但是能够获得批准的汽车金融公司不多,获批者往往都是实力很大的一些大公司。我国汽车金融公司目前的融资渠道过于狭窄,这极不利于提高汽车金融公司的抗风险能力。汽车金融公司一旦出现坏账过多,就很容易出现财务困境,而获得资金的渠道有限,这极不利于汽车金融的发展。

在一般情况下,国内汽车金融公司的融资渠道主要有两种:一是由于汽车金融公司一般是汽车制造商出资设立或者财团出资设立,汽车金融公司可以从母公司获得资金支持。在大多数情况下,母公司首先考虑的是自身的稳健经营,很难为其汽车金融公司提供大量的资金支持。二是从商业银行获得贷款。从商业银行获得贷款是汽车金融公司经常使用的融资方式之一。但是商业银行视汽车金融公司为其竞争对手,汽车金融公司也很难从商业银行获得资金支持,能够从商业银行获得资金支持的汽车金融公司也是非常少数,即使获得资金支持,也不可能获得持续大量的资金支持。目前对汽车金融公司普遍有授信的银行仅有国家开发银行和工、农、中、建、交等几大国有商业银行,远少于与其集团公司合作的银行数。

(3)社会信用体系不完善

社会信用体系是一种社会机制,它的作用是为金融的发展提供较为完善的保障机制,具有调节市场的作用。完善的社会信用体系是一国经济从市场经济向信息经济转变的必要条件之一。由于历史发展等方面的原因,我国的社会信用体系发展比较滞后,未能达到西方发达国家那样完善信用体系的标准。我国的社会信用体系不完善主要表现在以下几个方面:首先是缺乏个人完善的信用记录。目前阶段我国绝大部分的居民提供的信用证明只包括身份证、个人收入证明、工作证明、家庭住址等。这些信用证明存在虚假的情况也是常见的。比如现在各大银行在为客户办理信用卡时,有的只需提供简单的身份证明及工作证明等,而工作证明作假的情况比比皆是,居民提供的简单资料并不能完全显示客户的资信状况,这对消费信用贷款的发放存在很大的风险。在我国,个人财产申报制度还未建立,发达国家已经建立了较为完善的财产申报制度,信贷机构不能够通过个人以及家庭的收入状况来对借款人的信用状况做出客观的评估。其次是缺乏成熟的市场信用环境。现阶段我国很难形成良好成熟的市场信用环境,一方面是因为我国没有成熟市场信用环境所要求的居民收入货币化、全国实行统一的信用标准。另一方面的原因是我国的经济发展不平衡,发达地区与不发达地区之间的差距很大,即使在同一地区我国的贫富差距也比较大,收入分配不平衡,未能形成像橄榄球那样的社会结构。人均收入差异等使我国制定统一的信用标准面临诸多障碍。最后是我国缺乏专业的信用评估机构。信用体系发达的国家一般都有专业的信用评估机构,如美国有标准普尔公司、穆迪投资服务公司、惠誉国际信用评级有限公司等专业化的信用评估机构,但是目前我国还没有专业的信用评估机构。

(4)汽车金融公司风险控制能力较弱

根据我国《汽车金融公司管理办法》,汽车金融可以从事多种金融服务业务,中国银监会规定汽车金融公司可以从事同业拆借、提供购车贷款业务和汽车租赁业务等13种业务。但是目前我国的汽车金融公司主要将业务重心放在汽车消费贷款上,其对汽车消费信贷的风险控制能力直接影响我国汽车金融的整体风险控制。数据表明,我国的汽车贷款存在大量呆账、坏账,我国的金融机构的汽车金融风险控制能力较弱,主要表现在以下几个方面。

①汽车金融的风险认识能力和抗风险能力不足。

在我国,商业银行是汽车金融服务的主要提供者。商业银行为了在汽车金融服务方面占据市场份额,纷纷降低申请汽车消费贷款的条件,忽视对客户的信用状态调查,或者对资信不佳的客户也发放贷款,发放贷款后又很少进行跟踪调查,导致大量呆账、坏账的出现,为商业银行增加了很大的信用风险。

汽车金融公司原本的定位是提供一系列的汽车金融服务,包括从事同业拆借、向金融机构借款、提供购车贷款业务和汽车租赁业务等经中国银监会批准的13种业务。然而目前国内的汽车金融公司一般将主要的业务重心放在汽车消费信贷上而忽视其他汽车金融业务的发展,这对汽车金融公司分散风险极为不利。一方面,汽车金融公司的业务主要是针对个人消费信贷,个人消费信贷风险都比较大,导致汽车金融公司的抗风险能力大大降低。另一方面,多元化经营是分散风险、提高抗风险能力的主要手段之一,虽然我国汽车金融公司可以从事银监会规定的很多项业务,但是目前我国大部分的汽车金融公司主要从事的还是最简单的汽车消费信贷业务,经营业务过于单一,无法满足客户多样化的需求,这一方面增大了经营风险,另一方面也限制了汽车金融公司开拓市场的能力。从总体来看,我国的汽车金融公司面临经营业务单一、抗风险能力不足的问题。

②信贷风险控制机制不完善。

目前,我国从事汽车金融业务的机构都存在信贷风险控制机制不完善的问题,不管是商业银行还是汽车金融服务公司。其对汽车消费信贷的发放实行的是审贷分离的机制,即信贷员充当客户信息调查的职责,如调查贷款人的信用是否良好、与贷款相关的各项担保的落实情况,最后将调查的结果汇报给部门负责人,由其根据客户的资料来判定是否向其发放贷款。这种机制的优点是分工明确,相互制约,保证了贷款的安全。但是这种机制也存在很大的缺陷,即信贷员与客户接触得较多,是最了解客户具体情况的人员,但是没有发放贷款的权利,部门负责人有权利发放贷款,但却不一定有信贷员了解客户的情况。

③缺乏相应完善的法律法规。

汽车金融在中国的发展起步比较晚,相应完善的法律法规的建立比较滞后,没有同步建立起来。我国的金融市场虽然发展非常迅速,但是与金融市场发达的国家相比我国的金融市场规模比较小、尚不发达、金融体制还不健全。具体表现在以下方面。

a. 征信法律制度的缺失。

征信法律制度的缺失使我国的汽车金融业没有可靠的法律制度的支持,难以高速发展起来。到目前为止,我国还未建立完善的个人信用制度,汽车金融服务机构对借款人的偿还能力和资信状况难以及时准确掌握,我国相关社会制度的不配套等,都为商业银行和汽车金融公司开展汽车消费信贷业务带来极大的挑战。我国现阶段不断地在推进金融改革和相关法律制度的完善,但是目前还未形成完善的法律法规来支撑汽车金融业的发展。

b. 贷款抵押担保制度的不完善。

虽然我国不断推出新的担保法,但是专门针对金融方面的担保法较少,在大多数情况下,金融方面的担保是参照一般的担保法。我国目前的金融法律法规还没有对与保障金融债权相关的担保方式做出明确的规定,汽车金融机构提供汽车贷款时,一般需要提供担保,主要的担保方式有房地产抵押、证券质押或者由第三者提供保证,但是由于我国贷款抵押担保制度不完善,适用的范围十分有限。从资产的性质方面来说,汽车属于动产,是消费品而非投资产品,金融风险较大。

项目三
汽车金融市场主体

任务一　商业银行

1.商业银行汽车金融业务定义

商业银行开展汽车金融业务自 1998 年开始,已经历了二十多年。所谓商业银行汽车金融就是商业银行在汽车生产及销售过程中为各种消费需求人群提供金融服务。就我国汽车金融市场来看,商业银行仍旧保持着主导地位,其拥有庞大资金,能够为消费者提供必要的信贷业务支持。

作为汽车金融业务的供应主体,商业银行开展汽车金融业务也对其自身发展有着很重要的意义。一是有利于拓展业务范围。我国作为全球最大的汽车市场,汽车金融业务具有良好的发展前景,商业银行开展汽车金融业务,为消费者、汽车生产商及经销商提供相关的金融服务,将会给其带来更大的市场发展空间、更高的收益率。二是有利于吸引更多中高端客户群体。商业银行可以通过汽车金融业务维系一大批中高端客户,并向其推广其他业务,如信用卡、个人结算等,为商业银行开展银行零售业务打下良好的客户基础。三是有利于优化资产结构。汽车金融具有风险分散、不良率低、受经济周期波动影响小的特点,发展汽车金融有利于商业银行资产结构的多元化,降低经营风险,提高综合收益。

2.商业银行汽车金融业务特征

（1）业务范围小

商业银行的主要业务是吸收存款和发放贷款,而汽车金融业务也只是商业银行中间业务的一部分,这项业务在商业银行经营活动中也不会发挥很大的作用,所以商业银行对这项业务并不会过多侧重。目前,我国商业银行的汽车金融业务还主要集中于汽车消费信贷业务方面,对其他诸如融资租赁、购车储蓄、二手车金融等业务涉及较少。商业银行汽车金业务的服务对象主要还是消费者以及汽车经销商,而涉及汽车生产商的金融业务较少,主要面对的是汽车产业的下游市场,而对上游市场的关注较少,没有参与整个汽车产业价值链。

（2）专业性欠缺

商业银行内既懂金融又了解汽车行业的综合型人才较少,对于商业银行信贷业务员来说,汽车消费信贷仅仅是个人消费信贷产品中的一种,其对汽车行业的发展及相关知识并不了解,因此会影响商业银行根据汽车行业的发展制定正确的营销策略及产品类型,从而影响商业银行汽车金融业务的质量。

（3）汽车金融业务风险管理体系不完善

在内部风险管理方面,目前我国商业银行还未形成一套完整有效的汽车金融业务风险管理体系,在对借款人的信用状况进行评估时,商业银行还主要依赖借款人所提供的资料证明以及信贷人员根据经验做出的定性分析,但这种在很大程度上依赖主观判断而缺少客观的审核评估的方式存在较大的漏洞,极大地增加了汽车金融业务的风险。

3. 商业银行汽车金融业务现状

近年来,随着我国居民消费水平的不断提高以及信用制度的不断完善,我国汽车金融市场的规模不断扩大,到 2020 年时,已达到 2 万亿元左右,我国 20% 的汽车金融渗透率还远低于发达国家 60% 甚至 70% 的水平,汽车金融市场还存在着巨大的发展空间。商业银行作为汽车金融业务的主体,应加强对汽车金融业务的重视,加大对该领域的投入,抢占汽车金融市场。

（1）汽车金融市场的主力军

尽管面临着汽车金融公司的竞争,但商业银行凭借其历史优势、资金优势和品牌效应,一直占据着汽车金融市场的多半份额。中信银行已与近 70 家汽车品牌厂商、超过 5 000 家汽车经销商建立了合作关系,汽车销售行业信贷投放量已超过 4 000 亿元。2020 年,平安银行汽车金融中心发放的汽车消费贷款达到 2 210.98 亿元,同比增长 41.1%。到目前为止,广发银行、中信银行、光大银行、交通银行等银行都已经成立了汽车金融中心,目的是加强与经销商及汽车厂商的合作,通过汽车经销商分销汽车金融产品,并在各地成立分中心,拓展汽车金融的相关业务品种,开拓汽车金融市场,为个人和企业提供汽车金融服务。

（2）信用卡分期购车业务发展迅速

近年来,商业银行传统的汽车消费贷款业务比例有所下降,而信用卡分期购车业务所占的市场份额则有了很大的提升。同时,信用卡分期购车和传统的贷款购车不同,信用卡分期购车业务不计算利息,只收取手续费,部分银行还针对部分车型推出了零手续费的政策,并且信用卡分期购车业务手续简便,对消费者来说更加方便快捷。所以,信用卡分期购车业务推出以后就立刻获得了广大消费者的青睐,迅速占领了市场,并以十分迅猛的速度发展。

任务二 汽车金融公司

1.汽车金融公司定义

汽车金融公司从诞生至今已有近百年的历史,最早起源于美国通用汽车公司设立的通用汽车票据承兑公司。在美国,从事汽车金融服务的机构除商业银行、信托公司、信贷联盟等传统综合性金融机构外,在汽车金融市场中起着主导作用的是专业性的汽车金融公司。在许多国家,汽车金融公司是汽车企业为促进企业销售、改善企业经营服务、提高企业资本运作效率而出资设立的与汽车销售有关的服务于母公司、经销商、股东和客户的金融服务机构。

由于各国金融体系的差异、业务功能的不同,加之汽车金融公司在金融资产中所占份额有限,国际上对汽车金融公司尚没有统一的定义。

美国消费者银行家协会认为汽车金融公司就是以个人、公司、政府和其他消费群体为对象,以其获取未来收益的能力和历史信用为依据,通过提供利率市场化的各类金融融资和金融产品以及相应的价值型投资服务,实现对交通工具的购买和使用。美国联邦储备银行将汽车金融服务公司划入金融服务体系的范畴,它是从金融服务公司业务及资产组成的角度对汽车金融服务公司进行间接定义的:任何一个公司(不包括银行、信用联合体、储蓄和贷款协会、合作银行及储蓄银行),如果其资产所占比重的大部分由以下一种或多种类型的应收款组成,如销售服务应收款、家庭或个人的私人现金贷款、中短期商业信用(包括租赁)、房地产二次抵押贷款等,则该公司就称为金融服务(财务)公司。

根据《汽车金融公司管理办法》的规定,中国银监会对汽车金融公司的定义为:经中国银监会批准设立的,为中国境内的汽车购买者及销售者提供金融服务的非银行金融机构。该定义指出:汽车金融公司是非银行金融机构;汽车金融公司专门从事汽车贷款等业务,不同于银行和其他非银行金融机构;其服务对象为中国境内的汽车购买者及销售者。汽车购买者包括自然人和法人及其他组织;汽车销售者是指专门从事汽车销售的经销商,不包括制造商和其他形式的销售者。

国内外关于汽车金融服务和汽车金融公司的定义的描述中有其共性,也有不同之处,不同之处在于汽车金融公司都是提供汽车金融服务的机构,但各个机构因为立场不同在表述上有所差异,界定的产品或者服务不尽相同。

由此我们将汽车金融公司的定义概括为在汽车的生产、流通、消费与维修服务等环节中,从事融通资金服务的专业机构,是为汽车生产者、销售者、维修服务提供者和购买者提供贷款的非银行企业法人。

2.汽车金融公司特征

(1)性质的多样性

汽车金融公司多为汽车集团的全资公司,具有三重性。第一,产业性。汽车金融公司与汽车产业的兴衰息息相关,汽车金融公司在汽车产业的调整发展中产生。相应地,汽车金融的发展又极大地促进了汽车产业的发展。总之,汽车金融实现了产业资本与金融资本的完美对接。第二,金融性。汽车金融公司是经营货币资金的特殊的金融服务机构,它几乎提供了与汽车消费有关的所有金融业务,涉及汽车消费与贷款的方方面面,实现了资金积累与运用的金融职能。第三,企业性。汽车金融公司的企业性主要表现在汽车金融公司对汽车集团具有很大的依赖性,由其出资设立;汽车金融公司为汽车集团服务,为汽车集团的汽车生产及销售提供支持,加强汽车集团与用户的联系;汽车金融公司虽是汽车集团的全资公司,但同时其具有独立核算的企业法人地位。

(2)业务的多元性

汽车金融公司几乎涉及汽车消费的所有业务,是一个附加值相当大的领域,也是一项复杂的工程。其业务体现在对汽车生产制造企业、汽车经销商、汽车消费者和汽车金融服务市场的服务上。多元化体现在以下方面:一是融资对象多元化,即汽车金融公司不再局限于只为本企业品牌的车辆融资,而是通过代理制将融资对象扩展到多种汽车品牌;二是金融服务类型多元化,将传统的购车信贷扩大到汽车衍生消费及其他领域的个人金融服务,这些衍生业务起到了和消费信贷业务相互促进的作用,满足了汽车消费者多方面的金融需求;三是地域的多元化,即根据不同地区的客户需求提供相应的汽车金融服务产品,不同地区的客户选择任何方式的汽车消费均可获得相应的金融支持。

(3)作用的全面化

国外的发展经验表明,汽车金融服务的运营集合了汽车产业及其延伸的相关产业链上各方合作者的经济利益并对其具有实质性影响,由于产业之间的联动效应,汽车金融的调整发展可以增加经济附加值。汽车金融公司与大企业互动发展:汽车金融公司的业务发展给汽车企业的发展解除了资金枷锁,提高了其竞争力,促进了汽车产业的发展。有效利用金融资源,健全金融体系,突出表现在缩短了制造—经销—购买这一循环时滞,促进了商品流通,有效配置了社会资金资源。汽车金融的发展能够完善个人金融服务体系,其采取专业化服务,分散了风险,促进了信用经济的发展。

(4)设立方式的多样性

依照投资主体的不同,汽车金融公司的设立方式目前主要有三种:一是由主要的汽车制造企业单独发起设立的汽车金融公司。这种汽车金融公司属于"大汽车制造企业附属型"。目前世界上几家大的汽车金融公司都属于这种类型。二是主要由大的银行、保险公司和财团单独或者联合发起设立的汽车金融公司,这种汽车金融公司被称为"大银行财团附属型"。以上两种"附属型"汽车金融公司根据与被附属母公司的关系紧密程度,又可以进一步划分为"内部附属"和"外部附属"两种类型。"内部附属"是指汽车金融公司在所依附的母公司内部存在和运行,与母公司的关系较为紧密,或者是母公司从事汽车金融服务的部门,对内、对外分别以两种不同的名称和牌子出现。这种现象在国外一些大的汽车制造公司在中国所设立的即将开展汽车金融服务的公司(办事处)中比较常见。"外部附属"是指与母公司有相对的独立性,不但拥有独立法人资格,而且在业务上独立运作。三是没有母公司,以股份制形式为主的独立型汽车金融公司。这种汽车金融公司规模一般较小,股东来源较广泛。在美国,绝大部分汽车金融服务公司都是以这种方式存在的。这种公司在提供金融服务的汽车品种、品牌上没有完全固定,相对比较灵活。

应该提出的是,大型汽车制造厂商"附属"的汽车金融公司一直在汽车金融领域占据重要地位,是汽车金融服务的最大提供商。造成这种现象的原因是其熟悉汽车产业,与母公司和消费者紧密联系,有丰裕的资金来源、健全的营销网络和高效的服务流程,能提供与汽车消费和使用相关的全方位配套金融服务,使车辆和金融产品的定价更趋合理,大大扩展了汽车产业的价值链,促进了汽车产业与汽车金融服务业进一步融合与发展。

（5）经营的专业化

在风险控制方面,专业汽车金融公司能够根据汽车消费特点,开发出专门的风险评估模型、抵押登记管理系统、催收系统、不良债权处理系统等。在业务营运方面,汽车金融公司从金融产品设计开发、销售和售后服务等,都有一套标准的操作系统。汽车金融公司作为附属于汽车制造企业的专业化服务公司,可以通过汽车制造商和经销商的市场营销网络,与客户进行接触和沟通,提供量体裁衣式的专业化服务。汽车产品非常复杂,售前、售中、售后都需要专业的服务,如产品咨询、签订购车合同、办理登记手续、零部件供应、维修、保修索赔、新车抵押等,汽车金融公司可以克服银行由于不熟悉这些业务而带来的种种缺陷。这种独立的、标准化的金融服务,不仅大大节省了交易费用,而且大大提高了交易效率,从而获得了规模经济效益,同时给消费者带来了便利。

（6）管理的现代化

管理现代化是指现代信息技术在汽车金融服务的业务操作和风险评估过程中的广泛应用,其未来趋势是充分利用国际互联网开展业务。汽车金融服务的现代化对提高效率、降低成本具有重要意义。作为一项以零售金融为主的金融服务,交易方式和手段的现代化是必由之路。例如德国大众金融服务公司的"直接银行"方式,就是有别于传统银行需要设立分支机构的一种创新,它不再通过设立分支机构招揽客户,而是充分利用信息化的便利,将汽车经销商、客户和金融机构的信息通过网络联系起来,代表了类似汽车消费信贷的零售银行业务未来的发展趋势。

（7）竞争的国际化

汽车金融服务的国际化源于经济全球化。经济全球化大大推进了汽车工业在全球范围内的重组,汽车工业跨国公司在全球范围内组织生产、销售和提供金融服务。目前通用、福特、丰田、大众已占据了全球汽车市场的70%,相应的金融服务也在走向联合和代理。一是一些小型汽车金融服务机构由于效率和交易成本在市场竞争中处于劣势,寻求并入大的金融公司这一趋势随着汽车工业近10年来在世界范围内的重组得到进一步增强,目前占据世界主要汽车市场的跨国汽车集团,也同时占据了相应市场的汽车金融服务。二是经济全球化,特别是金融及货币一体化的促进。比如在欧元区,德国大众金融服务公司推出的汽车贷款在业务品种、利息及费用方面均保持一致。三是随着客户规模对汽车金融服务间接费用及资产收益影响的增大,通过开展全球化的金融业务,可以提高规模效益。四是汽车金融服务全球化的形式正趋于多样,从品牌融资代理到设立分支机构的方式均不鲜见,改变了以往设立全资子公司的单一形式。跨国汽车金融服务机构通过全资、合资、合作、代理融资等方式正在全球范围内展开激烈竞争。我国作为全球范围内潜力最大的汽车消费市场,随着汽车市场的升温,在《汽车金融公司管理办法》出台后,必然也要加快融入这一竞争领域。

3.汽车金融公司的发展历程与现状

(1)发展历程

在我国,汽车金融公司的发展经历了四个主要阶段,包括萌芽阶段、发展阶段、整理阶段和加快发展阶段。

萌芽阶段(1993—1998年):北方兵汽工贸公司在1993年首先提出分期购车的概念,这一业务的开展,使得客户在购车过程中面临的压力降低,有效促进了我国购买市场的发展。自1995年开始,金融企业开始全面涉及汽车消费贷款业务。为了促进当时的企业发展,各大汽车生产厂家旗下的财务公司逐步开展汽车金融贷款业务,并且与相应的商业银行进行合作,积极开展信贷业务。但由于缺少相关经验及完整的个人信用体系,在进行金融贷款的过程之中出现了质量参差不齐的现象,与此同时,银行的坏账比例不断上升。因此中国人民银行在1996年终止了汽车消费贷款业务的开展。市场环境的不成熟,导致了这一阶段的汽车金融贷款并不完善,因此其规模也很小。

发展阶段(1998—2003年):在1998年,中国银行针对汽车金融出台了相应的管理办法,随后在1999年4月又推出了开展公司个人消费贷款的指导建议。国家的监管部门开始逐步认可汽车金融贷款业务,这一时期,我国的私人汽车购买量大幅提升,尤其是上海、北京以及广州等地的汽车购买,私人所占比重超过了50%,各大保险公司针对汽车保险贷款的保险业务也迅速开展,对汽车的消费贷款起到了促进作用。各大金融机构纷纷改变信贷结构比例,开始注重汽车个人消费贷款业务。因此在多重因素的共同推动下,汽车消费贷款业务迅速发展。

整理阶段(2003—2005年):经历了初期发展阶段,由于市场环境的不稳定以及相关政策的不完善,使得市场存在着很大的问题,同时不安定因素也越来越多。2003年下半年开始,随着新车价格出现下跌的趋势,客户在进行还款的过程中积极性下降,使得银行坏账现象不断增多,各大商业银行为了减少损失、有效地控制风险,开始收紧信贷规模,提高信贷放款条件,造成汽车市场环境的急剧恶化。同时由于保险公司的车贷险业务的赔付率居高不下也使保险公司的业务越来越谨慎。至此由保险公司、银行、汽车厂家和经销商相互合作的汽车金融服务模式基本解体。随之我国的汽车金融服务发展开始进入调整期。

稳步发展阶段(2005年至今):银行开始加大风险控制,我国逐步建立了比较完善的汽车金融公司进行汽车金融贷款业务的开展。从2004年上海通用金融成立至2020年我国已经成立25家汽车金融公司。随着市场的不断完善,汽车金融公司也在不断地发展,其内部结构不断完善,汽车金融服务模式开始趋于成熟,政策法规逐步调整,在国家相关政策的扶持下,我国汽车金融产业进入了稳步发展阶段。

国内汽车金融公司成立的时间如表3.2.1所示。

表3.2.1　国内汽车金融公司成立时间

汽车金融公司	时间	汽车金融公司	时间
上汽通用汽车金融	2004年8月	宝马汽车金融	2010年11月
大众汽车金融	2004年9月	三一汽车金融	2010年11月
丰田汽车金融	2005年3月	一汽汽车金融	2011年12月

汽车金融公司	时间	汽车金融公司	时间
福特汽车金融	2005 年 8 月	长安汽车金融	2012 年 8 月
奔驰汽车金融	2005 年 11 月	北京现代金融	2012 年 9 月
东风标致雪铁龙汽车金融	2006 年 7 月	华泰汽车金融	2015 年 1 月
沃尔沃汽车金融	2006 年 7 月	比亚迪汽车金融	2015 年 3 月
东风日产汽车金融	2007 年 12 月	上海东正汽车金融	2015 年 3 月
菲亚特汽车金融	2008 年 2 月	华晨东亚汽车金融	2015 年 4 月
奇瑞徽银汽车金融	2009 年 4 月	吉致汽车金融	2015 年 8 月
广汽汇理汽车金融	2010 年 5 月	山东豪沃汽车金融有限公司	2015 年 9 月
瑞福德汽车金融	2013 年 4 月	裕隆汽车金融	2016 年 2 月
天津长城滨银汽车金融	2014 年 6 月		

（2）发展情况

随着产业政策和金融管制的逐步放开，社会信用体系和法律法规体系的不断完善，消费者的年轻化，消费倾向、消费能力及方式等方面的变化，汽车金融公司的市场规模保持增长态势。在汽车金融市场之中，商业银行依然占据着主导地位，其所占的比重高达 60%～70%，而广大的汽车金融公司所占的比重仅为 20%～30%。市场类型也发生了很大的转变，具体包括汽车批发金融、消费金融、租赁金融以及二手车市场。所以，在我国不断完善的市场之中，各大金融公司的竞争越来越激烈，我国的汽车金融行业发展也获得了极大的提高，市场主体也不再局限，而是进一步多样化。

任务三　保险公司

1. 保险公司汽车金融业务定义

保险公司汽车金融业务是以汽车保险为基础衍生出来的金融产品，建立在汽车保险的发展基础上。汽车保险是以汽车本身及其相关利益为保险标的的一种不定值财产保险。换句话说，汽车保险是财产保险的一种，是以汽车本身及其第三者责任为保险标的的一种运输工具保险。

由于汽车产业的特殊性，汽车保险的金融服务的价值尤为明显。从国际经验看，汽车金融公司不但规模大，而且经营范围极广，这使得汽车金融业务的运营集合了汽车产业及其延伸的相关服务价值链上各方合作者的利益关系，并对其有实质性的影响。随着我国金融市场和汽车服务贸易的不断开放，跨国汽车公司价值链正在向汽车金融服务延伸。到目前为止，全球主要跨国汽车公司以独资或控股形式进入汽车金融服务领域，以获取这一环节的最大价值。

财产保险公司作为汽车产业链中的重要一环，有强大的资金背景，有优秀的风险经营管理能力,有各种保险产品、各种渠道,有其他主体参与汽车金融所不能比拟的先天优势。

2. 保险公司汽车金融业务特征

财产保险公司以汽车金融保险产品为工具切入汽车金融市场。对于保险公司,具体来说,汽车经销商贷款履约保证保险,是针对汽车经销商的融资需求,依托保险公司汽车股东优势,以保险公司资产与信用为基础,与品牌银行合作,为汽车经销商提供借款信用支持的贷款履约保证保险产品,当汽车经销商未按照与银行融资合同履行还款义务时,保险公司则依约承担履约保险责任。汽车消费贷款履约保证保险,为适应汽车消费市场的日益增长和国人消费习惯的变化,保险公司在全国重新推出了汽车消费贷款履约保证保险产品,与品牌银行合作,为个人和机构购车客户提供优质的汽车按揭服务。从全球角度看,私人用车销售的70%是通过融资,30%是现金购买。美国通过融资购车的比例最高,占90%,德国是70%,印度是60%~70%,而目前我国这个比例仅为10%左右。经验与实践都证明汽车工业的发展离不开汽车金融业的支持。保险公司针对汽车经销商的需求制订差异化的金融服务,除提供金融产品外,也可以利用保险公司全国网络为汽车经销商提供车辆销售援助及其增值服务,这种为汽车经销商提供的汽车金融计划就是所谓"一站式"服务计划,是指凡加入该计划的经销商会员都能享受保险公司提供的全方位的优质的金融服务,汽车经销商所有的金融需求(如融资问题、资金成本问题甚至是滞销车辆资金积压问题)都由保险公司计划解决。

(1)对于汽车经销商贷款履约保证保险

保险公司与银行联手提供融资服务,汽车经销商将汽车合格证交保险公司管理并办妥质押法律手续,保险公司提供履约保险并承担履约保险风险,银行以此为基础提供各种融资服务,如贷款、票据承兑与票据贴现、信用证等。保险公司承担了全部的风险,可以提供许多优惠政策,如:全面解决汽车经销商正常的采购融资需求;融资速度极快,最迟3天融资到账;低融资成本,根据经销商的不同情况,提供灵活的利息贴补;保费优惠政策,根据卖车进度和捆绑合作制度实行差异化保费优惠政策。汽车经销商作为会员单位承诺将保险公司的车险产品向客户首推,保险公司为经销商提供返利优惠,车险返利与其他让利优惠一起与车险业务量挂钩,让会员"卖得多赚得多";给汽车经销商提供销售援助计划,保险公司利用其网络关系和渠道优势,针对经销商6个月以上滞销车辆提供销售援助计划,帮助汽车经销商解决滞销车辆的资金占用问题。

(2)对于汽车消费贷款履约保证保险

保险公司与银行联手为购车消费者提供贷款融资服务,贷款人将所购车辆抵押给保险公司并办妥相关法律手续,保险公司提供履约保承担履约保险风险,银行提供购车贷款服务。保险公司可以提供给贷款人很多优惠政策,如:快速提车,最迟3天贷款到账,贷款人就可以提车;提供优惠利率,最低按基准利率85折优惠,减少贷款人利息支出;对贷款人的车险保费优惠,可按团购价提供保费让利折扣;优惠赠送计划,如加油卡、汽车装潢等。

对于保险公司提供的以汽车经销商贷款履约保证保险、汽车消费贷款履约保证保险为核心的为汽车经销商提供的"一站式"汽车金融服务计划,汽车经销商、保险公司、消费者得到了"三赢",通过保险公司提供的汽车金融服务,汽车经销商能够彻底解决汽车采购融资需求,而且融资成本低,还能通过保险公司提供的汽车消费贷款履约保证保险增加汽车销量,扩大市场份额,同时还能够获得汽车保险销售的适当返利及车辆销售返利,在车辆销售乏力的时候,可以通过保险公司的网络关系和渠道,对滞销车辆提供销售援助计划,帮助其解决滞销车辆的资金占用问题。

对于消费者,可以在资金有限或者另有他用的情况下获得快速的车辆贷款,买到自己想买的汽车,还能获得优惠的贷款利息,减少资金成本,同时还能得到优惠的车辆保险和加油卡、汽车装潢等赠送计划。

对于保险公司,由于为汽车经销商提供了扩大汽车销量,解决其资金压力等服务,汽车经销商与保险公司形成了一个更加紧密的利益合作伙伴关系,汽车经销商不会短视片面的汽车保险回扣,而是站在平等互利、共同发展、共促双赢的基础之上,因此,保险公司也就不会再陷入亏损的泥潭无法自拔。

3. 保险公司汽车金融业务的发展历程与现状

中国从20世纪90年代末开始涉猎汽车金融业务,保险公司提供的汽车消费贷款履约保证保险,其实早在1999年就有出现,2000年银行信贷业务开始增长,保证保险业务快速发展;2001年,保险公司对保证保险条款做修改,业务迅猛发展,在2002—2003年车市井喷期间,贷款买车的比例曾经一度高达40%。2003年,由于当时过于激进,信用风险大面积爆发,导致不良贷款大幅增加,最多时达50%以上,各家财险公司相继退出保证保险市场;各家银行收缩汽车消费信贷业务,汽车消费信贷市场一蹶不振,汽车销量大幅下滑。2003—2005年,银行、保险清理整顿阶段,监管力度加大,保监会、银监会出台相关政策;2004年2月,汽车消费贷款履约保证保险被保监会"叫停"导致大部分保险公司退出市场。

保险公司是个持牌金融机构,也是金融行业的重要组成部分。保险公司通过保险的增信作用可以在汽车金融市场起到多方面的作用:一是确保资金的安全;二是满足监管合规要求;三是具有较高的履约险增信保障水平。

在保险参与汽车金融市场中,很多方面都难免会遇到一些困难,保险若想深入参与其中,就要找出各个方面面临的问题,然后对具体的问题进行分析,寻求解决方案。这里我们从资金端和渠道端两方面去简略分析。

从保险的资金端做一个市场需求分析:比如说银行现在面临的问题,一是坏账率过高,急需改善报表;二是难于顾及贷后资产管理;三是有着降低风控成本需求;四是要在监管趋严的大背景下做适应性的调整。而保险公司要做的就是提供履约保险,确保金融机构资金安全,同时满足监管合规要求。

然后是渠道端,渠道商面临的问题主要有:一是充足、稳定、规模化的资金需求;二是监管政策趋严的影响;三是融资渠道的扩宽,还有盈利问题。在这一方面,保险公司要做的也是一样,即提供履约保险,实现增信作用,同时要满足监管合规要求。

(1)银行和保险公司开展履约险合作的优势

第一,坚守主业。通过合作强化各方在本行业的竞争能力和盈利能力,加强合作共赢。

第二,优势互补。银行作为资金供给方发挥资金供给优势,而保险公司则要充分利用自有的客户资源,渠道资源和各种保险产品实现增信作用。

第三,扩展市场。通过优势互补后,形成各方在行业内的优势,增强市场竞争力,从而扩大销售规模。

第四，着眼长远。通过合作累计经验，集聚渠道，为以后在更深层次领域的全面合作奠定基础。

（2）银保携手扩展更多汽车领域的合作

其实无论是保险公司也好，银行也好，大家合作共同的目的还是应该放在长远的合作上，即通过资金方、资产方和渠道商三方的合作模式和保险的增进作用建立更好的合作平台，在这方面，银保双方可以从以下几点做起：探索产品和服务创新，形成多元化产品及服务体系；共同推动"互联网+金融"的模式加快发展加强技术创新；共建汽车金融风控模型，不断提高风险管理水平；打造"人+车"生态圈，加强存量客户的挖掘，开展精准营销；挖掘客户多元化和深层次需求，提供多种产品和服务，提升客户黏性。

任务四　汽车租赁公司

1. 汽车租赁公司定义

我国汽车租赁公司概念的界定经历了以下两个历史时间段。

（1）2004 年《中华人民共和国行政许可法》颁布实施前

1997 年国内贸易部《汽车租赁试点工作暂行管理办法》第三条关于汽车租赁的定义："汽车租赁为实物租赁，是以取得汽车产品使用权为目的的，由出租方提供租赁期内包括汽车功能、税费、保险、维修及配件等服务的租赁形式。"针对"实物租赁"，国内贸易部《实物性租赁业务试点工作管理试行办法》给出的解释："实物性租赁，是区别于融资性租赁，以取得设备（包括汽车）、工具和耐用消费品等使用权为目的的租赁形式。是由出租方提供租赁期内的维修保养等租后服务、承担过时风险，可撤销、不完全支付的租赁业务。它包括出租、转租等形式。"《汽车租赁试点工作暂行管理办法》中汽车租赁的定义是在一定背景下产生的，因为早在 1984 年中国国际信托投资公司、东方租赁公司、环球租赁公司等为北京、哈尔滨等城市提供的 2 万多辆日本制造小客车就是以融资汽车租赁方式引进的，《汽车租赁试点工作暂行管理办法》将汽车租赁定义为实物租赁就是为了对汽车租赁和融资汽车租赁加以区别。

1998 年原交通部和原国家计划委员会《汽车租赁业管理暂行规定》中对汽车租赁的界定："汽车租赁是指在约定时间内租赁经营人将租赁汽车交付承租人使用，收取租赁费用，不提供驾驶劳务的经营方式。"《北京市汽车租赁管理办法》也承袭了该规定对汽车租赁的定义。《汽车租赁业管理暂行规定》的实施，可以说在当时比较全面、系统的为汽车租赁公司监管确立了监管依据，为汽车租赁市场的秩序稳定提供了有效保障。但《汽车租赁业管理暂行规定》中汽车租赁定义的狭隘性，以不提供驾驶为例，也在一定程度上阻碍了汽车租赁行业的发展。

（2）2004 年《中华人民共和国行政许可法》颁布实施后

国内贸易部在颁布《汽车租赁试点工作暂行管理办法》后不久，由于国务院内部机构改革，国内贸易部被撤销，因此《汽车租赁试点工作暂行管理办法》也被撤销。而《汽车租赁业管理暂行规定》也由于对汽车租赁的行政许可缺乏法律及行政法规依据，在《中华人民共和国行政许可法》颁布实施后废止。为了明确汽车租赁的概念，国内学者、汽车租赁行业进行了多次讨论。汽车租赁应包含三种租赁方式，其一应为汽车租赁，其二为汽车融资租赁，其三为汽车经营租赁。广义汽车租赁应包括汽车融资租赁和汽车经营租赁,狭义的汽车租赁就是指《中华人民共和国民法典》(以下简称《民法典》)中的汽车租赁。狭义的汽车租赁是指三种租赁方式中的任何两种租赁方式的组合,而最狭义的租赁是指三种租赁方式中的任何一种。而根据目前我国开展的汽车租赁业务来看,汽车融资租赁、汽车经营租赁市场份额占据整体汽车租赁市场份额的比例非常小。因此,我们将汽车租赁定义为:汽车租赁为实物租赁,以取得汽车使用权为目的,在约定时间内租赁经营者将租赁汽车交付承租人使用,由租赁经营者提供租赁期内包括汽车功能、税费、强制保险、维修及配件等配套服务,承租方按照约定支付租赁费用的租赁形式。

汽车租赁公司应界定为:依照法定程序设立,具有独立法人资格,从事汽车租赁经营活动的经济组织。

2.汽车租赁公司特征

由于汽车租赁是涉及出租人、承租人、汽车生产厂商、金融服务商等多个相关方的一种交易行为,特别是其所有权与使用权的分离,使其主要具备与其他交易不同的一些特征。

(1)服务性

服务性是汽车租赁具备的首要基本特性,即汽车租赁经营者通过服务在汽车上获得增值利润的特征。从广义的范围来看,汽车租赁企业能够为全社会提供"车辆资产的管理服务"。这种服务包括车辆的购置、出租、维修、救援、保险及车队管理等内容。而从满足需求角度来看,汽车租赁业可满足道路运输业、汽车制造业、中小企业以及个人消费者的租车需求。

(2)契约性

汽车租赁的契约性是指交易双方通过签订合同的形式进行交易,即通过将汽车作为一种商品或资产以使用权与用益物权转移的形式进入企业的生产活动中或进入个人消费者的生活中,其本质是一种新型的商品消费形式和流通形式,而不是像出租汽车一样只是一种公共运输方式。因此,这种交易形式一般需要签订相应的租赁合同,将汽车租赁经营者、承租人和租赁标的物"汽车"的使用权及用益物权有机地联系起来,明确租赁双方的权利和义务,以及违约责任和特别约定等条款,从而保证双方的责任与权利有据可依、按法行事。

(3)高风险性

汽车租赁业是一个信用消费特征比较明显的行业,加上汽车本身是高价值的消费品,使得汽车租赁业成为一个高风险的资本密集型行业。这种风险主要表现在以下几个方面。

①信用风险。以融资租赁为例,由于融资租赁是一种将融资与融物相结合的租赁方式,在承租人选择厂商并确定租赁标的物后,由出租人提供资金购买资产提供给承租人。出租人则面临承租人欠租的信用风险,这种风险涉及承租人的信用等级。因此,对承租人的公司结构、经营信息、债务信用等相关信息的判别至关重要。

②宏观政策环境风险。宏观政策环境风险主要是指一个国家的宏观政策走向带来的风险,包括经济发展目标的变化带来的影响,行业的政策倾斜带来的影响,以及对外开放政策、企业制度改革政策、财政与货币政策、监管体系的变化等一些不确定因素带来的风险。仍然以融资租赁为例,我们来看一下其存在的风险因素。融资租赁一般使用固定利率,由于租金固定、租金除包括租赁标的货价外,主要是融资利率,但市场利率是变化的,使租赁企业面临利率风险,如果在租赁期内利率发生不利变动,租赁公司的融资成本就会增加,原定收益就

会下降,这样就会给租赁经营者带来相应的收益风险。

③残值价格波动风险。对于租赁来说,由于在租赁期满后,承租人一般会将租赁物退还给出租人,而出租人的经营利润一般体现在资产的残值上。出租人既面临信贷风险,同时由于资产的残值取决于当时的市场公允价值,还受到市场供给的影响及物价水平变化波动带来的影响,因此,同时还面临资产残值低于预期的风险。

④交通事故风险。由于租赁车辆最根本的用途是实现其作为交通运输工具的本质属性,而任何车辆在道路运行时,都存在潜在的发生交通事故的风险。汽车租赁公司由于拥有车辆数量较多,出于降低运营成本的考虑,一般只投保国家规定缴纳的车损险、盗抢险和责任险等险种,还有一些险种是采取自保的形式,这样,就存在发生超出租赁押金数额或保险金额的交通事故的高损失风险。

(4)规模经济性

对于汽车租赁业而言,规模经济性是指通过成批大量投入运营租赁汽车从而实现单位成本降低的一种状况,其规模经济性体现在出租人通过规模化采购汽车,从而降低整体运营成本并向消费者提供有竞争力的价格与服务。而由于汽车是一种高价值消费品,因此,汽车租赁业务的运营起步要求较高,需要投入一定数量规模的汽车实物,同时还需要运营站点的网络化与快速反应的信息系统作支撑,其中,固定成本在总成本中占有很大的比例,"成本最小化"的效能较弱,"规模经济"更多地通过"利润最大化"的效能体现出来,而支持利润最大化的条件主要是集中采购功能、合理的业务流程安排、服务增值等。因此,一般汽车租赁公司的车辆只有达到一定规模的数量后,方可达到最低盈亏平衡点,这种状况决定了只有随着租赁车辆规模的扩大,租赁产品的成本才会呈现下降的趋势。从市场竞争的要求来看,也只有形成一定的规模,才能确保市场价格大于其平均成本,才可能盈利。因而,一定的规模是企业生存的必要条件。

3. 汽车租赁公司现状

近年来汽车租赁政策出台明显放缓。2019年3月19日,交通运输部发布新规,就网约车、汽车分时租赁和共享单车等交通新业态资金和押金管理办法向社会征求意见。新规明确运营企业原则上不收取用户押金。新规设置了收取押金的上限,如汽车分时租赁的单份押金金额不得超过运营企业投入运营车辆平均单车成本价格的2%。

2015—2019年我国汽车租赁市场规模呈逐年增长态势,2019年市场规模达917亿元,同比增长14%。2015—2019年我国汽车驾驶员人数总体呈逐年增长态势,2019年我国汽车驾驶员人数达4亿人,同比增长8%,驾驶员人数远超汽车保有量。

汽车租赁金融方面,2018年,金融市场整体处于去杠杆状态,资金流动性紧张,P2P市场频频暴雷,在资金退潮的背景下,汽车租赁公司通过发行ABS进行债券融资或者IPO募集资金,成为汽车租赁企业拓展资金来源的主要方式。2018年共有18家融资租赁公司发行37单汽车租赁ABS(资产支持证券)和10单ABN,总发行金额为460.8亿元,其中汽车租赁ABS规模376.31亿元,汽车租赁ABN规模84.49亿元。

从实际需求来看,工作特殊用车需求和业余生活个性化用车需求,使人们在某些时点上对汽车功能和配置产生特殊的需求,普通意义下的汽车租赁公司和家庭购车已无法满足这些特殊需求,从而导致车辆需求和使用的错配,汽车租赁行业转型升级就在当前。未来汽车租赁业将向定制租赁、合作金融系统、缩短车辆更新周期三个方向发展。

　　未来,随着中国经济的继续稳步增长,将带动居民收入快速增长;汽车保有量和销量增长、市场供应链的完善、汽车租赁公司轻资产化管理趋势、汽车租赁公司的快速发展和产品成熟度的提升;以及租赁行业法律政策的完善和开放,这些都给行业健康发展提供了必不可少的条件和环境,未来中国汽车租赁行业的发展前景可期。

任务五　互联网平台

　　随着互联网技术的快速发展,传统的汽车金融业务也在寻求与互联网的融合创新,互联网汽车金融应运而生。互联网金融模式渗透汽车金融领域,深入汽车产业发展的上下游,给传统的汽车金融带来新的变革和利润增长点。互联网汽车金融已粗具规模,但仍面临着来自传统的汽车金融风险和受互联网影响而产生的特有风险,影响互联网汽车金融业态的健康持续发展。

1.互联网平台汽车金融定义

　　现有的研究中,学者们对互联网汽车金融的定义多是拆分成汽车金融、互联网金融两个概念来理解的。"所谓互联网汽车金融就是在传统的汽车金融的基础上通过互联网公司这个平台所拓展的汽车金融业务,主要包括企业融资、个人信贷、汽车后市场金融服务、租车和专车等。"将互联网汽车金融理解成汽车产业链在互联网金融领域的延伸,由此互联网汽车金融被认为是汽车金融和互联网金融的结合。

　　互联网金融是指受互联网技术、互联网精神的影响,从传统银行、证券、保险、交易所等金融中介到无中介瓦尔拉斯一般均衡之间的所有金融交易和组织形式。简单来说,互联网金融就是指使用云计算、支付以及搜索引擎等互联网工具,进行支付、信息中介和资金融通等业务的金融模式。究其本质,互联网金融仍旧是资金融通的重要提供者,是在深受互联网技术浪潮的影响下,与互联网深度结合的产物。

2.互联网平台汽车金融特征

　　(1)互联网平台、传统车商合作将加强

　　虽然互联网平台汽车金融发展具备良好前景,但也面临着落地转化和汽车销售低迷的压力。互联网平台汽车金融未来将加强与传统4S店和车商的合作,在线下触达更多用户,以及增强汽车金融覆盖产品范围。此外,新能源汽车产业发展迅速,也成为国家鼓励发展的方向,互联网平台汽车金融服务结合新能源汽车有望成为平台发展的突破口。

　　(2)汽车细分化程度高,平台服务范围大

　　目前互联网平台汽车金融主要服务类型为面向消费者的车型服务,但汽车产品细分化程度较高,未来平台发展可更多关注其他类别的服务。如巡游车、网约车、大巴等经营性车辆仍有巨大的金融服务空间,面对企业的服务有望扩展互联网平台汽车金融的盈利渠道。但2B类型服务需要服务提供平台具有稳定的资金支持和领先的风控技术,对平台实力有较高要求。

　　(3)市场仍进一步规范,企业资质及品牌建设成发展关键

　　汽车消费属于高额消费项目,对于消费者而言是巨大的经济支出,因此相关汽车金融服

务的提供需要更为严格的监管,而互联网平台汽车金融发展又处于早期阶段,未来仍然需要更为规范。在此情况下,服务提供平台的资质和其口碑建设的重要性更加突出,具备良好品牌形象的企业将在愈趋激烈的市场竞争中占据先机。互联网巨头背景的平台,如京东金融车白条,以巨头口碑背书和巨头资源整合后获得的较高产品与服务质量,具备一定程度的竞争优势。

(4)互联网平台多方合作模式创新更具优势

面对产品落地难、产品服务有待规范等行业痛点,互联网汽车金融平台与多方合作,实现模式创新,将是行业解决痛点的主要方向。多方合作,实现资源整合,平台提供金融科技服务,金融机构规范互联网汽车金融产品服务,经销商共享渠道,汽车集团背书和导流客户,互惠互利。模式创新,如京东金融车白条的创新模式,使平台更具竞争优势,有望在激烈且无巨头领袖的市场中脱颖而出。

3.互联网平台汽车金融现状

互联网与汽车,这两个看起来毫不相关的词,关系越来越密切了。正是伴随着互联网的普及与汽车行业的飞速发展,我国汽车产业已经迈入了互联网时代,在汽车与互联网之间已经产生了很多交集,从而产生更多模式上的变革和创新。同时,伴随着汽车和金融的参与,互联网金融必将吸引更多新的资本,焕发出崭新的活力。目前,传统汽车金融模式受到互联网金融平台的冲击,汽车金融的发展也是必然趋势。有了互联网的加入,汽车金融行业的战略布局将更加全面,信息更新将更加迅捷,将产生更加多样化的汽车全产业链的资源交互渠道,达到更加贴近用户需求的服务效果。根据目前的发展趋势,互联网金融对汽车行业带来的变革影响已经全面展开。

(1)P2P 网贷平台

P2P 网贷平台是较早参加汽车金融业务者之一,因汽车作为抵押资产较为优良,方便快速评估价值,市场周期灵活。随着 2016 年以来监管机构对互联网金融监管的收紧,尤其是2016 年 8 月网络借贷监管办法的出台,P2P 网贷平台整改的同时也在不断寻找转型出路,主营业务在 20 万元左右的汽车贷款受到网贷平台青睐,互联网汽车金融成为其业务转型的重要方向。据网贷之家的统计,2017 年 P2P 网贷行业涉及车贷业务的平台数量达 945 家,总成交额为 2 639.43 亿元,环比上涨 40.4%,2017 年车贷业务成交占整个网贷行业的9.41%。

P2P 车贷根据法律性质不同,可以分为汽车抵押、汽车质押、汽车融资租赁等模式。汽车抵押方式中,借款人将车抵押给平台,平台评估汽车价值并审核借款人资质,在车管所办理完抵押登记,为汽车装上 GPS 定位系统后方为借款人办理借款业务。汽车质押中,借款人将车辆交由平台保管,由平台占有,若借款人违约,平台将自行处置车辆,优先受偿。

融资租赁是一种所有权与使用权分离的分期付款方式。汽车融资租赁中,车主通过以租代购模式,可以解决购买新车时资金短缺问题。车主(承租人、借款人)先向 P2P 网贷平台提出借款请求并支付一定的保证金,然后平台向合作方融资租赁公司介绍购车业务,后者购车后租给车主。在租赁期间,车主按时向融资租赁公司支付租金,等到租赁期间届满,车主可将车辆买入获得车辆所有权。

汽车抵押、质押、融资租赁等方式,一方面使得借款人可以通过分期方式购买新车,另一方面也为资金紧缺的借款人提供了借款途径,缓解了短期资金紧缺问题。

P2P 网贷平台快速发展,与之相伴的是一系列金融风险的爆发。从 2016 年开始,监管层的出手,到 2019 年 1 月互联网金融风险专项整治工作领导小组办公室、P2P 网贷风险专项整治工作领导小组办公室发布的《关于做好网贷机构分类处置和风险防范工作的意见》中指出,除部分严格合规的在营机构外,其余机构能退尽退,应关尽关,加大整治工作的力度和速度。随后,我国 P2P 网贷行业走向了"全面清退"阶段,目前已经有超过 1 200 家 P2P 网贷机构被停业。对于具有核心风控技术、金融资源的网贷平台来说,寻找转型方向是其明智之举。

（2）汽车众筹、互联网车险

众筹是一种直接融资方式,主要通过互联网沟通融资人和投资者,促成双方交易。汽车众筹是以汽车为标的的众筹活动。汽车众筹有三方主体,分别是筹资方、平台方、投资者,三者间的交易形成了汽车买卖的差价,由此构成主要盈利。据众筹家统计,2017 年,我国汽车众筹项目占众筹细分市场的总项目数和总成功项目数的 77.59% 和 80.92%,成功融资项目 39437 个,成功筹集资金 107.94 亿元。汽车众筹的买卖标的有新车,但更多的是二手车。汽车众筹中,专门的汽车众筹平台联合二手车商推荐待售的二手车,投资人合伙购车。然后购买的车交由二手车商卖掉,所得收入扣除佣金后由投资人按比例进行分配。汽车众筹中的投资收益来自汽车买卖间的差价,即平台和二手车商确定买入价格,参与众筹的投资人确定卖出价格,两者间的差价是利润来源。

互联网保险是在互联网及大数据、云计算等信息技术下,保险公司或中介机构通过互联网展开保险产品销售或提供中介服务的新型金融服务模式。互联网保险"不是对传统保险行业的颠覆,而是为传统保险创新了一种新的生产方式"。它对原有保险产品的设计、营销、服务方式及服务对象等进行了创新。在互联网保险中,占财产险比重最大的车险产品因其费用低于传统车险服务企业,使得服务体验更加灵活,成为最适应网络营销的保险,互联网车险发展较快。根据中国保险行业协会发布的 2017 年互联网财产险业务数据通报显示,2017 年,互联网车险保费收入 307.19 亿元,占互联网财产保险保费总收入总比重为 62.25%。互联网汽车保险是车险在互联网时代的发展。尽管当前互联网车险市场仍存在发展阻碍,但随着阿里、腾讯等互联网巨头企业的入局,将会基于平台所掌握的数据资源使得产品朝着简单化、场景化、高频化方向发展,未来互联网车险的发展将因更加贴合用户需求而加快进程。

（3）当前互联网平台汽车金融的风险

①企业内部治理风险。

互联网平台汽车金融行业是新兴互联网金融与汽车金融的融合,其产生发展时间较短,经营经验缺乏,在探索与创新中平台内部治理往往存在风险。如平台定位不明确,经营方向难以把握,甚至部分平台没有取得金融业务经营牌照。例如,对交易项目的信息不登记备案,审核不严,容易导致项目情况真伪难辨。

互联网平台汽车金融成立较短,企业内部治理还不完善,极易造成个人金融信息被泄露,发生侵权、侵财等事件。如平台管理不善造成的客户个人隐私信息被窃取,甚至部分平台主动将信息非法卖给他人从而获利,这些部门管理不善的后果给互联网汽车金融业务的发展带来了负面影响。

现阶段,我国网络个人信息安全保护的法律法规还没有形成体系,个人信息保护专门立法还没有出台。已有的《关于维护互联网安全的决定》《关于加强网络信息保护的决定》中规定较为模糊,多为原则性指导建议,并没有提出如何进行操作,缺乏实用性和可操作性。如《关于加强网络信息保护的决定》提出的合法性、正当性、必要性原则,违反法律规定的、不正当的、不必要的个人信息搜集和使用应该受到限制。随着互联网的普及,客户在互联网上的信息泄露等问题逐渐凸显。在互联网汽车金融业务中,客户在平台上注册交易时,产生的个人身份、账户资金、交易等信息被平台记录和保存。如果平台内部管理不善时泄露或非法卖出客户个人隐私信息,将给客户造成极大的精神和经济损失。

②信用欺诈风险。

目前,我国的信用体系尚未完善,信用违约等欺诈行为经常发生。互联网汽车金融领域,信用风险表现得更加明显。不同于传统的汽车金融企业,现阶段我国互联网汽车金融企业的信用风险管理和控制水平参差不齐,总体来说存在较大问题。互联网汽车金融市场正在逐步扩大,信用风险管理的不足导致信用违约事件时有发生,信用风险的危害性较大。

互联网汽车金融企业中的信用风险,归结起来不外乎主体信用风险、客体信用风险和第三方支付等信用风险,即购车借款人违约风险,参与主体经营管理不善引起的信用风险,第三方支付平台带来的信用风险等。其中,信用欺诈风险表现突出。当前互联网汽车金融领域比较常见的欺诈表现有:假冒他人身份签订合同;使用伪造的身份证明或伪造的购车证明签订合同;在签订合同时出具虚假资信证明;套贷,即虚增购车价格,贷款金额远远高于所购车辆的实际价格;空车套现,即贷款未用于购买车辆,而是挪作他用;以个人名义贷款,但是所购车辆或贷款的实际使用人为法人单位;用已经购买的车辆,作为新购车辆进行贷款等。而在互联网汽车金融中,除具有以上传统汽车金融领域会出现的欺诈行为以外,以沉默方式进行欺诈的行为更为突出,其中主要体现在借款方在签订借款合同过程中存在一车多押、实际抵押价值远低于抵押物价值、对抵押汽车的重要信息没有合理告知等问题。欺诈风险逐渐成为互联网汽车金融发展过程中的重要制约因素,互联网汽车金融要想实现持续稳定发展,必须对欺诈风险加以防范。

③服务主体市场准入风险。

"法不禁止即可为",金融监管机构面临着"一管就死,一放就乱"的风险,过度干预会扼杀金融创新,而放任自流则会出现监管缺位,影响行业的健康发展。国家鼓励和发展金融创新产业,但作为新兴的互联网汽车金融行业,其监管存在瑕疵,会带来监管风险。

传统商业银行与汽车金融公司开始互联网平台的尝试。例如,百度陆续与众多银行及P2P理财平台机构进行了贷款保险等业务的合作,推出了百度汽车平台。阿里通过与50多家汽车企业合作将为雪铁龙、日产等车型提供贷款服务。随着监管部门对网络借贷平台监管的收紧,人人贷、陆金所等众多网贷平台将汽车金融作为业务转型的重要发展方向。还有一些新建的主要以汽车金融为主体的互联网平台也在不断发展壮大。汽车生产商与互联网金融平台的合作,以及汽车网络媒体转型成为汽车电商,在互联网金融方面进行的各种尝试等,都可以归结为互联网和汽车金融业的融合。

商业银行和汽车金融公司经营汽车金融服务业务必须经过严格的审批,而随后兴起的互联网金融平台等公司涉足汽车金融业务是否具有资质条件尚有待考虑。放开市场准入一定程度上有利于促进市场经济的自由竞争,促进互联网汽车金融生态发展。在目前政策尚未明确的情况下,各类经营互联网汽车金融业务的平台纷纷涌入,容易导致类似P2P网贷一样野蛮增长后乱象丛生,不利于行业健康发展。

项目四

汽车消费信贷

任务一　汽车消费信贷概述

1.汽车消费信贷的概念

消费信贷是金融机构或工商企业对消费者个人或家庭提供的直接用于生活消费的信用，是消费者在资金不足的情况下，以贷款购买消费用品的一种特殊的消费方式。

从性质上说，消费信贷是信用消费的一种形式，信用消费从银行的角度来说也可叫消费信用，是货币信用制度的产物。《辞海》中关于消费信用的定义是：消费信用是对个人消费者提供的信用，也就是金融机构及企业对消费者提供的信用。它是在商业信用的基础上发展起来的，是信用中的一种高级形式。消费信用的发展经历了企业与消费者之间的消费信用以及企业与消费者之间有银行媒介的"三位一体"的消费信用两个阶段，消费信贷即为后者。

汽车消费信贷即用途为购买汽车的消费信贷，是消费信贷的一种，是贷款人向申请购买汽车的借款人发放的，借款人以所购汽车或第三方保证作贷款的担保。它可以使汽车消费群体从高收入者向中等收入者渗透，使汽车企业的潜在客户不仅仅局限于那些可以用现金支付的人。在我国，汽车消费信贷是指金融机构向申请购买汽车的用户发放人民币担保贷款，并联合保险公司、公证机构为购车者提供保险和公证，再由购买汽车的用户分期向金融机构归还贷款本息的一种消费信贷业务。按贷款对象划分，汽车消费贷款有两类；一类是法人汽车消费贷款，贷款对象为出租汽车公司；另一类是个人汽车消费贷款，贷款对象基本上为个人或出租汽车驾驶员。

汽车消费贷款对汽车消费的增长具有重要推动作用。早在 20 世纪初，汽车面市不久，美国的部分汽车公司就组建了自己的汽车金融服务公司，开始了汽车贷款消费的历史。经过近百年的发展，已经形成了服务主体多元化、贷款品种多元化、服务范围广泛的汽车消费贷款市场。目前全球每年新旧车销售收入约 1.3 万亿美元,其中 70% 是通过各种融资实现最终销售的。在美国,通过汽车消费贷款出售的汽车数量占销售总量的 90%。中国汽车消费市场发展潜力很大,但汽车消费贷款服务尚处于起步阶段。从 2004 年 10 月 1 日起《汽车贷款管理办法》的正式施行,已经促进了我国汽车消费贷款市场的快速发展。

消费者购车逐渐由储蓄消费向贷款消费转变,购车尤其是高端车型门槛降低。根据中国汽车工业协会发布数据,2022 年 6 月,汽车行业销量完成 250.2 万辆,环比增长 34.4%,同比增长 23.8%;2022 年 1—6 月,销量完成 1 205.7 万辆。根据罗兰贝格及中国汽车流通协会数据,新车金融渗透率从 2015 年的不足 28% 上升至 2020 年的 50%;二手车金融渗透率也在互联网汽车平台的带动下快速增长,达到约 30%。根据中国汽车工业协会日前发布的数据,2022 年 6 月汽车产销分别达到 249.9 万辆和 250.2 万辆,环比增长 29.7% 和 34.4%,同比增长 28.2% 和 23.8%。而根据《2021 中国汽车金融年鉴》数据显示,2021 年中国汽车金融渗透率约 53%。华泰证券研报预测,到 2025 年国内汽车金融的市场规模将达到 2.32 万亿元。

2022 年 7 月 7 日,《商务部等 17 部门关于搞活汽车流通　扩大汽车消费若干措施的通知》提出丰富汽车金融服务,鼓励金融机构在依法合规、风险可控的前提下,合理确定首付比例、贷款利率、还款期限,加大汽车消费信贷支持。

2. 汽车消费信贷基本要素

（1）首付

首付是指使用贷款购车时,在确定交易后首先支付的一笔款项。接下来将由分期贷款的形式完成其余支付。较高的首付意味着相对较低的贷款金额,因此在其他要素不变的情况下,月供的压力也相对较小。在其他要素不变的情况下,首付越高则贷款金额越低,支付的总利息越低。车辆最终的购买价格与贷款金额的差额一般占全款的 30% 左右。

（2）贷款金额

贷款金额是金融机构每笔贷款向借款人提供的授信额度。贷款金额由借款人在申请贷款时提出,金融机构根据情况核定。一般而言,贷款金额高低与消费者选择的汽车的价格以及他所能支付的首付有关,同时也和他对未来收入的预期有关。在其他要素不变的情况下,首付越低则贷款金额越高。

（3）弹性尾款

弹性尾款是为了减轻贷款用户月供压力,在贷款金额中预留一部分,该部分贷款金额无须在贷款期间进行还付,而是保留在贷款月供的最后一个月一次性交付即可。一般而言,弹性尾款金额的高低对贷款客户的月供有较大影响,贷款用户可根据月还款能力以及未来一次性收入情况选择。在其他要素不变的情况下,弹性尾款越高则月供越低,支付的总利息越高。通常弹性尾款比例不超过贷款金额的 25%。

（4）期限

贷款期限是指从贷款合同生效之日起,到最后一笔贷款本金或利息支付日止的这段时间,一般按照期数(年或月)计。贷款期限一般由借款人提出,经与金融机构协商后确定,并载于贷款合同中。在其他要素不变时,贷款期限越长则月供越低,但所需支付的利息总量也越高。虽然按照法律规定,车贷最长的贷款期限可达 5 年,但在实际操作中,以 3 年居多。

因此车贷通常属于短期或中期贷款,而常见的房贷则多属于长期贷款。

(5)利率和利息

利息是借款者为取得货币资金的使用权而支付给贷款者的一定代价,利息作为借入货币的代价或贷出货币的报酬,实际上,利息就是借贷资金的"价格"。利息水平的高低是通过利息率表示出来的。利息率是利率的全称,是指一定时期内利息额与借贷货币额或储蓄存款额之间的比率。当其他要素不变时,利率越高,消费者所需支付的利息就越高。常用利率种类如下:

年利率:按本金的百分比(%)表示

月利率:月利率按千分比(‰)表示;月利率=年利率÷12

日利率:日利率按万分比(‰)表示;日利率=年利率÷360

(6)月供

月供是指每月偿还的金额,包括本金和未还贷款金额产生的利息。月供可以固定也可以浮动,随着所选择的还贷方式的不同而变化。月供越高,则每月对消费者的经济压力越大。贷款金额不变时,贷款期限越短,则月供越高。

3. 汽车消费信贷模式

目前,我国的汽车消费信贷业务模式按照各主体在信贷业务过程中所承担的职责及其与消费者关联度的不同主要分为三种:以银行为主体的贷款模式、以汽车经销商为主体的贷款模式和以汽车金融公司为主体的贷款模式。

从银行业务角度来看,汽车消费信贷可分为"间客式"信贷和"直客式"信贷两种模式。"间客式"信贷以汽车经销商为主体,是指购车人先买车,后续再进行贷款,而且整个过程由经销商提供信贷过程的所有相关服务,包括资信调查、申请贷款、代收缴车款本息等。"直客式"信贷以银行为主体,是指有购买汽车意向的客户直接向银行提出贷款申请,通过银行渠道获取贷款资格、贷款额度、贷款比例,最后完成汽车消费信贷流程。

从汽车经销商的角度来看,汽车消费信贷可分为与银行合作和与汽车金融公司合作两种方式。与银行合作就是所谓的"间客"模式;与汽车金融公司的合作,实际上是与厂家之外的第三者合作,而汽车金融公司又具有厂家的背景。

(1)以银行为主体的信贷模式

以银行为主体的信贷模式是银行直接面对汽车消费者,因此又称为"直客"模式。由银行直接对消费者进行信用评定,并与符合贷款条件的消费者签订消费信贷协议,消费者将会从银行设立的汽车消费贷款机构获得一定的汽车贷款额度。消费者拿获得的贷款额度到汽车市场上选购自己满意的产品。

在此模式中,银行是各个业务流程的运作中心,由银行指定的征信机构或律师行出具消费者的资信报告,银行指定保险公司并要求消费者购买其保证保险,银行指定经销商销售车辆。此模式下,风险的主要承担者为银行与保险公司。因此,消费者除承担银行利息外,还要承担保证保险、代理费(律师费)等各项支出。

这种模式是比较传统的模式,可以充分发挥银行资金雄厚、网络广泛及贷款利率低的优势。但仍存在以下三个方面的问题:

①银行不能及时按照汽车市场的快速变化提供相应的金融服务;

②消费者选择银行放贷必须通过担保公司做担保,这中间要承担比较高的手续费和交付一定金额的贷款保证金,因此消费者承担费用较高;

③申请比较难,手续复杂,对贷款人的要求比较严格,获贷率不高。

而近年来兴起的银行卡个人消费类汽车专向分期付款业务,只需持卡人信用状况良好、有稳定收入,银行将会视所购车型给予一定的贷款额度。该方式相对于传统车贷,突破了审批流程瓶颈,简化了审批流程,具有手续简单、还款便捷的优点,更容易被消费者接受。但这种方式对贷款人和经销商有一定的要求,贷款人必须是银行的客户,经销商必须是该银行的合作经销商。

(2)以汽车经销商为主体的信贷模式

以汽车经销商为主体的信贷模式由汽车经销商直接面对消费者,与用户签订贷款协议,完成消费者的信用调查与评价。汽车经销商负责为购车者办理贷款手续,以汽车经销商自身资产为消费者承担连带责任保证,并代银行收缴贷款本息,而购车者可享受到汽车经销商提供的"一站式"服务;或引入保险公司,通过汽车贷款履约等相关险种帮助消费者向银行取得购车贷款。因此,这种模式又称为"间客"模式。

在这一模式中,汽车经销商是整个业务的运作主体,它与银行和保险公司达成协议,负责与消费信贷有关的一切事务,消费者只需与一家经销商打交道。此模式下,风险由汽车经销商与保险公司共同承担。由于汽车经销商贷款过程中承担了一定风险并付出了一定的人力、物力,所以汽车经销商通常需要收取2%~4%的管理费。因此,消费者还要多承担此项管理费用。

目前,以汽车经销商为主体的"间客"模式又有新的发展,由原来消费者必须购买保险公司的保证保险到汽车经销商不再与保险公司合作,消费者无须购买保证保险,汽车经销商独立承担全部风险。

该模式的优点在于实现了对消费者的全程服务,汽车经销商能够根据市场变化推出更合适的金融服务。缺点在于汽车经销商的资金来源和自身资产规模有限,资金成本较高,而且信贷业务也并非其主业,所以信贷业务经验相对较少。

(3)以汽车金融公司为主体的信贷模式

以汽车金融公司为主体的信贷模式是由汽车金融公司直接面对消费者,组织进行消费者的资信调查、担保、审批工作,向消费者提供分期付款服务。在该模式下,消费者从汽车金融公司贷款买车采取抵押所购车辆的方式,对贷款消费者进行购车咨询、信用调查、提供担保、售车、贷款中期的信用追踪以及售车后的一系列服务,将汽车的生产、销售、消费和服务统为一体,真正使消费者受惠。

此模式与以银行为主体的"直客"模式的运作基本一致,但放贷主体通常是汽车集团所属的汽车金融公司。一般由律师行出具资信文件,由其所属集团的汽车经销商提供车辆,客户购买保险公司的保证保险,汽车金融公司提供汽车消费信贷业务。一旦出现客户风险,由保险公司将余款补偿给经销商,经销商再将其偿还给汽车金融公司。该模式下,风险主要由汽车金融公司和保险公司共同承担。汽车金融公司除去自有资金,以及吸收的3个月以上的存款作为资金依托外,一般都是按照同业往来利率向银行或其他金融机构借款,作为支撑汽车信贷的资金来源。

汽车金融公司的优势在于其更加专业化,能够有效地连接汽车生产企业、商业企业和银行,并以金融业务为其主业,可以将银行和企业的优势较好地联系在一起,所提供的汽车贷款更灵活、更专业、更具针对性,而且手续简便。劣势在于贷款利率较高,通常比银行现行利率高出 1~2 个百分点。

该模式由非银行金融机构组织对购车者进行资信调查、担保、审批工作,并向购车者提供分期付款。

目前,国内的非银行金融机构通常为汽车生产企业的财务公司或金融公司。

汽车消费信贷模式比较见表4.1.1。

表4.1.1 汽车消费信贷模式比较

模 式	合作机构	合作方式	特 点
直客模式	银行+律师所+保险公司+经销商	律师行完成信用调查,保险公司提供保证保险	银行直接面对消费者,并决定是否发放贷款
间客模式	银行+保险公司+经销商	经销商完成信用调查,保险公司提供保证保险,经销商承担连带责任	经销商直接面对消费者,负责办理手续、资信调查、保险代理等,能够决定是否放贷
汽车金融公司为主体	汽车集团	汽车集团对贷款进行全程担保,并负责贷前、贷中、贷后的信用管理	汽车集团直接面对客户,并决定是否放贷

4.汽车消费信贷业务流程

(1)汽车信贷申请阶段

申请汽车信贷的购车者通过与银行的资信评估部门接触,了解汽车消费信贷的一些相关事宜,如贷款人的条件、贷款额度、贷款期限等;在确定需要申请信用贷款后,需按照要求填写有关表格及提供有关资料。银行的资信评估部门对贷款人进行立项,对其资信进行初步审核,决定是否接受其申请,对不合要求的贷款人及时进行回复。这一阶段主要是银行筛选服务对象的第一关,主要集中在对贷款申请人文字材料的分析,通过这一阶段的筛选,将一些风险很高的贷款申请人剥离出去,一方面提高整体运营效率,另一方面也大大降低了风险。

(2)汽车信贷申请的审批阶段

对于符合汽车信用贷款的申请人,银行通过实地考察、采集资料,对贷款申请人进行资信评估和分析,然后将评估结果交信贷审查批准部门进行审查与审批,对不符合汽车信贷条件的申请人予以回复,对于符合条件的申请人,银行同意申请汽车信贷意向书,并启动贷款审批程序。该阶段是银行筛选服务对象的第二关,主要集中在银行资信评估部门对贷款申请人的实地考察和资信评估,作为汽车信贷审批的重要依据。通过第二关的筛选,银行能够挑选出符合风险控制规定的贷款申请人,并提供汽车消费信贷。

(3)汽车信贷监控阶段

银行正式发放汽车信贷后,风险监控部门需要定期、不定期地检查以得到贷款人的财务情况和偿付能力,追踪贷款人资信变化情况,监测预警系统,及时发现风险并采取措施进行控制。

（4）违约处理阶段

风险监控部门一旦发现预警信号,应立即通知资产管理部门,并通过紧急止损措施,收回抵押资产等,银行的法律部门则负责各项法律事务,保证公司利益。

5. 汽车消费信贷发展历程

1913 年,第一家汽车按揭贷款公司成立,专门向普通大众提供汽车消费信贷,买车不再是富裕阶层的专利,消费者只需付四分之一的预付款,剩下的部分分期付即可。消费信贷的发展催动越来越多的汽车消费以分期付款的形式发生,信贷购车占比过半。1919 年美国通用汽车设立的通用汽车票据承兑公司是世界上最早的汽车消费信贷服务机构。1930 年,德国大众汽车公司推出了针对自己旗下产品——甲壳虫轿车的未来消费者募集资金的业务,此举首开了汽车金融服务面向社会融资的先河!

在我们国家,汽车消费信贷市场起步较晚,20 世纪 90 年代才有汽车分期付款的概念,此后进入曲折缓慢的发展时期。我国汽车金融行业萌芽于分期购车,随着政策体系日趋完善,逐步形成多元竞争格局。纵览我国汽车金融行业发展历程,大致可划分为萌芽期、爆发期、调整期、振兴期、多元竞争期 5 大阶段,其中监管政策体系的日益完善是驱动行业走向成熟的主要因素。

（1）萌芽期（1993—1999 年）

汽车信贷初现,银行试点起航。我国汽车金融始现于 20 世纪 90 年代,1993 年,北方兵工汽车第一次提出了汽车分期付款的概念。1995 年上汽集团首次与国内金融机构联合推出汽车消费贷款,部分国有商业银行在一汽、上汽等主机厂的联合之下,开始尝试汽车消费信贷业务,以缓解当时汽车消费低迷的情况。但由于缺少相关经验,风险问题频出,汽车信贷业务曾于 1996 年 9 月被央行叫停。1998 年,央行出台《汽车消费贷款管理办法（试点办法）》,在四家国有银行（中、农、工、建）先行开办汽车消费贷款业务试点,标志着我国汽车金融业正式起航。

汽车生产厂商是这一时期汽车信贷市场发展的主要推动者。受传统消费观念影响,汽车信贷尚未为国人广泛接受和认可。汽车信贷的主体——国有商业银行,对汽车信贷业务的意义、作用以及风险水平尚缺乏基本的认识和判断。

（2）爆发期（2000—2003 年）

规模迅猛增长,银行主导市场。随着国内私人汽车消费的升温,叠加商业银行不断重视汽车消费信贷业务,汽车金融业进入快速增长阶段,市场规模从 1999 年末的 29 亿元跃升至 2003 年末的近 2 000 亿元。商业银行依靠牌照优势在市场中形成垄断地位,且参与主体从国有银行扩展至股份银行,如中信银行、光大银行、平安银行均在此期间相继入场汽车金融业务。

与此同时,国内私人汽车消费逐步升温,北京、广州、成都、杭州等城市,私人购车比例已超过 50%。面对日益增长的汽车消费信贷市场需求,保险公司出于扩大自身市场份额的考虑,适时推出了汽车消费贷款信用（保证）保险。银行、保险公司、汽车经销商三方合作的模式,成为推动汽车消费信贷高速发展的主流做法。

这一时期,汽车消费信贷占整个汽车消费总量的比例大幅度提高,由1999年的1%左右,迅速上升至2001年的15%。汽车消费信贷主体由国有商业银行扩展到股份制商业银行,保险公司对整个汽车信贷市场的作用和影响达到巅峰,甚至一些地区汽车信贷能否开展,取决于保险公司是否参与。

(3)调整期(2004—2007年)

车贷风险暴露,汽车金融公司登场。与保险公司合作的车贷险模式导致部分银行逐步放宽了审批门槛,潜在风险积聚。2003—2004年,在车价走低等因素带动下,汽车信贷坏账开始集中出现,据银监会统计,银行汽车贷款不良率从2002年的0.46%上升至2004年的5.28%。原中国保险监督管理委员会于2004年3月叫停车贷险,汽车消费信贷随后进入收缩期,2004—2006年汽车金融市场规模均为同比负增长。2003年10月银监会出台《汽车金融公司管理办法》,确立汽车金融公司监管框架。2004年8月上汽通用汽车金融公司成立,成为国内首家汽车金融公司,随后大众、丰田、福特、奔驰等汽车金融公司纷纷落地。2004年10月银监会出台《汽车贷款管理办法》,汽车金融进一步向专业化、规范化方向发展。

(4)振兴期(2008—2012年)

汽车金融公司崛起,租赁模式入局。以海外及国产主机厂为背景的汽车金融公司接连入场,业务模式日趋成熟,行业开始由银行垄断时代快速切换至银行、汽车金融公司全面竞争时代。2008年银监会出台新版《汽车金融公司管理办法》,拓宽汽车金融公司业务范围,包括允许提供汽车融资租赁业务。在汽车金融公司崛起、汽车销量回暖的驱动下,汽车金融市场规模同比增速明显回升,2010年末市场规模恢复至2003年末水平。

(5)多元竞争期(2013—2020年)

多方主体并存,政策加大支持。2013年起互联网金融快速兴起,互联网平台、融资租赁公司等新兴参与者进入市场,银行、汽车金融公司、租赁公司、互联网平台等多元主体并存的局面逐渐形成。近年来,在我国扩大内需、刺激消费大背景下,汽车金融领域的利好政策不断出台,如下调汽车贷款首付比例,延长还款期限,放宽汽车金融公司的融资渠道、监管指标等。这一阶段汽车金融市场规模同比增速稳定于20%~30%,行业在多元格局渐成、政策支持加大的驱动下保持快速增长。

2017年10月13日,中国人民银行、原银监会发布《汽车贷款管理办法》(2017年修订),自2018年1月1日起实施,同时废止2004年发布的《汽车贷款管理办法》。新《汽车贷款管理办法》对汽车贷款的相关政策做出调整:贷款发放单位门槛降低,把农信社列入了可发放的范畴;只要持有营业执照或其他证明主体资格文件的,例如个体工商户、企业分公司,均可以申请汽车贷款,这使得汽车金融机构的客户类型和来源得到了扩展;允许审慎引入外部信用评级,特别是对于信用良好、确能偿还贷款的借款人,可以不提供担保;规定贷款人应直接或委托指定经销商受理汽车贷款申请,明确了委托经销商受理汽车贷款申请的合法性;二手车定义从"到规定报废年限一年以前"变更为"达到国家强制报废标准之前",预期未来新能源汽车和二手车金融会迎来利好;另外,将不再直接规定汽车贷款最高发放比例,由监管机构视实际情况另行规定。

2017年11月8日,中国人民银行和银监会联合发布《关于调整汽车贷款有关政策的通知》,落实国务院调整经济结构的政策,释放多元化消费潜力,推动绿色环保产业经济发展,以提升汽车消费信贷市场供给。该通知对汽车贷款政策做出了进一步调整：自用传统动力汽车贷款最高发放比例为80%,商用传统动力汽车贷款最高发放比例为70%;自用新能源汽车贷款最高发放比例为85%,商用新能源汽车贷款最高发放比例为75%;二手车贷款最高发放比例为70%。总体而言,新《汽车贷款管理办法》和《关于调整汽车贷款有关政策的通知》的实施将进一步释放汽车贷款动能,促进国内汽车消费,促进汽车金融的良性发展。

截至2016年年末,中国汽车销量突破2 800万辆,继续保持了中国汽车销量多年来全球领先的地位。汽车消费信贷市场前景广阔,目前参与主体也逐渐丰富,仍以银行和汽车金融公司为主导地位,但互联网车贷平台等服务模式也正在崛起。

截至2017年年末,我国25家汽车金融公司资产总额为7 447.29亿元,较2016年年末增长29.99%,其中零售贷款余额5 603.22亿元;负债总额6 404.81亿元,行业资产负债率86.00%;资本充足率17.17%,流动性比例154.89%,不良贷款率0.25%,拨备覆盖率658.61%,监管指标保持良好水平。

任务二　汽车消费信贷实务

1. 银行消费信贷操作实务

银行汽车金融模式可分为车贷、信用卡分期,优势在于资金实力足、产品利率低、金融专业能力强,而劣势在于场景及客户渠道有限、汽车专业能力不足、审批门槛较高等。

（1）业务流程

①咨询、选定车型,签订购车合同。购车者首先了解汽车消费信贷的一些相关事宜,然后选中满意的车型,与经销商谈好价格,签订购车合同等。

②提出贷款申请。购车者签订购车合同后,填写汽车消费贷款申请书、资信情况调查表,并连同个人情况的相关证明提交贷款银行。

③银行进行贷前调查和审批。银行对用户进行调查,对于符合贷款条件的,银行会及时通知借款人填写各种表格。

④审核合格,办理手续。通知借款人签订借款合同、担保合同、抵押合同,并办理抵押登记和保险等手续。

⑤银行发放贷款。由银行直接划转到汽车经销商的指定账户中。

⑥提车,按期还款。借款人将首付款交给汽车商,并凭存折和银行开具的提车单办理提车手续;按照借款合同的约定偿还贷款本息。

⑦还清贷款。还清贷款后在一定的期限内去相关部门办理抵押登记注销手续。

银行信用卡汽车专向分期付款业务的办理在不同的银行有所不同,但总的来说,手续操作大同小异,首先都要通过银行的审核,然后再缴款。比如,中国建设银行的龙卡信用卡购车分期主要分为6个环节：

①客户先在经销商处选车、试驾,并与经销商协商确定购车价;

②出示龙卡信用卡、身份证,并填写购车分期付款申请表;

③经销商向建行递交客户的申请资料;

④申请批准后客户至经销商处支付首付款,办理相关手续;

⑤接到经销商提车通知后,刷卡支付尾款并提车;

⑥通过龙卡信用卡按月分期还款。

银行汽车消费信贷业务流程如图4.2.1所示。

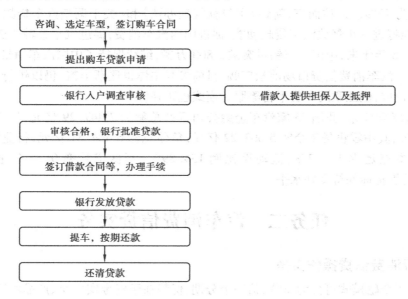

图4.2.1 银行汽车消费信贷业务流程

(2)购车须知

消费者如果决定向银行申请贷款购买汽车,第一步就是做好咨询工作,也就是去银行咨询相关事宜,了解我国商业银行汽车消费信贷购车须知。

①我国商业银行关于汽车消费信贷中借款人的条件。

我国的商业银行对申请汽车消费贷款的自然人所具备的条件要求大致相同,一般都应符合以下条件:

a.18周岁以上,具有完全民事行为能力的中国公民,原则上年龄不超过65周岁;

b.具有本市常住户口或有效居住身份,有固定的住所;

c.有稳定职业和固定收入,具有按期偿还贷款本息的能力;

d.提供贷款人认可的财产抵押,或有效权利质押,或具有代偿能力的法人,或有第三方作为偿还贷款本息并承担连带责任的保证担保;

e.遵纪守法,没有不良信用记录;

f.持有与特约经销商签订的购车协议或购车合同;

g.提供或在贷款银行存有不低于首期付款金额的购车款;

h.愿意接受贷款银行规定的其他条件。

②我国商业银行关于汽车消费信贷购车应提供的资料。

汽车消费信贷购车人在申办汽车消费贷款的过程中一般需要向银行提供的个人证件及资料见表4.2.1。

表4.2.1 汽车消费信贷应提供的资料

角色	携带证件及资料
借款人	身份证原件和复印件
	户口本原件和复印件
	住房证明
	工资收入证明
	驾驶证
	停车泊位证明
	一寸照片(两张)
	结婚证原件和复印件
	贷款申请书
	购车协议或合同
	不低于首付款的存款凭证或首付款的收据原件和复印件
	贷款银行要求提供的其他资料
共同购车人	身份证原件和复印件
	户口本原件和复印件
	住房证明
	工资收入证明
	与借款人的关系证明
担保人	身份证原件和复印件
	户口本原件和复印件
	住房证明
	工资收入证明

提交了上述的个人证件及资料后,由银行委托的律师上门作借款人贷款的资信调查,签订协议。

银行信贷部门审查合格后同意贷款的,消费者便可以和银行签订汽车消费借款合同,并办理贷款的担保及保险手续。在签订借款合同时,消费者还要填写汽车消费贷款转存凭证。与此同时,消费者将购车首期款划入经销商账户。银行信贷部门与消费者签订借款合同时,有效支款期一般规定为15个工作日,最长不超过30个工作日。

银行信贷部门向经销商出具《汽车消费贷款通知书》,经销商在收到《汽车消费贷款通知书》及首期款收款凭证后,消费者便可以在经销商处提车,经销商协助消费者到有关部门办理缴费及领取牌照等手续。此外,经销商还要在《汽车消费贷款通知书》所规定的时限内将购买发票、各种费用凭证原件及机动车行驶证复印件直接交予经办银行。

③贷款额度。

以我国的建设银行为例；

a. 按建设银行的个人信用评定办法达到 A 级以上的客户，可以将所购车辆作抵押申请汽车贷款，贷款额度最高为所购车辆销售款项的 80%。

b. 借款人以建设银行认可的国债、金融债券、国家重点建设债券、本行出具的个人存单进行质押的，贷款额度最高为质押凭证价值的 90%。

c. 借款人以房屋、其他地上定着物或依法取得的国有土地使用权作抵押的，贷款额度最高为抵押物评估价值的 70%。

d. 保险公司提供分期还款保证保险的，贷款额最高为汽车销售款项的 80%。

e. 提供第三方连带责任保证方式（银行、保险公司除外）的，按照建设银行的个人信用评定办法为借款人（或保证人）设定贷款额度，且贷款额度最高为汽车销售款项的 80% 购买再交易车辆的，贷款额度最高为其评估价值的 70%。

④贷款期限。

汽车消费贷款期限一般为三年，最长不超过五年。

⑤贷款利率。

贷款利率按照中国人民银行规定的同期贷款利率执行，并允许按照中国人民银行的规定实行上浮或下调。

（3）主要操作性文件

"直客式"汽车消费信贷的程序及操作性文件主要包括以下内容。

①签订购车合同。

a. 消费者在车型选择好之后，与汽车经销商签订购车合同书、同意书及担保书。

购车合同书，由购车人与经销商签订的正式购销合同。本合同一式五份，购车人、经销商（供车方）、贷款银行、保险公司、公证处各执一份，具有法律效力。

购车人向经销商、贷款银行，保险公司、公证处分别提交购车合同书文件。

b. 同意书、购车合同书附件，即由共同购车人签署的具有法律效力的同意文书。

c. 担保书、购车合同书附件，即由担保人签署的具有法律效力的文书，此文件需公证处公证。

上述文件填写时，需注意以下事项；

a. 购车合同书由购车人本人签署；

b. 同意书由共同购车人本人签署；

c. 担保书由担保人本人签署，担保人情况表应如实填写。

②贷款申请手续。

在客户决定购车后，将同时填写购车申请表、资信调查表和银行汽车消费信贷申请书。

a. 消费信贷购车申请表。

购车申请表，一式二联，一联由客户回单位盖章，一联由经销商消费信贷部门存留；内容均为本人的真实反映，并由申请人所在单位盖章认可。用途：决定购车客户分别向银行、经销商提出申请贷款和购车，并分别向银行、经销商、保险公司出具资信调查担保。

填写注意事项：由购车人填写，各项均应如实填写、真实可靠。

b. 消费信贷购车资格审核调查表。

汽车消费信贷业务中,对消费者(购车人)的资格审核是主办者的业务难点和重点,更是消费者的困扰点。怎样逾越这一鸿沟,主办者从消费者的实际出发,逐步形成了一套"全新汽车消费贷款服务模式"。

目前,由银行、企业、保险公司联合推出的汽车消费买方信贷,资信审核将由三方共同审核,其中以经销商上门初审为主,银行保险依各自需要留备材料。此表形式为:一式三联,一联由银行留存,二联由保险公司留存,三联由经销商留存,以及统一的编号、制单日期和服务日期,购车人(被审核人)签字,主管领导和主审领导批复。用于对客户调查后,填写该客户与其共同购车人及担保人的情况,并附意见。此表设计基础为:贷款购车人所具备的条件和应提供的资料。内容包括:购车人真实身份、家庭和职业稳定性,资金收入和支配居住以及联系方式,稳定性购车用途、共同购车人和保证人的身份、共同承担风险的可能性。此表审核对象是贷款购车(本)人(与其)共同购车(当事)人和(为其)保证人的情况。用途及操作:审查服务用。审查人员应熟悉表中各项目,由各当事人填写表格前应以口头对话形式进行初审和熟悉内容,事后再次核对。

c. 银行汽车消费贷款申请书。

银行汽车消费贷款申请书由银行制发,用于客户申请购车贷款,是客户向银行提出汽车消费贷款的正式申请书,内容均根据国家金融机构有关政策制定。申请书一式三联,一联由银行信贷部门留存,二联由保险公司留存,三联由经销商消费信贷部门留存。用途:决定购车客户分别向银行、经销商提出申请贷款和购车请求,并分别向银行、经销商保险公司出具资信调查担保。

③银行批准。

a. 汽车消费信贷银行所需存档材料。

b. 个人消费贷款保证合同。

此合同是经销商为购车人提供贷款保证,与银行签订的合同。合同每项内容均需当事人签署。

c. 个人消费贷款借款合同。

个人消费贷款借款合同是消费者个人与贷款提供方(通常是银行)签订的合同。

d. 个人消费贷款审批表。

e. 委托付款授权书。

授权书是银行制发的文件,用于购车人成为贷款银行贷款客户后,授权银行将其首付款及银行贷款支付经销商的文件。此授权书签署双方为贷款银行和购车人。

f. 委托收款通知书。

收款通知书是银行制发的单据,当购车人的贷款申请被银行批准后,由经销商通知银行将购车人贷得的款项存入经销商的账户。

④取车手续。

a. 车辆验收交接单。客户获得车辆后的签收单,应提请购车人核对单中内容正式签收。此单一式两联,用于客户选车和提车使用,一联由客户留存,二联由经销商留存。由购车人本人或其委托人与供车方交接车辆。

b. 办理经济事务公证申请表。申请表是用于对购车合同书进行公证的申请。申请表每项内容均需当事人签署。

c. 车辆险投保单。保险公司制发的单据,用于客户所购车辆投保的车辆险、第三者责任险、盗抢险和不计免赔险。保单每项内容均需当事人签署。

d. 机动车辆分期付款售车信用保险投保单。保险公司制发的单据,用于客户在分期购车时投保的信用险。

⑤汽车消费信贷保险公司所需客户资料。

a. 购车人身份证复印件;

b. 购车人户口本复印件;

c. 购车人的工资收入证明复印件;

d. 经过公证的购车合同书;

e. 共同购车人的身份证、户口本复印件;

f. 保证人的身份证复印件;

g. 购车发票、汽车合格证、车辆购置附加费缴费凭证复印件;

h. 首期款缴费凭证复印件;

i. 车辆交接单复印件。

以上材料由保险公司留存、建档。

⑥车辆出门证。

车辆出门证是售车单位给购车人开具的车辆驶离售车单位大门的凭证。

⑦按月付款。

在合同期内,贷款银行对借款人的收入状况、抵押物状况进行监督,对保证人的信誉和代偿能力进行监督,借款人和保证人应提供协助。

2. 汽车经销商消费信贷操作实务

(1)业务流程

我国以汽车经销商为主体的汽车消费信贷业务,并没有统一确定的对贷款申请人的条件限制和贷款流程。一般是消费者(贷款申请人)先到特约汽车经销商处选购汽车,提交有关贷款申请资料,并由汽车经销商代其向银行提出贷款申请。以汽车经销商为主体对消费者实施信贷资格审查和信贷风险管理,银行根据经销商对消费者的审查意见,经调查审批同意后,签订借款合同、担保合同,发放贷款给客户,保险公司提供汽车信贷信用保险或保证保险。现场宣传、业务咨询、资信调查、客户评估、风险管理、坏账处理等大部分业务环节均由经销商来承担。贷款要素也基本是遵从汽车经销商所依靠的银行制定的贷款期限、利率以及贷款额度的规定,但是经销商可以在一定的范围内,针对贷款申请人的条件来灵活确定这些因素。

消费者购车时,首先要找一个担保人,需要有本市户口,还要有稳定的收入,对担保人月收入也有一定的要求,根据拟购买的车辆价位不同,对担保人的月收入要求也不同。

实际购车时,消费者需出具自己和担保人的身份证、户口本复印件、收入证明(加盖公章)、居住证明(即个人住房的房产证)等。消费者有了这些文本后,就可到汽车经销商处挑选车辆,交纳首付款。首付款的额度视所选购车型和生产厂家的规定而确定,然后银行告诉购车人每月(年)应付的本息。交完首付定金3~5个工作日以后,由汽车经销商派人带领购车者去税务部门交纳汽车的购置税(国家规定汽车销售部门不得代收汽车购置税)。所有这些做完以后,提车取牌照,消费者才可以开走这辆车。以汽车经销商为主体的汽车消费信贷的业务流程如下:

①客户咨询。客户咨询工作主要由咨询部承担,工作内容主要是了解客户购车需求、帮助客户选择车型、介绍购车常识和如何办理汽车消费信贷购车、报价、办理购车手续等。由于客户咨询工作是直接面对客户的,所以礼貌待客、耐心解说、准确报价、周到服务是客户咨询员的基本要求。这一阶段需准备的资料有8种,具体见图4.2.2。

②客户决定购买。在客户咨询员的介绍和协助下,客户选中了某种车型决定购买,此时咨询员应指导客户填写《消费信贷购车初、复审意见表》《消费信贷购车申请表》,报审查部审查。

③复审。审查部应根据客户提供的个人资料、消费信贷购车申请、贷款担保等进行贷款资格审查,并根据审查结果填写《消费信贷购车资格审核调查表》等表格,还要对《消费信贷购车初、复审意见表》填写复审意见,然后将有关资料报送银行。

④与银行交换意见。这一阶段主要由审查部将经过复审的客户资料提交贷款银行进行初审鉴定。

⑤交首付款。这一工作由财务部负责进行,财务部在收取客户的首期购车款后,应出具收据,并为客户办理银行户头和银行信用卡。

⑥客户选定车型。客户选定车型后,由服务部根据选定车型填写《车辆验收交接单》,以备选车和提车时使用。

⑦签订购车合同书。客户选定车型后,由审查部准备好《购车合同书》的标准文本,交于客户仔细阅读,确认无异议后,双方签订合同书。

⑧公证、办理保险。办理公证和保险需要许多资料,手续繁复,各部门间应相互配合,这一阶段需准备的资料有6种,具体见图4.2.2。这部分工作应由审查部和保险部共同承担。

⑨终审。审查部将客户文件送交银行进行初审确认,鉴定合格的有关文件提交主管领导签署意见,具体文件见图4.2.2。

⑩办理银行贷款。审查部受银行委托,与客户办理相关个人消费信贷借款手续,具体手续见图4.2.2。

⑪车辆上牌。服务部携购车发票、购车人身份证、车辆保险单等有效证件到车辆管理部门代客户办理车辆上牌。

⑫给客户交车。服务部代客户办理车辆上牌手续后,应留下购车发票、车辆购置费发票、车辆合格证和行驶证的复印件,然后向客户交车。

⑬建立客户档案。经销商应建立完整的客户档案,以便售后服务工作和贷款催讨工作能顺利开展。

(2)银行审批程序

经销商根据客户提供的个人资料、消费信贷购车申请、贷款担保等进行贷款资格审查,根据审查结果填写《消费信贷购车资格审核调查表》等表格,然后将有关资料报送银行。

汽车消费信贷银行审批流程图如图4.2.3所示。

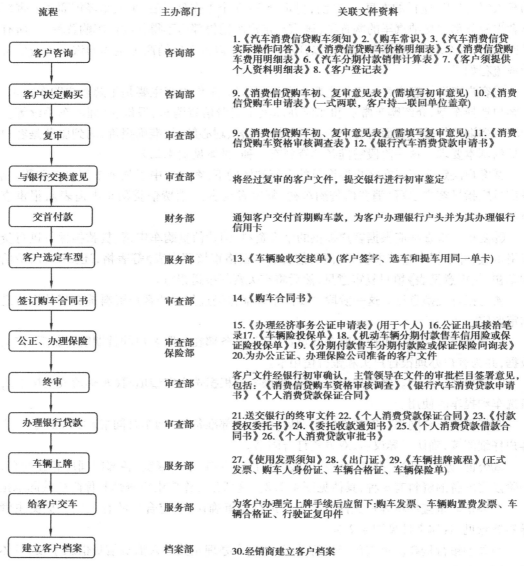

流程	主办部门	关联文件资料
客户咨询	咨询部	1.《汽车消费信贷购车须知》2.《购车常识》3.《汽车消费信贷实际操作问答》4.《消费信贷购车价格明细表》5.《消费信贷购车费用明细表》6.《汽车分期付款销售计算表》7.《客户须提供个人资料明细表》8.《客户登记表》
客户决定购买	咨询部	9.《消费信贷购车初、复审意见表》(需填写初审意见) 10.《消费信贷购车申请表》(一式两联,客户持一联回单位盖章)
复审	审查部	9.《消费信贷购车初、复审意见表》(需填写复审意见) 11.《消费信贷购车资格审核调查表》12.《银行汽车消费贷款申请书》
与银行交换意见	审查部	将经过复审的客户文件,提交银行进行初审鉴定
交首付款	财务部	通知客户交付首期购车款,为客户办理银行户头并为其办理银行信用卡
客户选定车型	服务部	13.《车辆验收交接单》(客户签字、选车和提车用同一单卡)
签订购车合同书	审查部	14.《购车合同书》
公正、办理保险	审查部 保险部	15.《办理经济事务公证申请表》(用于个人) 16.公证出具接洽笔录17.《车辆投保单》18.《机动车辆分期付款售车信用或保证险投保单》19.《分期付款售车分期付款或保证保险问询表》20.为办公正证、办理保险公司准备的客户文件
终审	审查部	客户文件经银行初审确认,主管领导在文件的审批栏目签署意见,包括:《消费信贷购车资格审核调查》《银行汽车消费贷款申请书》《个人消费贷款保证合同》
办理银行贷款	审查部	21.送交银行的终审文件 22.《个人消费贷款保证合同》23.《付款授权委托书》24.《委托收款通知书》25.《个人消费贷款借款合同书》26.《个人消费贷款审批书》
车辆上牌	服务部	27.《使用发票须知》28.《出门证》29.《车辆挂牌流程》(正式发票、购车人身份证、车辆合格证、车辆保险单)
给客户交车	服务部	为客户办理完上牌手续后应留下:购车发票、车辆购置费发票、车辆合格证、行驶证复印件
建立客户档案	档案部	30.经销商建立客户档案

注:图中显示数字为操作性文件目录号

图4.2.2 经销商汽车消费信贷业务的流程图

(3)银行与汽车经销商的合作方式

国内各家商业银行与汽车经销商合作的主要方式有以下两种。

①经销商全程担保。

经销商全程担保即消费者贷款时,经销商为消费者提供担保,承担风险。为此,银行贷款需要重点审查经销商而不是个人,经销商也须向购车者收取保证保险费,要求其提供自然人或单位担保,同时将机动车登记证、汽车购置税发票、购车合同书、机动车行驶证复印件等文件、票据留存。但是,这种操作模式下银行同样存在一定的风险:一是目前经销商与银行之间的担保形式一般是保证金的形式,并非实物性资产抵押。而保证金一般是几千万元,

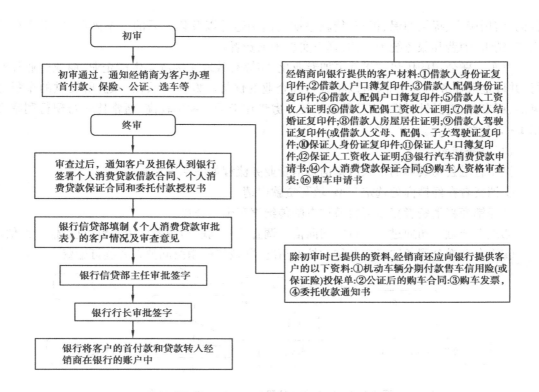

图4.2.3　汽车消费信贷银行审批流程图

而其担保金额动辄几亿元,有的甚至十几亿元,远大于其本身的资产,一旦出现坏账,经销商没有足够的资金偿还,因此银行存在风险;二是个别经销商制造虚假购车合同骗贷,达到一定数额后,经销商突然清盘不干,银行将会遭受非常重大的损失。因此,这种贷款模式需要经销商与银行间更充分的信任。如果将来银行改变现有做法,则经销商需要有广阔的融资渠道,以支持其发展战略。

②保险公司提供履约保险。

保险公司提供履约保险即购车者贷款时,向保险公司投保履约保险。一旦银行出现坏账,由保险公司负责偿付。为此,保险公司须向购车者收取保险费用,要求其将所购车辆在车管所抵押登记,禁止交易,同时要求其承担连带保险责任。

但无论是哪种方式,三者之间的合作仅仅停留在业务表层上,并且银行不承担任何风险,经销商没有良好的信用评估体系,仅凭保险公司担保并不能长久。因此,如何开展更深层次的合作是一个需要研究的问题。这样一来就重复了"直客"模式下的不足。其次,汽车经销商的最终目的是销售最大化,在急于销售存货的同时也就忽略了对贷款购车者的资信评估,这也是经销商不可规避的利益问题。

3.汽车金融公司消费信贷操作实务

汽车金融公司消费信贷是由非银行金融机构组织进行购买者的资信调查、分期付款服务。目前国内的非银行金融机构通常为汽车生产企业的财务公司。在该模式下,消费者采取抵押所购车辆的方式,从汽车金融公司贷款买车。汽车金融公司对贷款消费者进行购车咨询、信用调查、提供担保、售车、贷款中期的信用追踪以及售车后的一系列服务,将汽车的生产、销售、消费和服务统为一体,真正实惠于消费者。

汽车金融公司的优势在于其更加专业化,能够有效地连接汽车生产企业、商业企业和银行,并以金融业务为其主业,可以将银行和企业的优势较好地联系在一起,所提供的车贷更灵活、更专业,更具针对性,而且手续简便。劣势在于贷款利率较高,通常比银行现行利率高出1~2个百分点。

(1)业务流程

汽车金融公司具体的个人汽车消费信贷业务流程如图4.2.4所示。

①消费者在经销商处选定车型,填写贷款申请。

②经销商将消费者贷款资料通过电脑传给汽车金融公司。

③汽车金融公司通过计算机联网向信用调查机构调取消费者信用资料,进行信用评估。

④汽车金融公司通知经销商贷款核准情况,并授权经销商同消费者签订融资合同。

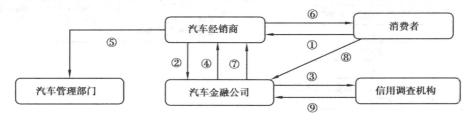

图4.2.4 汽车金融公司个人消费信贷业务流程

⑤经销商向政府汽车管理部门登记上牌。金融公司为车辆的抵押权人,并显示在汽车管理部门出具给消费者的车辆所有权证明书上。

⑥经销商交车给消费者。

⑦金融公司收到经销商的合同文件后,付款给经销商。

⑧消费者按合同内容分期付款给金融公司。

⑨金融公司将消费者的付款状况信息提供给信用调查机构。

在实际贷款业务的操作中还会涉及更多的相关部门,诸如办理保险担保手续、二手车的价值测评、售后服务等一系列问题,但是,这些都不需要消费者自己去办理,而是由汽车金融公司依借其在各个部门的关系来为消费者代理。

(2)优劣势分析

①优势分析。

a. 程序简便。汽车金融公司属于某汽车集团,可以为购车者提供更为专业便利的服务。购车者在经销商处看中一辆车后即可办理贷款、付款信用调查保险、公证等"一条龙"服务,大大简化了购车程序。同时,金融公司继续承担其他售后服务。

b. 提供专业化服务。汽车消费过程中除了购车,还涉及零部件供应维修、索赔、旧车处理等内容。专业化的汽车金融公司除方便为消费者提供贷款、担保、资信调查等服务外,还可以凭借其先天优势——汽车行业背景,更加便捷快速地提供一系列完整的专业服务,诸如以旧换新、汽车维修、美容、旧车处理、零部件供应等。

c. 促进汽车产业自身的发展。汽车金融公司其首要市场定位是促进汽车及相关产品的销售。例如,经济不景气时,汽车销售量减少,这时商业银行为减少风险可能就要收缩贷款。但汽车金融公司相反会采取某些措施来促进汽车销售量的增长,例如推出零利率汽车贷款等措施。显然,在以汽车金融公司为主体的汽车消费信贷模式下,可以在一定程度上完善"直客"模式的不足。虽然我国目前在汽车金融服务上才刚刚起步,但是,由于我国目前家用轿车消费量逐年递增的大好形势,使得汽车金融公司有着更多的发展机遇。

②劣势分析。

a.利率限制。根据中国人民银行的规定,汽车金融公司发放汽车消费贷款的利率在法定利率基础上,上浮幅度为30%,下调幅度为10%。这大大减少了汽车金融公司的竞争优势。

b.资金来源限制。汽车金融公司的资金来源是金融机构借款和境内股东存款。金融机构本身在开展汽车消费信贷业务,是汽车金融公司的竞争对手,所以汽车金融公司获得银行借款的难度很大。但是境内股东存款也无法彻底解决汽车金融公司的资金问题。

(3)汽车金融公司与银行的汽车消费信贷比较

由银行提供的个人汽车消费贷款是一种传统的汽车贷款模式,分为"直客"模式和"间客"模式两种,存在办理手续复杂、获贷率不高等问题。随着汽车金融公司的发展,以汽车金融公司为主体的汽车消费信贷模式逐渐成为消费者的另一种选择方式,并且以其手续简便等优势较快发展。消费者只要选定车型,就可到其所属汽车公司的经销商处购买,只要诚信度好,一般都能获贷。下面主要从贷款手续、利率等几个方面对两者进行比较。

①申请资格。

汽车金融公司放贷标准较宽松,注重申请人的信用,外地户口符合条件也可申请;而银行更看重申请人收入、户口和抵押物等,且需要本地户口或本地市民担保、房产证明等一系列烦琐的程序。

②手续和费用。

金融公司一般三天左右完成,且不交手续费、抵押费、律师费等费用;银行则需一周多时间,要找担保公司做担保,且收取一定的杂费。

③首付比例及贷款年限。

金融公司的首付一般较低,如丰田汽车金融公司对于信誉度非常好的客户可以承诺首付款为全车售价的20%,贷款年限分三年、五年两种;而目前多数银行在实际操作时规定最低首付为全车售价的40%,年限最长不超出五年。

④利率水平。

银行按照中国人民银行规定的同期贷款利率计算,而汽车金融公司则比银行现行利率高出1~2个百分点。

⑤月还款额。

银行提供的信贷方式一般称为标准信贷。目前,有的汽车金融公司比银行多推出了一种服务方式,即弹性信贷。所谓弹性信贷,是指为消费者提供多种选择;消费者可以将一部分贷款额(通常不超过25%)作为弹性尾款,在贷款期限的最后一个月一次性支付,而不计算到月付金额,由于弹性尾款不计入月供总额,这样就能使购车者的月还款额明显低于银行标准信贷的月还款额。信贷合约到期时,消费者可以有三种选择;一是一次性结清弹性尾款,获得完全的汽车所有权;二是对弹性尾款再申请为期12个月的二次贷款;三是在汽车经销商的协助下,以二手车置换新车,将尾款从旧车折价中扣除。

　　综上所述,银行机构汽车消费信贷的优势在于贷款利率比较低,但存在申请手续繁杂,获贷率不高等问题,有些银行的汽车贷款还需支付其他多种费用,如担保费、验资费、律师费、抵押费等。汽车金融公司提供的贷款服务更加专业化和人性化,所提供的汽车贷款更灵活、更专业、更具针对性,而且手续简便,在贷款条件方面比银行宽松。汽车金融公司贷款比较注重购车者的个人信用,学历、收入、工作等都是其参考标准,而不需像银行那样要质押,外地户籍也不会成为获得贷款的阻碍。

任务三　汽车消费信贷操作性文件及表格

　　客户办理汽车消费信贷购买汽车,现行制度比较复杂,所以手续繁复,涉及的操作性文件有数十种之多。信贷经办人员应树立"用户第一""顾客至上""以人为本""全面满足客户需要"等先进服务理念,以顾客满意作为服务导向。先进的服务理念绝不只是各种响亮的口号,它必须转化到各种具体的服务工作之中。同时,信贷经办人员还必须熟悉本职业务,这是做好汽车消费信贷工作的基本条件。下面,将几种信贷经办人员必须掌握的主要的操作性文件及其式样介绍如下,具体见表4.3.1—表4.3.8。

1. 客户须提供的资料明细表

　　这是客户、共同购车人及担保人应准备的明细资料。

表 4.3.1　客户需提供的资料明细表

类别	项目	数量或确认	备注
借款人	1. 身份证复印件		
	2. 户口本复印件		
	3. 住房证明		
	4. 工资收入证明		
	5. 驾驶证		
共同购车人	6. 身份证复印件		
	7. 户口本复印件		
	8. 住房证明		
	9. 工资收入证明		
	10. 与借款人的关系证明		
担保人	11. 身份证复印件		
	12. 户口本复印件		
	13. 住房证明		
	14. 工资收入证明		

2. 客户登记表

对咨询客户进行登记,便于追踪潜在用户。在汽车消费信贷业务宣传后,每天都要接待大量的电话和柜台咨询,把每个电话或咨询客户记录下来是非常有必要的,并且具有非常大的价值。用于登记所有咨询客户有关资料。

表 4.3.2　客户登记表

日期	姓名	联系电话	职业	预购车型	颜色	漆种	贷款期限	接待人	电话/上门	备注

3. 消费信贷购车初审、复审意见表

消费信贷购车初审、复审意见表是对已决定购车的用户,在初审、复审时填写意见用。如果将资信调查表所调查的内容比作购车人应具备的"硬件",那么初审、复审意见表就是购车人的"软件",软硬件结合基本体现了购车人的全貌,即资信程度。与"资信调查"相结合,用于审查服务。

该表由多位审查人员在与购车人的几次接触中边当面交流边观察后产生的有关意见,共同填写该表。多位审查人员分别是:经办人、复审人、主复审和终审人。

表 4.3.3　消费信贷购车初审、复审意见表

姓　　名		性　　别		联系电话	
初步印象	1. 购车欲望:□强烈　□一般 2. 穿着打扮:□有品位　□整齐　□一般　□不协调　□差 3. 言谈举止:□文雅、大方、得体　□一般　□粗俗 4. 面相:□温和　□凶相				
询问内容	1. 有关车的知识:□丰富　□一般　□差 2. 购车用途:□上班　□工作、生产　□出租　□…… 3. 对分期付款的理解:□很好　□好　□一般　□差 4. 驾龄长短;曾驾驶过的车型 5. 能采用何种担保方式:□质押(质押物为何)　□抵押(抵押物为何)　□保证人(担保人条件如何)				
初审意见	经办人:		部门经理	签字:	
复审意见	复审人:　　　　　主复审:		部门经理	签字:	
终审意见	终审人:		领导意见	签字:	

续表

复审情况	1.确认购车者家庭地址(小区名称、门牌号码等)、电话号码; 2.观察小区整体环境; 3.观察进屋时的环境,如楼房新旧程度,若是旧房,有无拆迁迹象,卫生状况,是否安装防盗门、门铃等; 4.如果购车者所住为平房,应仔细观察房屋的维护情况,院落整洁程度和居住者的基本情况; 5.房屋整体结构,如大致面积,有几室几厅,厨房和卫生间及阳台大小; 6.房屋装修情况,如选用材料、装修风格、装修质量、是否为新近装修、装修费用(注意侧面询问); 7.家具、家电情况,如家具档次及新旧程度,家电的新旧程度以及品牌,有无大件家电,如电脑、音响设备、家庭影院; 8.居住情况:居住人口数量,住房是否宽裕; 9.屋内是否干净整洁,应注意厨房、卫生间等地; 10.主要家庭成员是否在场,注意家庭气氛和每个人谈吐时的表情。观察购车人是否为"家庭决策人"; 11.注意观察隔壁屋的居住情况、邻里相处情况
复审询问内容	
备注	

4. 消费信贷购车申请表

在客户决定购车后,将同时填写购车申请表、资信调查表和银行汽车消费信贷申请书。购车申请表一式二联,一联由客户回单位盖章,二联由经销商消费信贷部门存留。内容均为本人的真实反映,并由申请人所在单位盖章认可。

决定购车客户分别向银行、经销商提出申请贷款和购车,并分别向银行、经销商、保险公司出具资信调查担保。本表由购车人填写,各项均应如实填写、真实可靠。

表 4.3.4　消费信贷购车申请表　　　　　编号:

申请人姓名		性别		年龄		身份证号	
户口所在地						邮政编码	
现居住地址						家庭电话	
所在地派出所						所在地居委会	
工作单位						单位电话	
职务、职称						学历	
个人月收入						家庭月收入	
手机号码						邮箱	
共同购车人				年龄		身份证号	
工作单位						单位电话	

续表

申请人姓名		性别		年龄		身份证号	
职务、职能						个人月收入	
手机号码						邮箱	
选购车型			汽车价格			贷款金额	
首付款			首付比例			还款期限	
发动机号			车架号			颜色	
申请人工作单位意见		申请人承诺意见	1. 以上表格内容为本人如实填写,真实可靠。 2. 同意在中国人民保险公司××市××区支公司办理车辆保险。 3. 保证履约按期连本带息如数偿还购车欠款。 4. 未履约还款时,服从法院强制执行收回所购车辆。 　　　　　　　　　　　　　　购车申请人: 　　　　　　　　　　　　　　共同购车申请人: 　　　　　　　　　　　　　　　　　年　　月　　日				

5. 消费信贷购车资格审核调查表

消费信贷购车资格审核调查表一式三联,一联由银行留存,二联由保险公司留存,三联由经销商留存。用于对客户调查后,填写该客户与其共同购车人及担保人的情况,并附意见。

汽车消费信贷业务中,对消费者(购车人)的资格审核是主办者的业务难点和重点,更是消费者的困扰点。怎样逾越这一鸿沟,经办者从消费者的实际出发,逐步形成了一套有效的汽车消费贷款服务模式。

目前,由银行、企业、保险联合推出的汽车消费买方信贷,资信审核将由三方共同审核,其中以经销商上门初审为主,银行、保险依各自需要留备材料。

此表用于经销商上门初审,审核对象是贷款购车(本)人、(与其)共同购车(当事)人和(为其)保证人的情况。

此表设计基础为:贷款购车人所具备的条件和应提供的资料。形式为:一式三联,第一联由银行留存,第二联由保险公司留存,第三联由经销商留存,以及统一的编号、制单日期和服务日期,购车人(被审核人)签字,主管领导和主审领导批复。内容包括:购车人真实身份、家庭和职业稳定性、资金收入和支配、居住和联系方式稳定性,以及购车用途、共同购车人和保证人的身份、共同承担风险的可能性。

本表用于审查服务用。审查人员应熟悉表中各项目,由各当事人填写,填写表格前应以口头对话形式进行初审和熟悉内容,事后再次核对。

填写注意事项:

①贷款购车人、共同购车人、保证人情况三项内容均由本人填写;

②购车人签字处严格执行本人签名或签章,并要求在签字前认真核对各项填写内容;

③审批意见一栏,由审查组负责人或审查经办人填写具体意见;

④领导签字一栏,由终审领导(一般为主管"消费信贷"业务的总经理)签署批准,方可生效。

表4.3.5　消费信贷购车资格审核调查表

姓名		性别		年龄		学历		
身份证号			健康状况					照片
户口所在地			邮编					
现居住地址			电话					
所在地居委会			住房状况					
所在地派出所			有无劳动保险			持何种信用卡		
家庭人口		有收入人口		本人月收入		家庭月收入		
工作单位						单位电话		
单位地址						职务/职称		
手机号码			邮箱			购车用途		
工作简历(最近一次工作变化)								
单位		工作时间		职务		备注		
共同购车人								
姓名		年龄			身份证号			
工作单位					单位电话			
单位地址					职务/职称			
手机号码		传呼机			本人月收入			
保证人情况								
姓名		性别			身份证号			
户口所在地		邮编		电话			婚否	
现居住地址			所在地派出所					
手机号码		邮箱			本人月收入			
工作单位		职称/职务		单位电话				
本人在此郑重声明,表内所填内容完全属实,并愿对其承担一切责任。 购车人: 年　月　日	审批意见			领导签字				

本表一式三联;第一联由银行留存;第二联由保险公司留存;第三联由经销商留存。

6. 银行汽车消费贷款申请书

客户决定购车后,将同时填写购车申请表、资信调查表和银行汽车消费贷款申请书。

银行汽车消费贷款申请书由银行制发,用于客户申请购车贷款,是客户向银行提出汽车消费贷款的正式申请书,内容均根据国家金融机构有关政策制定。申请书一式三联,一联由银行信贷部门留存,二联由保险公司留存,三联由经销商消费信贷部门留存。

本表用于决定购车客户分别向银行、经销商提出申请贷款和购车,并分别向银行、经销商、保险公司出具资信调查担保。

填写注意事项:购车人各项均应如实填写、真实可靠。

表4.3.6 银行汽车消费贷款申请书

申请人姓名			年龄		出生年月		
身份证号码			家庭电话				
工作单位名称			部门			职务	
工作单位地址			工作单位电话			邮编	
户口所在地址						邮编	
现居住地址			申请人月收入				
家庭人口数			家庭其他人员称谓				
配偶姓名		工作单位				月收入	
汽车品牌			汽车售价				
首付款			贷款金额				
贷款担保方式	住房抵押□	自住房□	其他住房□		住房评估价值		
	质押□	质押品名称			质押品价值		
	保证□	保证人名称					
家庭月平均收入合计		每月还款金额			占家庭收入比例		%
共同申请人意见	本人作为购车人的配偶（或 ）,对关系存续期共同财产享有共同财产权,因此愿同购车人共同参与对银行欠款的偿还。倘若购车人与本人解除夫妻关系或（ 关系）,除非法院判决或其他具有法律效力的协议书明确规定该车辆所有权和债务的归属为购车人,否则不解除本人还款义务。 共同申请人签字(盖章): 年　月　日						
借款人意见	申请人同意以上贷款担保方式,抵(质)押权人为×银行　　　　支行,并保证抵(质)押权人为第一受益人,或接受贷款保证人对本人约定的条件。 签名(盖章): 年　月　日						

续表

贷款保证人意见：	贷款银行审批意见：
签名(盖章)： 年 月 日	×银行 支行 年 月 日

7. 个人消费贷款审批表

表4.3.7 个人消费贷款审批表

申请人姓名			性别		年龄		出生年月	
身份证号码				家庭电话				
工作单位名称			部门			职务		
工作单位地址			工作单位电话			邮编		
户口所在地址						邮编		
现居住地址			申请人月收入					
家庭人口数			家庭其他人员称谓					
配偶姓名			工作单位			月收入		

拟购商品情况	出售单位名称	
	出售单位地址	
	销售柜	
	商品名称数量及价款	
	申请书编号		商品总价款	

是否申请本行住房贷款	是☑ 否□	目前个人住房贷款金额	
申请住房商业性贷款金额		申请住房公积金贷款金额	
个人住房商业性贷款期限		个人住房公积金贷款期限	
家庭其他负债状况			
申请耐用消费品贷款金额		申请耐用消费品贷款期限	

贷款担保方式	住房抵押□	自住房□		其他住房□	住房评估价值		
	质押□	质押品名称				质押品价值	
	保证□	保证人名称					

家庭月平均收入合计		每月还款金额		占家庭收入比例	%

续表

贷款情况和意见：
调查人： 　　　　年　月　日
审查意见：
信贷部门主管： 　　　　年　月　日
审查意见：
主管行长： 　　　　年　月　日
签批人意见：
签批人： 　　　　年　月　日

8. 车辆验收交接单

车辆验收交接单是客户获得车辆后的签收单。应提请购车人核对单中内容，正式签收。此单一式两联，客户选车和提车时使用，一联由客户留存，二联由经销商留存。由购车人本人或其委托人与供车方交接车辆。

表4.3.8　车辆验收交接单　　　　编号 No：

汽车名称		汽车型号	
生产厂家		颜色	
发动机号		车架号	
车辆状况	全新	随车工具	齐全
交货数量	壹辆	交货地点	

上述汽车已于　　年　　月　　日由　　　交我方，特此签收。

收车人(签收)：
　　　　年　月　日

9. 购车合同、同意书、担保书

①《购车合同》为购车人与经销商签订的正式购销合同。本合同一式五份，购车人、经销商(供车方)、贷款银行、保险公司、公证处各执一份。具有法律效力。

②《同意书》为《购车合同》的附件,是由共同购车人签署的具有法律效力的同意文书。

③《担保书》为《购车合同》的附件,是由担保人签署的具有法律效力的文书,此文件需公证处公证。

填写注意事项:购车合同由购车人本人签署;同意书由共同购车人本人签署;担保书由担保人本人签署,担保人情况一表应如实填写。

购车合同文本的一般形式与内容如下。

购车合同
（代担保合同）

签约地点:　　　　　签约时间:　　　　　合同编号:

供车方(以下简称甲方):××企业

购车方(以下简称乙方):

甲乙双方本着自愿的原则,经协商同意签订本协议,以资双方共同遵守执行。

第一条　甲方根据乙方的要求,同意将　　　　汽车壹辆;发动机号　　　　　;车架号　　　　,价值人民币　拾　万　千　百　拾　元(￥　　),销售给乙方。

第二条　因资金短缺原因,乙方需向银行申请汽车消费信贷专项资金贷款,并请求甲方为其贷款的担保人。

第三条　乙方在签订此合同时,首先在银行开立个人存款账户、申办信用卡,并按不低于所购车辆总价的____%的款项,计人民币　　万元存入该账户。剩余款项　元向银行申请贷款,并按期向该银行归还贷款本息。

第四条　作为乙方贷款担保人,甲方接受银行委托,对乙方进行贷款购车的资信审查,乙方必须按甲方要求提供翔实证明资料配合甲方工作,并在贷款未偿清之前,必须在甲方指定的保险公司办妥所购车辆信用或保证保险以及贷款银行为第一受益人的车辆损失险、第三者责任险、车辆盗抢险、不计免赔险及其相关的附加险。在此前提下,乙方按甲方指定场所对所购车辆进行交接验收,并签署《车辆验收交接单》。

第五条　乙方在未付清车款及相关款项前,同意将所购车辆作为欠款的抵押担保物,此抵押物在乙方发生意外且无力偿还时,按最长不超过三年折旧比例作价给甲方,并将购车发票、合格证及车辆购置附加费凭证交甲方保存,其间不得将所购车辆转让、变卖、出租、重复抵押或做出其他损害甲方权益的行为。

第六条　在三保期限内,乙方所购车辆如出现质量问题,自行到厂家特约维修服务中心进行交涉处理。此期间,乙方不得以此为借口停止或拖延支付每期应向银行偿还的欠款。

第七条　如乙方发生下列情况,按本合同第八条规定处理:

1.乙方逾期还款,乙方经甲方二次书面催讨,在第二次催讨期限截止日仍不还款的(逾期5天后,即发出书面催讨,二次催讨间隔时间为7天,第二次催讨期限截止日为文书发出日第7天)。

2.乙方借口车辆质量问题,拒不按期偿还欠款。

3.发生乙方财产被申请执行,诉讼保全,被申请破产或其他方面原因致使乙方不能按期还款的。贷款未偿清之前,不在指定的保险公司办理本合同第四条所指各类车辆保险。

4. 其他情况乙方不能按期向银行还款。

5. 乙方违反本合同第五条的规定,未经甲方同意,擅自将车辆转让、变卖、抵押。

第八条 乙方承诺,不论任何原因发生第七条的事由之一时:

1. 甲方有权要求乙方立即偿还全部贷款及利息,并承担赔偿责任;甲方有权持合同就乙方来偿还的全部欠款,向有管辖权限的人民法院申请强制执行。乙方自愿接受人民法院的强制执行。

2. 甲方有权按合同规定行使抵押权拍卖变卖乙方所购车辆,拍卖所得价款偿还全部债款和其他欠款。如果出售所得的价款(扣除必要费用外)不足偿还全部欠款和费用总和的,甲方有权向乙方继续追偿,如果出售所得超过欠款和费用总和的,甲方应将超过部分的钱款返还给乙方。

3. 甲方有权要求乙方除支付逾期款额的利息外,并按逾期总额5‰/日计付滞纳金。

第九条 在分期还款过程中,乙方所购车辆发生机动车辆保险责任范围内的灾害事故,致使本车辆报废、灭失,保险公司赔款应保证首先偿还尚欠银行的贷款及利息部分。

第十条 除车款外,乙方尚须向甲方交纳担保费,金额以贷款额为基础,随贷款年限一次性交付(一年1%;二年2%;三年3%)。乙方如提前还清车款,从还清日起,甲方自动终止担保人义务。

第十一条 乙方配偶或直系亲属,作为共同购车人,须就此合同内容签署《同意书》,作为本合同附件。

第十二条 乙方担保人自愿为乙方分期付款购置汽车担保,须就此合同的内容签署《担保书》,作为本合同附件。

第十三条 本合同按合同条款履行完毕时,合同即自行终止。

第十四条 本合同需经公证处公证后生效。

第十五条 本合同一式五份,甲、乙双方及贷款银行、保险公司、公证处各执一份。

供车方:××企业 购车方:

法定代表人: 法定代表人:

附件1:

同意书

致:××企业

鉴于_____(购车人)与贵单位于____年____月____日签订的《购车合同》购买壹辆____型号汽车一事,本人作为____(购车人)的配偶(直系亲属),对其关系存续期间财产享有共同所有权,对债务亦共同承担义务。为此,特向贵单位确认如下:

一、本人同意_____(购车人)将所购汽车抵押给贵单位,作为贷款购车所欠款的抵押担保物。

二、本人愿同购车人共同参与对银行欠款的偿还,直到对银行的欠款本息全部偿还完毕。

三、(若共同购车人与购车人系夫妻关系)倘若购车人与本人解除夫妻关系,除非法院离婚判决书或调解书或经民政部门办理的离婚协议书中专门注明该车辆所有权和债务的归属为购车人,否则不解除本人还款义务。

四、本人已详细阅读过了《购车合同》,充分理解合同经过公证后具有强制执行效力。我同意放弃起诉权和抗辩权。

五、本同意书一经本人签字或盖章后即对本人具有法律约束力。

同意人(即购车人配偶)_____(签字盖章)

身份证号:_____

签署时间:_____年____月____日

附件2:

担保书

_____自愿作为汽车消费贷款购车人_____的担保人,承认并遵守以下条款:

一、当购车人未按期偿付欠款时,承担连带担保责任。

二、对由于购车人未按期偿付欠款而引起的一切相关损失及经济赔偿责任,承担连带担保责任。

三、在购车人所签署的《购车合同》终止前,不得自行退出担保人地位,或解除担保条款。

四、本人已详细阅读过了《购车合同》,充分理解合同经过公证后具有强制执行效力。我同意放弃起诉权和抗辩权。

五、本担保书一经本人签字盖章后即对本人具有法律约束力。

担保人情况表

姓名		性别		身份证号	
户口所在地				家庭地址	
通信地址				邮政编码	
联系电话				手机	
工作单位				职务	
本人承诺上述情况均为事实。 　　　　　　　　　　　　　　担保人:　　　　　　(签字盖章) 　　　　　　　　　　　　　　签署时间:　　　年　　月　　日					

10. 汽车消费贷款通知书

贷款商业银行对购车人申请借款的有关资料进行审核后,对于同意发放贷款的,出具《汽车消费贷款通知书》,由贷款人递交到经销商,作为下一步购置活动和办理有关手续的基础。

附:《汽车消费贷款通知书》参考文本

汽车消费贷款通知书

_____公司:

购车客户_____欲利用我行汽车消费贷款购买____牌____型汽车____辆。经审查,符合我行贷款条件,同意向其发放汽车消费贷款人民币_____元,请贵公司协同购车客户办理汽车牌照等手续,并在本通知书发出之日起15个工作日内直接将该客户购车发票、缴费单据(原件)及行驶证(复印件)等移交我行,并办理保证担保手续,逾期后本通知书自动失效。

特此通知。

××××商业银行××××支行
年　月　日

11. 委托付款授权书

购车人在收到贷款银行的《汽车消费贷款通知书》(或签订贷款合同)后,对于非现金支付首付款的情况,可将首付款项存入贷款银行,并出具授权书委托贷款银行在贷款发放日同时将首付款一次性拨入经销商的账户。

附:《委托付款授权书》参考文本

委托付款授权书

编号:_____

授权人(还款人):

户籍地址:

被授权人:××××商业银行

地址:

为保证借款人能按合同约定准时归还贷款,根据《银行个人消费品贷款试行办法》,就委托被授权人直接从授权人在银行开立的活期储蓄存款账户中付款事宜授权如下:

一、授权人在办妥全部贷款手续后,将所购车款的_____%作为首付款全额存入授权人在银行开立的活期储蓄存款账户中,账号_____户名_____并授权被授权人将此项金额止付。

二、被授权人在接到授权人购买商品的正式发票后,从授权人账户中将止付的首付款付出,转账划入商品销售单位在银行开立的账户。

三、在授权人的贷款入账后,被授权人直接从授权人活期储蓄存款账户中将贷款全部付出,转账划入商品销售单位在银行开立的账户。

四、被授权人从贷款发生的次月起每月____日将本月应归还的本息从授权人在贷款银行开立的账户(即上述活期储蓄存款账户)中付款,偿还贷款本息,直至所有贷款本息清偿为止。

五、授权人近期未偿还贷款本息,贷款行对授权人加收的罚息(罚息按银行个人消费品借款合同及有关规定执行),仍从被授权人在贷款行开立的银行账户中直接付款,直至所有罚息清偿为止。

六、授权人授权被授权人从其账户中付款,被授权人不需提供付款凭证,授权人对划账款项持有疑义,可向被授权人查询。

七、本授权为不可撤销授权,自授权人签字之日起生效,直至授权人在贷款行的贷款本息全部清偿后终止。

授权人(签名):　　　　　　　　　　　身份证号码:

户口所在地:　　　　　　　　　　　　　联系电话:

　　　　　　　　　　　　　　　　　　　　　　年　　月　　日

12.车辆保险有关手续

购车人交付车辆购置附加费、抽取车牌号码后,即可向保险公司申办车辆保险和分期付款信用保险。

附:《××××保险公司机动车辆投保单》与《机动车辆分期付款售车信用保险核准单》参考文本

保险公司机动车辆投保单

投保人(名称):

欢迎您到××××保险公司投保。填写前,请先阅读《机动车辆保险条款》《机动车辆保险费率》,特别是有关责任免除和被保险人义务的部分。然后请填写下列各项。

注:保险公司对投保车辆的承保以保险单所载内容为准。

车牌号码:	厂牌号码:
发动机号:	车架号:
行驶区域:中华人民共和国境内(不含港、澳、台地区)(　)其他(　)	
使用性质:非营业(　)营业(　) 座位/吨位(　)	行驶证初次登记年月:
保险期限:自　　年　　月　　日零时起至　　年　　月　　日二十四时止	
投保险别:	
车辆损失险:保险价值 (新车购置价):　　　　　元 保险金额:　　　　　元	车辆责任险: (人员)投保座位数:　　　　座 每座限额:　　　　　元 (货物)赔偿限额:　　　　　元
第三者责任险赔偿限额:　　　　　元	车辆停驶损失险:　　　　　元/天×天
全车盗抢险保险金额:　　　　　元	玻璃单独破碎险:　　　　　元
自然损失险保险金额:　　　　　元	不计免赔特约险:　　　　　元
车载货物掉落责任险赔偿限额:　　　元	无过失责任险赔偿限额:　　　　元
新增加设备损失险保险金额:　　　　元	
特别约定:	
当投保车辆超过一辆时,请填写投保单附表,共　　　页。投保车辆合计:　　　辆	

续表

本投保人兹声明上述各项填写内容均属事实,同意按本保单所列内容和机动车辆保险条款以及特别约定向贵公司投保机动车辆保险,并对责任免除和被保险人义务条款明确无误。以此投保单作为订立保险合同的凭据。

投保人签章: 电话:

日期: 邮政编码: 联系地址:

以下内容由保险公司填写

核保情况:

核保人签字:

机动车辆分期付款售车信用保险核准单

投保人		地址		电话	
被投保人		地址		电话	
共同购车人	本人 地址: 电话:		身份证号码:		
	直系亲属 地址: 电话:		身份证号码:		

担保人
地址:
电话:
身份证号码:

厂牌型号:	牌照号码:
发动机号:	车架号码:

购车价格:人民币(大写) (¥)
首期付款:人民币(大写) (¥)
贷款金额:人民币(大写) (¥)
分 个月, 期还款,每期还款人民币(大写) (¥)

续表

投保金额:人民币(大写)	(￥)
费率: %	
保险费:人民币(大写)	(￥)
保险期限:自 年 月 日零时起至 年 月 日二十四时止	

特别约定:

　　投保人声明上述填写内容(包括抵押清单)属实,同意以本投保单及其附件作为保险合同的依据。对贵公司就机动车辆分期付款售车信用保险条款(包括责任免除部分)的内容及说明已经了解并认同。同意自保险单签发之日起保险合同成立。

被保险人签章:	投保人签章:
年 月 日	年 月 日

任务四　汽车消费信贷风险防范

1.汽车消费信贷风险类型

（1）信用风险

信用风险主要是指借款人基于其偿债意愿到期拖欠还款或赖账而带来的风险。这可以从两个方面来看:一方面是由于借款人诚信差而拖欠还款,如果对失信行为缺乏惩罚机制,拖欠赖账的收益大于其机会成本,借款人往往就选择赖账而不是按时偿债;另一方面是借款所购买商品存在质量问题而导致借款人赖账,不愿还款。

我国个人信用体系尚未建立,汽车金融服务公司、银行和经销商对消费者的收入能力和还款能力评价不足,造成贷款后管理不到位等风险。为了最大限度地防范风险,各机构不得已设置了过高的准入门槛。一般规定购买者首付车价的30%,最长还款期限不超过5年,而且贷款的手续繁杂,这使得消费者感到极不方便。

（2）市场风险

在汽车消费信贷市场上,我们把受信者、商业银行、汽车销售商以及风险的分流主体(如提供汽车贷款履约险的保险公司,为汽车贷款履约提供担保的担保公司)作为市场主体,把各个主体的商业行为作为市场行为。但同时,汽车消费信贷市场作为一个局部市场,不可避免地存在着外生变量,也就是说市场上一定存在着市场主体无法控制的因素,这些因素通过改变市场主体的选择空间来改变其决策和行为,进而改变市场的均衡。在汽车消费信贷市场上,汽车价格和市场利率是两个重要的外生变量。

①汽车价格下降带来的汽车消费信贷风险。

在汽车价格方面，虽然在降价，但我国汽车价格还远远没有降到位，目前国内汽车价格仍高于国际市场。从生产率和设计能力来看，我国汽车生产企业的人均劳动生产率远低于欧美发达国家水平。其设计能力虽达到规模经济的起始标准，但实际生产能力还没有发挥出来，并没有达到规模效益的要求。随着关税的逐步降低，国内汽车价格与国际市场价格接轨，那么今后一段时间汽车市场还会有大幅度的价格下降。

从宏观来看，汽车生产技术的引进与改进、汽车产业政策的转变、消费市场的扩大带来了我国汽车产量的迅猛增长，产量的增长伴随着汽车进口政策放宽后进口车辆的增多，汽车降价成为一种必然。

从微观来看，一些汽车生产商从营销策略角度考虑，在刚刚推出一款新型车时，制定较高的价格，去获取较高的单车利润，当过了试售期或者其他竞争车型上市后，就立即大幅度降低汽车价格，以图占领市场。这种行为，从汽车生产商角度考虑是无可厚非的，但却带来了汽车消费信贷市场上的不稳定因素。汽车价格下降可能造成一部分消费者未来需偿还的贷款额要高于目前买一辆新车的价款。这种情况下，消费者就会考虑是否还有必要偿还余下的贷款，从而造成信贷的违约风险。

②市场利率变化带来的汽车消费信贷风险。

市场利率作为一种重要的汽车消费信贷市场外生变量，通过改变受信者的效用函数和支付函数，产生风险，这种风险首先由受信者承担，一旦风险的数量超过一定点，违约就成为受信者的理性选择，最终体现为汽车消费信贷风险。该风险属于商业银行不可控风险。

（3）利率风险

商业银行发放的消费贷款多为固定利率贷款，时间跨度大。若利率大幅度上升，银行消费贷款中的利差便会大幅缩小，甚至出现存款利率高于消费贷款还款利率的"倒挂"现象，使银行遭受巨大损失。

（4）流动性风险

银行资金来源很大程度上依赖居民储蓄，而消费贷款中的大部分期限较长，资金"短进长出"的矛盾突出，银行容易出现流动性危机。

（5）抵押物风险

抵押物风险包括因为多头抵押、假证抵押、共有财产分割不明、产权转移手续未办妥等造成的产权风险，由自然灾害、意外事故导致抵押物损毁或灭失而造成的不可抗拒风险，以及一些抵押物缺乏买主、无法变现的处置风险等。

目前汽车消费贷款的一般做法是以所购车辆为抵押物，借款人无法还款时，银行可以收回车辆并进行处置用以还贷。但从实际情况看，加入世贸组织后关税大幅下降，进口车价随之下降，由于降价空间大，作为汽车消费贷款抵押物的车辆价值就大大缩水，加之每年固定的折旧，抵押物折旧后其价值是难以抵偿贷款的。

2. 汽车消费信贷风险防范措施

汽车消费信贷的风险贯穿整个信贷周期，因而风险管理也应贯穿整个贷款周期，在贷前调查、贷时审查、贷后检查管理的全过程形成相应的风险防范理念和风险监控机制。

（1）首要的是建立个人信用制度

在国外，有许多信用评级和信用调查机构，专门收集、记录、整理和分析个人的信用档案。如消费者的信用往来、个人负债、消费模式、是否有财务欺诈行为或个人破产记录等。这些机构的存在,免去了银行收集、鉴别申请人相关信息的繁杂劳动,不但节约了贷款成本,还有利于金融机构集中精力完善风险管理,深入了解客户的就业、报税记录和收入情况,决定某个消费者的信贷额度。当然,在提供汽车消费信贷过程中,汽车消费信贷机构必须了解消费者的驾驶记录,如各种违规和交通事故的记录等,以便确定是否为其提供汽车贷款的风险。

当前可以采取的措施如下:

①建立个人或家庭的承贷能力分析指标体系,通过对其最大限度所能承担负债的能力分析,控制贷款数额,调整期限、利率,可以有效地抑制借款人消费膨胀欲望,降低贷款风险。

②充分运用定性与定量的个人信用分析法做好个人的偿债能力分析。在我国还没有完善的个人资产评估体系,但是要尽可能地通过资料、家访等方式来了解个人的资产状况。

③加强对个人的收入、投资盈利能力分析,预测贷款中申请人的发展前景。

(2)加强贷款中期的催收及还款的监督管理

在贷款前期对贷款申请人进行审核后,不能忽略还款期间对贷款人的监督管理,在逾期还款的情况下要进行欠款的催收,实现个人资信状况的实时监控和个人信用记录的即时修正。这种信用等级记录,有助于贷款机构及时掌握客户信用状况变化并处置可能形成的风险隐患,这种最真实、最原始的信用记录无论对借款人本人,还是对银行、保险机构乃至整个社会都是有好处的。同时也要定期对贷款人所购车辆的使用情况进行检查,检查其是否磨损过于严重、是否符合所抵押的价值。

在我国目前的情况下,借款人如果不编制自身的财务报表,贷款机构也无法判断借款人的财务状况,因此可以根据贷款逾期情况,采用批量处理的方法进行分类和贷款的预警。

(3)完善汽车消费信用风险管理体系

①完善个人汽车贷款保证制度。

对于中长期个人贷款,或者金额超过一定限度的个人贷款,汽车消费信贷机构应该实行严格的贷款保证制度,即必须有足够实力的单位或个人为借款人提供担保,或者用借款人符合条件的资产进行抵押或者质押。在国外比较常见的做法是以贷款所购买的资产作抵押,而我国多数选择了担保的方式。财务公司在确定借款人的抵押品时必须严格遵守审慎性原则,从严把关。

确定高质量的抵押物。在个人汽车贷款中,借款人能够提供的抵押物有银行存款、大额可转让存单、国库券、政府债券、公司债券、股票、房地产、私人财产等。这些个人资产的流动性、变现能力、价值稳定性存在较大的差异。

产权与控制权鉴定。确定某些有价证券作为抵押品后,必须要求客户提交这些证券以确认所有权。如果这些证券被保管在经纪人处,经纪人需要出具一份拥有证券的所有权和控制权的证明书,据此财务公司可以按照证券的登记名字来确定其准确的名称。即使确认了证券的所有权,财务公司还需要查明没有任何因素限制客户将证券变现。

担保人评估。短期或者中期个人汽车贷款通常采用第三方担保的方式来降低贷款财务公司的信用风险。在这种情况下,财务公司除了严格审查借款人的财务状况外,还必须对担保人的资格进行审查,以保证第二还款来源的真实性与可靠性。

②建立以资信评估为基础的消费贷款决策机制。

对借款人的资信评估也包括财务分析及非财务分析两个方面。通过个人财务分析,财务公司可以掌握借款人潜在的资产总额、可支配的资产净额、可变现的资产数量和种类、资产价值的稳定性大小、经常性的收入来源及其他收入的数量和稳定性。综合这些财务信息,财务公司能够比较客观地评估借款人潜在的偿债能力。非财务因素分析包括借款人从事的行业、职务、职称、受教育程度、家庭结构、年龄、就业历史、人品、与财务公司的交往等。这些因素有助于财务公司评价借款人主要收入来源的稳定性、承受风险的能力、愿意接受的贷款方式、是否有欺诈性、获得担保的可能性、还款的主动性等。财务分析是定量分析,非财务分析主要是定性分析,在综合评价借款人的信用时,应该以财务分析为主、非财务分析为辅。

③建立客户信息档案库。

建立客户信息档案库是财务公司动态监测个人汽车贷款风险的基础,也是实行有效的贷后监督的主要工具。客户信息档案库应该包括以下内容:

客户的基本财务信息。这项信息的获取主要依靠客户填写的个人财务报表。由于客户每申请一笔贷款都要填写一张个人财务报表,财务公司可以从中得到不同时间段的客户财务信息,并且可以进行相互之间的真实性验证。

客户的社会信息。这项信息的来源由三个部分组成:一是通过调查问卷的形式由客户自己填写;二是通过客户的工作单位获取;三是从政府有关部门(如税务部门、社会保障部门)咨询获得。这些信息包括客户从事的行业,以及客户的职务、职称、受教育程度、家庭结构、年龄、就业历史、兴趣爱好、消费习惯等。

客户的信贷历史。客户的信贷历史包括客户对财务公司的各种借款,以及客户发生的对其他金融和非金融机构的借款及还款情况(借款的时间、金额、债权人,是否发生过拖欠,拖欠原因)。

客户的担保人和抵押品信息。建立担保人的财务信息档案,反映担保人的变化情况,以便财务公司在担保人丧失担保能力时能够及时采取其他补救措施,从而减少损失。

(4)实现消费贷款证券化,分散消费贷款风险

在证券化过程中,商业银行将其分散持有的消费贷款资产,按照不同地域、利率、期限等方式形成证券组合,出售给政府成立的专门机构或信托公司,由其将购买的贷款组合经担保和信用增级后,以抵押担保证券的形式出售给投资者。由于消费贷款具有利率、借款人违约、提前偿还等多种风险,通过信托公司对证券组合采取担保、保险、评级等信用手段可以保护投资人的利益。同时也降低了发行人的融资成本。抵押担保证券以贷款的未来现金流量为基础,期限较长,相对收益风险比值较高,为金融市场中的长期机构投资者提供了较理想的投资工具。

(5)完善消费贷款的担保制度

消费贷款与其他贷款不同,贷款人是消费者,贷款购买的是超过其即期收入并较长时间才能归还贷款的财产或耐用消费品。因此,在发放消费贷款时,用抵押、担保来作还款保证显得十分重要。美国的抵押贷款之所以具有不亚于其他贷款的吸引力,是因为其不仅有抵押市场中介来增强抵押证券的流动性和偿还力,还有抵押担保机构来保证抵押贷款的如期收回。若借款人违约,抵押担保机构将承担金融机构的贷款损失。美国抵押担保的成功还

在于其设定了融资机构和二级抵押机构,并建立抵押保险,有效地增强了贷款的清偿力度。

（6）通过保险来转移风险

由于存在借款人及抵押物的不可抗力风险,银行在对客户提供贷款时,一般要求借款人投保。通过开发"履约保险""信用保险"等实用、有效的消费贷款配套险种,若借款人发生意外不能偿还贷款,保险公司则要向保险受益人支付一定金额的保险赔偿金,而这笔赔偿金又足以偿还银行贷款本息。这样,一方面可化解银行的经营风险,实现消费贷款风险的合理有效转换;另一方面也有助于保险业的发展。

3. 金融科技在风险防范中的应用

金融科技的应用包括人工智能、云计算、大数据、区块链等,应用范围涵盖贷前、贷中、贷后整个汽车金融链条,形成闭环。在贷前环节,金融科技主要用于优化贷款流程,并通过使用多样化大数据来优化风险模型以提高风险控制能力;在贷中环节,金融科技主要用于为客户提供附加服务、进行违约风险预警;在贷后环节,金融科技主要用于优化逾期贷款催收方式,并收集汽车金融服务流程的信用数据用于下一轮服务征信,形成信用闭环,辅助二次营销。

（1）贷前应用

①人工智能优化贷款流程,大数据构建新型信用机制,提高风控能力。

金融科技在零售汽车金融贷前主要应用在优化贷款流程和提高风控能力两方面:

贷款流程优化有赖于人工智能的应用。生物识别、OCR 识别等技术提升面签和审核效率,电子面签、电子合同实现贷款流程全线上化,便于汽车购买者实现远程贷款,免去到店成本,提升贷款体验;对于零售汽车金融资金端而言,贷款流程优化降低了人力成本,有利于实现低成本扩张。

互联网大数据对传统征信数据进行了极大的补充,提高了汽车金融服务机构的风险控制能力。互联网在中国经过 20 多年的发展,积累了大量如运营商数据、电商数据、消费信贷数据等外部数据作为传统征信数据的补充。传统征信数据的积累和外部数据的补充完善了风险模型,并使得央行体系下的"征信白户"也有机会获得汽车金融服务。另外,商业银行和汽车金融公司以外的汽车金融参与方,面临着个人欺诈、团伙欺诈、内外勾结欺诈等欺诈风险,大数据在构建反欺诈模型方面也起着重要作用。

②生物识别、OCR 识别等技术提高了零售汽车金融面签效率和审核效率,降低了退单率。

生物识别技术包括面部识别、指纹识别、虹膜识别等,确定汽车贷款人身份,实现远程面签,协助贷前反欺诈防范。OCR 识别包括身份证、银行卡、发票票据、车证等汽车金融相关的证件和票据的识别;对汽车贷款人信息和数据进行快速采集和核验,自动识别证件和票据等数据信息并进行分类。生物识别和 OCR 识别技术在零售汽车金融的应用实现了远程面签和自动化审批流程,提高了面签效率和审核效率,降低了人工成本、汽车贷款人在等待期间的退单率。

③电子签名、电子合同助力汽车金融实现远程签约,降低门店扩张成本。

通过电子签名、电子合同等技术实现远程签约,零售汽车金融服务机构得以为客户提供远程服务,降低人工成本和门店扩张成本。

汽车金融电子合同的签订主要包括实名认证、意愿认证、电子签名、数据存证四个步骤：

第一，汽车金融服务机构通过公安机关等部门获取个人实名信息、通过工商管理等部门获取企业实名信息，进行个人或企业实名认证，防范身份冒用、欺诈等风险。

第二，实名认证后，电子合同签署前通过短信验证或生物识别等方式进行意愿认证，保证签约行为是签约人的真实意愿。

第三，实名认证和意愿认证通过后，汽车贷款人通过数字证书、电子印章系统、时间戳、数字签名验签等方式进行电子签名。

第四，汽车金融合同签署的整个签署场景通过原文存证、摘要存证、区块链存证等方式进行存证。

（2）大数据补充传统征信数据，完善风控模型、提高反欺诈能力

1997 年，银行信贷登记咨询系统筹建，中国的征信系统开始建立；1998 年银行信贷登记咨询系统在 15 个城市进行试点；2002 年，银行信贷登记咨询系统实现全国联网查询；2006 年，征信（以下简称"央行征信"）中心中国人民银行设立，明确其金融信用信息基础数据库的定位。截至 2018 年 8 月底，央行征信系统有 9.7 亿自然人建立了信用档案，但其中没有信贷记录的超过 50%，如学生群体和农民群体。央行征信系统的信用信息来源是传统金融机构，很难实现金融机构外的信用信息覆盖。央行征信系统下没有信贷记录及系统外的长尾客户亟须外部数据实现征信信息的补充。目前，用于汽车金融的信用信息除央行征信数据外，还包括个人和企业在行政、司法系统留下的负面履约信息和互联网金融、电商、运营商等新兴领域的信用数据。

行政、司法信息

√ 个人和企业在履行法定义务过程中形成的负面信息

√ 由征信机构通过行政、司法机关的信息共享平台获取

新兴领域信用数据

√ 互联网金融、电商、运营商等新兴领域的信用数据

√ 由市场化征信机构（如百行征信）和金融科技公司

（如百融金服）实现覆盖

4. 贷中应用

（1）为汽车金融资产端提供附加服务，为资金端提供风险预警

在零售汽车金融贷中环节，人工智能等技术和大数据将继续发挥作用，为汽车金融资产端提供附加服务，为资金端提供风险预警。机器学习和大数据等技术使得汽车金融贷款的"千人千面"得以实现，差异化的购车需求和信用情况使得购车贷款方式、额度和价格更加多样化和个性化。金融科技使消费者能够享受更多个性化的附加服务。发放贷款后，金融科技持续为汽车金融服务机构进行客户信用数据追踪和客户管理，对客户的车辆使用情况和客户还款情况、信用情况进行实时监控，对可能出现的逾期进行风险预警，提高汽车金融服务机构的风险管理能力。

提供附加服务

√ 提供"千人千面"的贷款服务，根据个人信用情况对贷款方式、额度、价格进行个人定制

√ 提供多样性还款、展期方式和汽车的保险、保养、保修等其他个性化服务,提供附加服务

风险预警

√ 监控汽车驾驶行为,及时发现可疑轨迹,防范欺诈行为

√ 实时追踪客户还款信息和其他信用情况,对可能发生的逾期进行风险预警,提前防范逾期风险

(2)贷中的反欺诈和风险预警通过"车"和"人"两方面的共同监控和追踪实现

在零售汽车金融贷中,金融科技持续为资金端提供反欺诈支持和风险预警。贷中的反欺诈和风险预警主要通过对"车"与"人"两方面的共同监控和追踪实现。对车的监控主要依赖于车载 GPS 和车联网大数据的应用,实时监控车辆驾驶轨迹,及时发现异常驾驶行为,防范欺诈风险;对人的关注主要是追踪客户的还款行为和其他信用情况,对可能发生的逾期行为进行预警,降低违约率,提高风控能力。

金融科技在贷中为汽车金融服务机构提供的支持

√ 反欺诈

√ 风险预警

对车的监控

√ 通过车联网大数据、车载 GPS、电子围栏等技术实时监控车辆行驶轨迹

√ 及时发现异常驾驶行为,防范欺诈风险

对人的关注

√ 追踪客户还款行为,对异常还款情况进行实时监控

√ 实时关注客户其他信用信息,关注客户的其他违约情况,提前进行违约风险防范

5. 贷后应用

(1)优化逾期贷款催收方式,并收集和管理客户信息,形成信用闭环,辅助二次营销

零售汽车金融贷后面临的问题主要是贷款逾期。逾期发生时,汽车金融服务机构需要催收贷款,逾期严重者还需要追回汽车,减少资产损失,保全资产。金融科技的引入优化了催收方式,使用没有情绪的机器人进行提醒和催收反而更加"人性化";GPS风险控制平台的应用使得逾期汽车的定位和追回更加可靠。

无论贷款是否逾期,汽车金融贷款的一次完整流程就已经实现了新一轮的信用信息采集。汽车金融贷后,金融科技还将继续为汽车金融服务机构进行客户管理,形成可循环使用的客户数据库。金融科技的引入在优化客户使用汽车金融服务体验的同时,还为下一轮汽车金融业务保留了新的信用数据,形成信用闭环,辅助二次营销。

(2)智能催收代替人工催收,提高催收效率和成功率,提升客户体验

在零售汽车金融贷逾期后,人工电催、上门催收是传统的催收方式。在传统催收方式下,汽车金融服务机构主要采取人工方式进行催收,一旦客户出现逾期,则会有专门的催收人员进行电话催收、上门催收等,传统催收方式不仅人工成本高、效率低,而且难以管理催收人的情绪,客户体验差。

为提高催收效率,同时减少暴力催收等违规催收行为的发生,汽车金融服务机构应用互联网、人工智能、大数据等技术建立智能催收系统。在智能催收系统下,不仅使用

没有情绪的机器人来代替人,使得催收过程更加"人性化",提高客户体验,还根据客户的信贷情况进行催收评分,提高催收成功率。

传统催收方式

√ 以人工方式进行催收,需要培训和管理催收人员,催收效率低下,人工成本高、成功率低

√ 难以管理催收人的情绪,可能出现情绪化催收和暴力催收等违规催收情况,客户体验差

智能催收

√ 通过 AI 实现机器人催收,避免催收人员与客户的冲突,更加"人性化",提高客户体验

√ 根据客户的信贷情况,对逾期客户进行催收评分,定制催收方案,提高催收成功率

任务五　相关法律规范

1.汽车消费信贷法律依据

关于汽车消费贷款的法律规定,各国情况是不同的。在国外,分期付款销售都有一些相关法律来调控。日本有专门的《分期付款销售法》;新西兰 1971 年颁布的《分期付款销售法》以及 1981 年颁布的《信用合同法》都对分期付款销售有专门的规定;美国虽然没有专门的分期付款销售法,但是关于分期付款销售的规定可以从《统消费信贷法典》《消费信贷保护法》等相关法律中找到;英国 1974 年颁布了《消费信贷法》;法国 1978 年颁布了《消费信贷法案》。

我国目前虽然没有明确的法律来规范汽车分期付款销售问题,但是,从已颁布的法律法规和一些政策性文件中,仍然可以找到相关的法律、政策依据。《民法典》规定,民事行为只要符合法定条件,均属于民事法律行为。也就是说,分期付款购车行为只要符合下列条件,就是合法有效的:①双方当事人具有相应的民事行为能力;②双方的意思表示必须真实;③不得违背社会公共利益。

如此可见,尽管《民法典》对分期付款购车这一交易行为未作明确的规定,但根据该法对民事法律行为的一般规定,分期付款购车只要符合民事法律行为条件,仍是合法有效的。因分期付款购车引起的纠纷,可按《民法典》的有关规定处理。

《民法典》规定:"分期付款的买受人未支付到期价款的金额达到全部价款的五分之一,经催告后在合理期限内仍未支付到期价款的,出卖人可以请求买受人支付全部价款或者解除合同。"由此可见,《民法典》是肯定分期付款销售这种形式的。

我国颁布的《汽车产业发展政策》第六十五条规定:"积极发展汽车服务贸易,推动汽车消费。国家支持发展汽车信用消费。从事汽车消费信贷业务的金融机构要改进服务,完善汽车信贷抵押办法。在确保信贷安全的前提下,允许消费者以所购汽车作为抵押获取汽车消费贷款。经核准,符合条件的企业可设立专业服务于汽车销售的非银行金融机构,外资可开展汽车消费信贷、租赁等业务。"

为进一步支持促进汽车消费,规范汽车贷款业务管理,中国人民银行、原中国银监会决定修订《汽车贷款管理办法》。修订后的《汽车贷款管理办法》经中国人民银行行长办公会议和原中国银监会主席会议审议通过,自2018年1月1日起施行。原《汽车贷款管理办法》(中国人民银行、中国银行监督管理委员会令2004年第2号)同时废止。

《中国人民银行帐监会关于加大对新消费领域金融支持的指导意见》(银发〔2016〕92号)对汽车贷款政策有关事项的通知如下:

①自用传统动力汽车贷款最高发放比例为80%,商用传统动力汽车贷款最高发放比例为70%;自用新能源汽车贷款最高发放比例为85%,商用新能源汽车贷款最高发放比例为75%;二手车贷款最高发放比例为70%。其中,对于实施新能源汽车贷款政策的车型范围,各金融机构可在《汽车贷款管理办法》基础上,根据自愿、审慎和风险可控原则,参考中华人民共和国工业和信息化部发布的《新能源汽车推广应用推荐车型目录》执行。

②各金融机构应结合本机构汽车贷款投放政策、风险防控等因素,根据借款人信用状况、还款能力等合理确定汽车贷款具体发放比例;切实加强汽车贷款全流程管理,强化贷前审查,不断完善客户资信评估体系,保证贷款的还款来源能充分覆盖相应本金利息;不断加强残值经验数据积累,落实抵押品、质押品价值审慎评估政策,完善抵押品、质押品价值评估体系;完善贷款分类制度,加强不良贷款监控,足额计提相应拨备。

③中国人民银行各分支机构、中国银行保险监督管理委员会(以下简称"银保监会")各派出机构应强化对汽车贷款资产质量、机构稳健性的监测、分析和评估,及时发现、有效应对潜在风险,促进金融机构汽车贷款业务稳健运行。各金融机构在具体业务中遇到重大问题应及时向中国人民银行及其分支机构、中国银保监会及其派出机构反映。

2. 汽车所有权问题

《民法典》规定:标的物的所有权自交付登记时转移,法律另有规定或当事人另有约定的除外。汽车分期付款销售中标的物的所有权转移应当符合《民法典》的规定。但是,由于汽车是一种特殊的动产,在汽车分期付款销售中的所有权转移还存在很多《民法典》不能解决的问题。

汽车分期付款销售中汽车所有权的转移由汽车分期付款销售的类型决定。总的来说,汽车分期付款销售有两种方式:一是汽车抵押式分期付款销售。这种方式的特点是:在分期付款购车行为生效后,汽车的所有权即归买受人(即买车人)所有,但该汽车必须作为出卖人(即卖车人)残余债权的抵押,出卖人享有第一顺序的抵押权。二是所有权保留式分期付款销售。这种方式的特点是:在买受人未交清全部价款之前,汽车所有权由出卖人享有。在买受人支付最后一期价款时,汽车所有权即归买受人所有。它又被称为附条件的买卖,这种方式在英国、美国及德国盛行。

在汽车抵押式分期付款购车中,汽车所有权自汽车交付时转移于买受人所有。这与一般商品交易惯例及法律规定一致。在所有权保留式分期付款购车中,依双方当事人的特约,所有权自买受人支付全部价金后开始发生转移。对于这种所有权保留的担保方式,我国法律没有明确规定。理论上认为,这符合法律对所有权转移时间可以特约的规定。

3. 破产与汽车强制执行

分期付款购车合同非即时履行合同,而是连续履行合同。在履行合同的过程中,可能出现买受人或出卖人破产或其财产被强制执行的情况。此时,汽车是否作为破产人或被强制执行人的责任财产这一问题涉及双方及第三人的利益,应注意区别抵押式及所有权保留式两种情况:

①汽车抵押式分期付款购车情形。以汽车抵押式分期付款购车的,汽车所有权属买受人。故在买受人破产或财产被强制执行时,汽车应属于买受人的责任财产,列入破产财产或被强制执行财产。出卖人不得行使汽车取回权或提起执行异议之诉。在出卖人破产或被强制执行时,因出卖人对汽车无所有权,故汽车不应列入其责任财产。但对买受人尚未给付的残余债权,可除去利息、将剩余部分列入破产财产。

②汽车所有权保留情形。以汽车所有权保留方式分期付款购车的,买受人对汽车无所有权。在买受人破产或财产被强制执行时,汽车不属于买受人的责任财产,出卖人可以行使汽车取回权。在被强制执行时,有权提起异议之诉。在出卖人破产或财产被强制执行时,汽车应列入出卖人的责任财产,列入破产财产或依法被强制执行。买受人不得行使汽车取回权或提起执行异议之诉。在出卖人破产或财产依法被强制执行时,买受人已交付的价金只能列为一般债权清偿。在这种情况下,出卖人因不能转移汽车所有权而构成违约。买受人需追究其违约责任。违约金及赔偿金也只能列入一般债权请求清偿。这对买受人非常不利。

4. 汽车抵押登记制度

所谓汽车抵押担保是指抵押人(即买受人)所购汽车为出卖人设定第一顺序的抵押权,在抵押人未能按期履行合同义务时,出卖人可将汽车拍卖、折价或变卖,从中获得价款优先受偿。

《中华人民共和国担保法》(以下简称《担保法》)规定,以汽车为抵押物的,买受人与出卖人必须订立书面抵押合同。双方订立书面抵押合同时,抵押合同即成立,但是汽车抵押合同的生效则涉及一系列的问题。最主要的是登记问题。《担保法》规定,以汽车作抵押的,抵押合同必须经车管部门登记才生效(注意,这里有别于一般抵押的登记对抗要件,汽车抵押登记是生效要件)。汽车抵押合同如不登记,则无法律效力。2001 年 10 月,公安部下发文件要求各地区车辆管理所开办有偿"车辆抵押登记"服务,使消费者以贷款所购车辆本身作为信用担保在大部分地区成为可能。

5. 消费者的抗辩权

在双方合同中,各当事人具有相等的权利,具有对等的相互依存关系。具体来讲,呈现出以下三种债务的牵连关系:一是成立上的牵连关系;二是履行上的牵连关系;三是存续上的牵连关系。由于存在着债务对等的牵连、依存关系,因此要坚持合同的相对性原则。根据这个原则,消费者以对方当事人行使的请求权,可以向对方当事人行使给付拒绝权,这个权利称为抗辩权。这一抗辩权分为:①权利不发生的抗辩;②权利消失的抗辩;③拒绝履行抗辩权。

在汽车融资分期付款销售中,当买受人发现汽车有瑕疵对出卖方提出异议时,买受人是否可以对银行拒绝支付价金? 即消费者是否有抗辩权,也就是说对标的物瑕疵的损害赔偿权是否可以与贷款债权相抵。还有在标的物交付前,除卖方由于破产或其他原因,造成不能向买受人交付标的物的情况,买受人是否可以拒绝返还银行的借款。银行与消费者订立的合同中,往往有这样的条款:"关于商品的瑕疵故障,由购入者与特约店之间来处理,购入者不能以此理由拒绝向该银行支付价金。"也就是说,消费者对自己购买的商品或服务不满意,对特约商存在异议的情况下,不能以此为由拒绝支付给银行款项。这种条款无疑使消费者利益受到侵害。所以,在汽车融资分期付款销售中,消费者是否可以对特约商提出异议,而拒绝向银行付款,也就是消费者是否享有抗辩权,是消费信用法中引人关注的问题。

对于在汽车融资分期付款销售中消费者的抗辩权问题,应从融资分期付款销售中三者之间合同的特质来进行研究。融资分期付款销售,是一种特殊的交易形态,信用供给形式逐渐由出卖方(当事人)进行信用供给移向由第三者(银行)进行信用供给,因此,现代的消费信用,逐渐发展为以消费财产价金的分期支付为目的,以第三者进行的信用供给为中心的交易形态。换言之,在交易中,除了传统的双方当事人之间的信用销售合同,又形成了新的三方当事人之间的融资分期销售合同(三方合同)关系。在这三方合同关系中,有三个单独的合同缔结,各自是独立的,但三个合同又存在着内在联系。第一个特约(分期付款销售特约)合同与第一个授信合同在相互内容中存在着依存关系,即在合同的目的、成立、履行及消灭的各过程中密切地联系着,存在着有机的结合关系。三方当事人之间的合同中,基于合同的对等性原则,要维持法律主体的独立性,但应看到出卖方与授信者存在着一体关系。

在融资分期付款销售交易中,销售商与银行间的保证合同或特约合同,以消费者与银行间的付款合同的成立为条件,在付款合同不成立时,特约合同也不成立。同时,两合同不仅在成立、不成立方面有着密切联系,而且在授信目的上也存在着依存关系。理由如下:

一是在融资分期付款销售中,银行与特约商有着连带责任,因为两者有着共同的利益,在二者间存在着担保关系。银行因特约商进行了虚伪不实的广告宣传,使消费者购买商品后退货或发现商品有瑕疵,经与特约商交涉未获有效处理而拒绝向银行付款时,银行应对特约商造成的后果承担连带责任。这是因为,在信用交易中,两者是为了共同的经济目的而结合在一起的。

二是在履行的牵连关系上,在汽车的融资销售贷款中,所谓商品保证,一般是根据特约销售商对该商品的质量保证来决定。因此,如存在商品瑕疵的话,必须在特约销售商保证的范围内进行解决。如此,消费者似乎只能与特约商进行交涉解决,而不能拒绝向银行付款。确实,在这些行业中,品质保证的制度一般是完备的,所以,对于这种冲突,在消费者与制造商间处理也是合理的。也就是说,出卖方(特约商)出售的商品有瑕疵或有故障,消费者与出卖方两者间发生冲突时,出卖方应负全部责任来加以解决。一些特约商以此表示完全不会给银行带来麻烦以取得银行的信任,而成为银行的特约商,获得银行的融资。而对银行来说,一方面不允许消费者出于对特约商的异议,而不向银行交纳价金的行为;另一方面,在问题发生后,也向特约商施加压力,如以"商品的重大瑕疵"为由免除向特约商付款。当然,根据银行与特约商所签订的合同,银行是不能简单地不履行向特约商支付价金的义务的,也就是说,作为原则,不能以客户延迟或不能偿还为由拒绝向特约商支付价金。

消费信用交易中抗辩权的法律性制裁建立在特约合同与授信合同的成立、履行、存续的密切关系上。显然,要解决的主要问题是出卖方与授信者是否存在连带责任。消费者基于与银行的授信而向银行偿还借款,即支付价金,在表面上看银行是对消费者进行信用供给

（消费信用），而实质上，却是授信者向出卖方提供的信用。因此，授信者与出卖方有着密切关系，可以说，两者在经济意义上是不可分割的一体关系。授信者与出卖方之间缔结的基本合同，授信者与买受人订立的信贷合同，出卖方与买受人订立的买卖合同，以授信者为中心形成了相互紧密的一体关系，存在着相互有机的联系。所以，消费者对出卖方存有异议时，对银行也可以提出抗辩，即可拒绝对银行支付价金。

项目五

汽车保险

任务一　汽车保险概述

一、汽车保险的概念

我国保险界一般采用《中华人民共和国保险法》（以下简称《保险法》）第二条的定义，即保险是指投保人根据合同约定，向保险人支付保险费，保险人对于合同约定的可能发生的事故因其发生所造成的财产损失承担赔偿保险金责任，或者当被保险人死亡、伤残、疾病或者达到合同约定的年龄、期限时承担给付保险金责任的商业保险行为。

这个概念实际上包括两个部分：前一部分阐述了财产保险，后一部分阐述了人身保险。应该从两方面来理解这个概念：一是从经济角度来说，保险是分摊意外事故损失的一种财务安排。投保人参加保险，实质上是将其不确定的大额损失变成确定的小额支出，即保险费。而保险人集中了大量同类风险，能借助大数法则来正确预见损失的发生额，并根据保险标的损失频率制定保险费率，通过向所有被保险人收取保险费建立保险基金，用于补偿少数被保险人遭受的意外事故损失。因此，保险是一种有效的财务安排，体现了一定的经济关系。二是从法律角度来看，保险是一种合同行为，体现的是一种民事法律关系。根据合同约定，一方承担支付保险费的义务，换取另一方为其提供经济补偿或给付的权利，这正体现了民事法律关系的内容——主体之间的权利和义务关系。

1980年，我国保险业开始复苏，中国人民保险公司逐步恢复了中断达25年之久的汽车保险业务，以适应国内企事业单位对汽车保险的需要，适应公路交通运输业迅速发展、事故日益频繁的客观需要。但当时汽车保险仅占财产保险市场份额的2%。

随着改革开放的不断深入，汽车迅速普及和发展，汽车保险也随之得到飞速发展。1983年11月，我国将"汽车保险"更名为"机动车辆保险"，使其具有更加广泛的适用性。

二、汽车保险的特征

1. 保险标的出险率较高

汽车是陆地的主要交通工具,其经常处于运动状态,总是载着人或货物不断地从一个地方开往另一个地方,很容易发生碰撞等意外事故,造成人身伤亡或财产损失。由于车辆数量的迅速增加,一些国家交通设施及管理水平跟不上车辆的发展速度,再加上驾驶人的疏忽、过失等人为原因,交通事故发生频繁,汽车出险率较高。

2. 业务量大,投保率高

由于汽车出险率较高,汽车的所有者需要以保险方式转嫁风险。各国政府在不断改善交通设施、严格制定交通规则的同时,为了保障受害人的利益,对第三者责任保险实施强制保险。

保险人为适应投保人转嫁风险的不同需要,为被保险人提供了更全面的保障,在开展车辆损失险和第三者责任险的基础上,推出了一系列附加险,使汽车保险成为财产保险中业务量较大、投保率较高的一个险种。

3. 扩大保险利益

汽车保险中,针对汽车所有者与使用者不同的特点,汽车保险条款一般规定:不仅被保险人本人使用车辆时发生保险事故保险人要承担赔偿责任,而且凡是被保险人允许的驾驶人使用车辆时,也视为其对保险标的具有保险利益,如果发生保险单上约定的事故,保险人同样要承担事故造成的损失,保险人须说明汽车保险的规定以"从车"为主,凡经被保险人允许的驾驶人驾驶被保险人的汽车造成保险事故的损失,保险人须对被保险人负赔偿责任。

此规定是为了对被保险人提供更充分的保障,并非违背保险利益原则。但如果在保险合同有效期内,被保险人将保险车辆转卖、转让、赠送他人,被保险人应当书面通知保险人并申请办理批改。否则,保险事故发生时,保险人对被保险人不承担赔偿责任。

4. 被保险人自负责任与无赔款优待

为了促使被保险人注意维护、养护车辆,使其保持安全行驶技术状态,并督促驾驶人注意安全行车,以减少交通事故,保险合同一般规定:驾驶人在交通事故中所负责任,车辆损失险和第三者责任险在符合赔偿规定的金额内实行绝对免赔率;保险车辆在保险期限内无赔款,续保时可以按保险费的一定比例享受无赔款优待。以上两项规定,虽然分别是对被保险人的惩罚和优待,但要达到的目的是一致的。

此外,汽车保险具有广泛性、差异性、保险标的可流动性、出险频率高等特点。

三、汽车保险的作用

自1980年国内保险业务恢复以来,汽车保险业务取得了长足进步,尤其是伴随着汽车进入百姓的日常生活,汽车保险正逐步成为与人们生活密切相关的经济活动,其重要性和社会性也正逐步凸显,作用越加明显。

1. 促进汽车工业的发展,扩大对汽车的需求

从目前经济发展情况看,汽车工业已成为我国经济健康、稳定发展的重要动力之一,汽

车产业政策在国家产业政策中的地位越来越重要。相应地,汽车产业政策要产生社会效益和经济效益,要成为中国经济发展的原动力,离不开汽车保险相关配套服务。汽车保险业务自身的发展对汽车工业的发展起着有力的推动作用,汽车保险的出现,解除了企业与个人对使用汽车过程中可能出现的风险的担心,一定程度上提高了消费者购买汽车的欲望,扩大了对汽车的需求。

2. 稳定社会公共秩序

随着我国经济的发展和人民生活水平的提高,汽车作为重要的生产运输和代步工具,成为社会经济及人民生活中不可缺少的一部分,其作用越来越重要。汽车作为一种保险标的,虽然单位保险金不是很高,但数量多而且分散,车辆所有者既有党政部门,也有工商企业和个人。车辆所有者为了转嫁使用汽车带来的风险,愿意支付一定的保险费投保。在汽车出险后,从保险公司获得经济补偿。由此可以看出,开展汽车保险既有利于社会稳定,又有利于保障保险合同当事人的合法权益。

3. 促进汽车安全性能的提高

在汽车保险业务中,经营管理与汽车维修行业及其价格水平密切相关。原因是在汽车保险的经营成本中,事故车辆的维修费用是其中重要的组成部分,同时车辆的维修质量在一定程度上体现了汽车保险产品的质量。保险公司出于有效控制经营成本和风险的需要,除了加强自身的经营业务管理外,必然会加大事故车辆修复工作的管理,一定程度上提高了汽车维修质量管理水平。同时,汽车保险的保险人从自身和社会效益角度出发,联合汽车生产厂家、汽车维修企业开展汽车事故原因的统计分析,研究汽车安全设计新技术,并为此投入大量的人力和财力,以期促进汽车安全性能的提高。

4. 汽车保险业务在财产保险中占有重要的地位

目前,大多数发达国家的汽车保险业务在整个财产保险业务中占有十分重要的地位。美国汽车保险保费收入,占财产保险总保费的45%左右,占全部保费的20%左右。亚洲地区的日本和中国台湾地区汽车保险的保费占整个财产保险总保费的比例高达58%左右。

从我国情况来看,随着积极财政政策的实施,道路交通建设的投入迅猛增长,汽车保有量逐年递增。在过去的20年,汽车保险业务保费收入每年都以较快的速度增长。在国内各财产保险公司中,汽车保险业务保费收入占其财产保险业务总保费收入的50%以上,部分公司的汽车保险业务保费收入占其财产保险业务总保费收入的60%以上。汽车保险业务已经成为财产保险公司的"吃饭险种"。其经营的盈亏,直接关系到整个财产保险行业的经济效益。可以说,汽车保险业务的效益已成为财产保险公司效益的"晴雨表"。

四、汽车保险产品简介

目前国内汽车保险主要分为机动车交通事故责任强制保险(以下简称"交强险")和商业保险两部分。具体如下:

1. 交强险

交强险是我国首个由国家法律规定实行的强制保险制度。

交强险由保险公司对被保险机动车发生道路交通事故造成受害人(不包括本车人员和

被保险人)的人身伤亡、财产损失,在责任范围内予以赔偿的强制性责任保险。

2.商业保险

商业保险包括基本险(主险)和附加险。主险包括机动车损失保险、机动车第三者责任保险、机动车车上人员责任保险共三个独立的险种,投保人可以选择投保全部险种,也可以选择投保其中部分险种。保险人依照保险合同的约定,按照承保险种分别承担保险责任。附加险不能独立投保。附加险条款与主险条款相抵触的,以附加险条款为准,附加险条款未尽之处,以主险条款为准。

任务二 汽车保险投保与承保实务

汽车保险的投保是指对保险车辆有保险利益的主体依据保险市场产品结合自身风险状况和需求进行具有理性选择的购买汽车保险的表意行为。

一、投保方式的种类及特点

1.保险公司直接投保

特点:自己有自己公司的产品,并出售保险产品。

利:投保人(车主)亲自到保险公司投保,由保险公司的业务人员对每个保险险种、保险条款进行详细的介绍和讲解,并根据投保人的实际情况提出保险建议供参考。投保人能选择到更适合自己的保险产品,使自己的利益得到更充分的保障。投保人直接到保险公司投保,客观上降低了营业成本,商业车险费率折扣上会高一些。最重要的是可以避免被一些非法中介误导和欺骗。

弊:客户必须事事自己动手操办,尤其是出险后索赔时,对于很多不了解理赔程序的客户来说,在办理手续时会觉得比较麻烦。

2.保险公司电话/网络投保

特点:这是近几年来比较流行的投保渠道,免去了保险中介的参与,在保费方面的优势很强。消费者直接与保险公司沟通,但是在出险后的一切流程需要投保人自主执行。

利:随着近年来电话车险模式的成熟,直接通过电话到保险公司投保已经成为一种新兴的投保方式。首先,电话营销免去了保险中介代理的参与,能拿到低于其他任何渠道的折扣。其次,直接面对保险公司,可避免被不良中介误导和欺骗。电话车险运营商均是银保监会审核通过的优质企业,投保方式公正、透明,服务承诺有保障。以起步最早的平安电话车险的运营模式为例,其在报价透明方面,直接按照银保监会规定的折扣比例统一报价;同时,平安电话车险的投保电话均有录音,车主可随时要求复查自己投保时的录音。

弊:当然,电话、网络投保在车辆出险后没有保险中介帮助投保人进行车辆的定损、维修和理赔,整个过程需要投保人自己解决,对于不了解理赔流程的投保人来说会是一件非常头疼的事情。而且,看到保险公司电话/网络营销商机的不只有正规的保险公司,保险代理公司和代理经纪人的电话轰炸、不合理竞争也给电话/网络保险营销带来了诸多麻烦,投保人要尽量选择正规公司的电话/网络营销渠道。

3. 保险代理公司投保

特点:自己公司无产品,主要是代理各个保险公司的产品,帮助保险公司销售产品。

利:由于目前各保险中介竞争比较激烈,为争抢客户,他们给予的保险折扣也比较大,相对而言价格会比较低廉。同时,保险中介可以上门服务或代客户办理各种投保、理赔所需的各种手续,对于客户而言会比较便捷。

弊:保险代理人为促成车主购买保险,对车主进行的口头承诺很多,但出险后理赔时却无法兑现。同时只注重价格便宜而忽视车险后期服务。由于客户很容易相信个人承诺,尤其是所谓的朋友、熟人介绍的,会直接向个人递交保费,一些非法保险代理人则会私自拖欠和挪用客户的保费,使保费无法及时、顺畅、安全地到达保险公司,使得客户在后期就难以正常享受保险公司的理赔。此外,保险中介的"低价"背后也有很多的"猫腻"。

4. 保险经纪公司/保险经纪人

特点:自己公司无产品,主要是代理各个保险公司的产品,向投保人提供保险方案,帮助投保人选择产品。

利:保险代理公司的代理人受雇于保险公司,为其所受雇的保险公司推销保险产品,而保险经纪人和保险经纪公司受雇于投保人,不仅可以横向比较各公司条款优劣,还可以根据投保人情况,为其量身定制保险产品。

弊:保险经纪人是为客户采购保险产品的,最终还要保险公司进行承保。保险经纪人或经纪公司业务的增加会使保险公司保费收入大幅增加,国内保险行业规范仍有欠缺,无法避免会有一些不法商家与保险公司串通起来欺骗消费者。

5.4S 店代理保险公司投保

特点:4S 店是新车主投保之前的第一联系人,为了提高自身盈利和竞争力,4S 店与各大保险公司合作,增加了保险代理业务,性质与保险代理公司相同。

利:现在各品牌 4S 店都推出了一条龙的购车服务,车主在店内购车之后,即可在店里购买车辆保险。据了解,车主通过 4S 店购买车辆商业保险,日后如果出现意外需要保险公司出险、赔偿时,不仅可以通过拨打保险公司的出险电话,还可以通过 4S 店的保险顾问进行报险。除此之外,通过 4S 店的保险顾问报险,车主可以享受"一对一"的直线服务。

弊:保险和汽车打包一起卖,最开心的是 4S 店。每家 4S 店经销商的促销方式不同,很多商家选用购车送保险的方式吸引消费者,高额的保费赠送乍一看与现金降价并无二致,但是消费者购车时的购置价是跟随汽车一生的,保费是一年一交的,您现在节省了部分保费,第二年续保的时候是以新车购置价格来计算保费的。

6. 汽车修理厂、4S 店保险直销

特点:消费者在购车的同时选择店内直赔业务的话,车辆出险后的赔偿、修理等全部由 4S 店和汽车修理厂代办。

利:这里要和 4S 店代理保险公司有所区别,保险直赔业务意思是在获得保险公司授权后,4S 店具有保险定损和维修的职能,车辆出险后,只需要与 4S 店联系,到店内定损和维修即可,省去了定损、跑维修站维修、等待保险公司理赔的过程。

弊:相对而言,直赔业务的保费与保险公司的保费相对要高一些。

在以上投保渠道的选择中,大多数消费者会选择在4S店投保,不管是选择代理还是直赔,在店内投保省去了与保险公司沟通的麻烦。而对于平时出险较少的老车主来说,选择其他渠道购买车险的也不少,毕竟可以节省很大一笔保费。

车主在为车辆投保时尽量去保险公司办理,如果车主选择保险中介投保时,最好亲自对保单进行确认,如果确实没有时间亲自去办理保险,需要委托相关的中介或保险代理人,也一定要通过查询保险公司等方式核实它们的《保险代理人资格证》和《展业证书》等相关证件,并在其开具正规的盖有保险公司的印章的收据后,再交付保费。同时,要求其在一定期限内更换正规发票和投保相关的合同及其他需要的票据,需要投保人签名的地方,切不可为省时间而让他人代劳。投保人拿到保单后要及时查询保单是否生效,除保险单号外,还要逐一核对投保人、被保险人、投保险种、投保车辆等细节。

二、汽车保险的一般投保流程

另外,保险行业的汽车保险条款较多,保障内容各有不同,投保人在投保时应根据车辆的风险特点,有选择地购买保险险种。投保人在购买汽车保险时的一般投保流程如下。

1. 了解保险条款及费率,根据实际需要购买

投保人选择汽车保险时,应了解自身的风险和特征,根据实际情况选择个人所需的风险保障。对于汽车保险市场现有产品应进行充分了解,以便购买适合自身需要的汽车保险。

投保人认真了解汽车保险条款内容,重点是汽车保险有关险种的保险责任、除外责任和特别约定,被保险人权利和义务,免赔额或免赔率的计算,申请赔偿的手续、退保和折旧、保费计算的规定等。此外还应当注意汽车保险的费率是否与银保监会批准的费率一致,了解保险公司的费率优惠规定和无赔款优待的规定。通常保险责任比较全面的产品,保险费比较高;保险责任少的产品,保险费较低。

2. 选择保险公司

投保人应选择具有合法资格的保险公司营业机构购买汽车保险。汽车保险的售后服务与产品本身一样重要,投保人在选择保险公司时,要了解各公司提供服务的内容及信誉度,以充分保障自己的利益。

3. 挑选保险代理人

投保人也可以通过保险代理人购买汽车保险。选择保险代理人时,应选择具有执业资格证书、展业证及与保险公司签有正式代理合同的保险代理人;应当了解汽车保险条款中涉及赔偿责任和权利义务的部分,防止个别保险代理人片面夸大产品保障功能,回避责任免除条款内容。

4. 选择保险险种

(1)最低保障方案

险种组合:机动车交通事故责任强制保险保障范围:只对第三者的损失负赔偿责任。

适用对象:急于上牌照或通过年检的个人。

特点:适用于那些怀有侥幸心理,认为购买保险没用的人或急于拿保险单去上牌照或验车的人。

优点:可以用来应付上牌照或验车。

缺点：一旦撞车或撞人,对方的损失能得到保险公司的一些赔偿,但是车主的损失只能自己负担。

(2)基本保障方案

险种组合:机动车交通事故责任强制保险+车辆损失险+第三者责任险。

保障范围:只投保基本险,不含任何附加险。

特点:适用部分认为事故后修车费用很高的车主,他们认为意外事故发生率比较高,为自己的车和第三者的人身伤亡和财产损毁寻求保障,此组合被很多车主青睐。

适用对象:有一定经济压力的个人或单位。

优点：必要性最高。

缺点：不是最佳组合,最好加入不计免赔特约险。

(3)经济保障方案

险种组合:机动车交通事故责任强制保险+车辆损失险+第三者责任险+不计免赔特约险+全车盗抢险。

特点：投保最必要、最有价值的险种。

适用对象:个人精打细算的最佳选择。

优点:投保最有价值的险种,保险性价比最高;人们最关心的丢失和100%赔付等大风险都有保障,保费不高但包含了比较实用的不计免赔特约险。

(4)最佳保障方案

险种组合:机动车交通事故责任强制保险+车辆损失险+第三者责任险+车上人员责任险+玻璃单独破碎险+不计免赔特约险+全车盗抢险。

特点:在经济投保方案的基础上,加入了车上人员责任险+风挡玻璃破碎险,使乘客及车辆易损部分得到安全保障。

适用对象:一般为公司或个人。

优点:投保价值大的险种,不花冤枉钱,物有所值。

(5)完全保障方案

险种组合:机动车交通事故责任强制保险+车辆损失险+第三者责任险+车上人员责任险+玻璃单独破碎险+不计免赔特约险+ 新增加设备损失险+自燃损失险+全车盗抢险。

特点:保全险,居安思危才有备无患。能保的险种全部投保,从容上路,不必担心交通所带来的种种风险。

适用对象:机关、事业单位、大公司。

优点：几乎与汽车有关的全部事故损失都能得到赔偿。投保人员不必因少保某一个险种而得不到赔偿,承担投保决策失误的损失。

缺点：保全险保费较高,某些险种出险的概率非常小。

5.填写保险单

投保单是保险合同订立过程中的重要单证,是投保人向保险人进行要约的证明,是确定保险合同内容的重要依据。

（1）机动车辆需满足投保条件

①有交通管理部门核发的车辆号牌，对于新车投保需有购车发票。

②有交通管理部门填发的机动车辆行驶证。

③有车辆检验合格证。

（2）投保人必须备好证件

机动车行驶证、被保险人身份证复印件、投保人身份证复印件；被保险人与车主不一致时，应提供由车主出具的能够证明被保险人与投保车辆关系的证明或契约。并且投保人需要根据保险公司提供的一些资料，如条款和费率等，针对投保单的主要内容如投保人的有关情况、汽车的厂牌车型、车辆种类、车牌号码、发动机号码和车架号码、汽车的使用性质、吨位或座位数、行驶证初次登记年月、汽车的保险价值、保险金额或赔偿限额以及特别约定等信息，按照保险人的要求认真填写投保单并将其交付给保险人，切忌保险代理人代投保人填写投保单。

（3）汽车投保单的填写形式

投保人或经办人口述，由保险企业人员或代理人员录入业务处理系统，打印后由投保人签字；投保人利用公司电子商务投保系统等工具自动录入，打印后由投保人签字；投保人手工填写后签字或盖章。

（4）投保单填写基本规则（要求）

①投保单必须保持整洁，不允许折叠和不规范涂改，撕断投保单视为作废，需重新填写。

②填写资料应完整，填写时必须使用黑色钢笔或签字笔以简体字填写，若有难以辨认或繁体字书写的，须用简体字注明，如遇到难（偏）字，请用铅笔以拼音注明。

③投保人须亲笔签字，不得代签；若投保人签字确有困难，须在相应签名处亲自按右手大拇指手印。

④原则上投保单不允许更改，确因特殊情况对不影响主要投保要素更改单额，须在更改内容处划两道"左下右上"的斜线，并将正确内容填写在更改内容上方，不得使用涂改液或采用刮划的方式。投保人须在更改处亲笔签名，若涉及被保险人还同时须被保险人签名确认。

⑤身份证号码填写有更改须附相关人员身份证复印件。

⑥投保单不能涂改的重要栏目如下：

a.投保人、被保险人姓名及签名；

b.受益人的姓名；

c.投保事项、告知书；

d.投保申请日期。

⑦身份证号码与实际情况有出入或无身份证号者均请附有效法定证件的复印件。

（5）填写投保单注意事项

①投保人情况。

a.投保人名称或姓名。

自然人（与有效身份证相同）；法人（全称，必须完整和准确）。

主要目的是确定其资格问题。投保人是保险合同不可缺少的当事人。投保人除应当具有相应权利能力和行为能力外,对保险标的必须具有保险利益。因此,投保人应当在投保单上填写自己的姓名,以便保险人核实资格,避免出现保险纠纷。

　　b. 投保人住所:法人或其他组织填写主要的办事机构,自然人填写常住地址,精确到门牌号。

　　②被保险人(驾驶员)情况。

　　被保险人是保险事故发生后享有保险金请求权的人,因此,投保单上必须注明被保险人的姓名。

　　投保单上需要填写投保人与被保险人的详细地址、邮编、电话及联系人,以便于联系和作为确定保险费率的参考因素。

　　合同生效后,保险人需定期或不定期地向客户调研自身的服务质量或通知被保险人有关信息。

　　③被保险车辆。

　　a. 分散业务:投保单一般为一车一单。

　　b. 多车业务:投保单可以使用附表形式(见《机动车辆保险投保单附表》),投保人情况、被保险人情况、投保车辆种类、投保车辆使用性质及投保主险条款名称等共性内容在投保单主页上填写,个性内容填写于《机动车辆保险投保单附表》内。如果上述共性内容有一项有差别,均要另外启用一份投保单填写共性内容及其附表。例如,某企业投保20辆客车,投保人情况、被保险人情况、投保车辆种类、车辆使用性质均相同,但其中15辆车选择《非营业用汽车损失保险条款》和《第三者责任保险条款》投保,另外5辆车只选择《第三者责任保险条款》投保,此时投保主险条款名称不同,要启用两份投保单,分别填写投保单主页和附表。

　　c. 被保险人与车辆的关系:被保险人与投保车辆《机动车行驶证》上载明的车主相同时,选择"所有";被保险人与车主不相符时,根据实际情况选择"使用"或"管理"。

　　d. 车主:被保险人与车辆的关系为"所有"时,本项可省略不填写;被保险人不是车主时,需填写投保车辆《机动车行驶证》上载明的车主名称或姓名。

　　e. 汽车本身资料。

　　包括号牌号码、厂牌型号、发动机号、车架号、车辆种类、座位/吨位、车辆颜色等内容。填写车辆管理机关核发的号牌号码并注明底色。

　　填写号牌号码应与行驶证号牌号码一致。

　　f. 汽车所有与使用情况,包括该汽车所属性质是什么? 该汽车是否为分期付款购买的? 如果是,卖方是谁? 该汽车的行驶证所列明的车主是谁? 该汽车的使用性质是什么? 行驶区域如何?

　　④投保人签名或签章。

　　投保人对投保单各项内容核对无误并对投保险种对应的保险条款(包括责任免除和投保人义务、被保险人义务)理解后需在"投保人签名/签章"处签名或签章。投保人为自然人时必须由投保人亲笔签字;投保人为法人或其他组织时必须加盖公章,有委托书的可不必签章,投保人签章必须与投保人名称一致。投保人签单:两个"确认"——确认属实、确认知道。

　　⑤确定投保险种及期限。

6.保险人核保,投保人交保险费,签发保险单

保险人审核投保单,如果符合保险条件则保险人在投保单上签章,作出对投保人要求的承诺即承保,投保人交保险费,并得到保险人签发的保险单,若不符合保险条件则保险人作出拒绝承保的决定,将投保单退回投保人。

另外,投保人购买汽车保险应注意以下事项:

①对保险重要单证的使用和保管。投保人在购买汽车保险时,应如实填写投保单上规定的各项内容,取得保险单后应核对其内容是否与投保单上的有关内容完全一致。对所有的保险单、保险卡、批单、保费发票等有关重要凭证应妥善保管,以便在出险时能及时提供理赔依据。

②如实告知义务。投保人在购买汽车保险时应履行如实告知义务,对与保险标的的风险有直接关系的情况,比如保险车辆的行驶区域有变动或保险车辆的使用性质或所有权发生变化等重要事实,应当如实告知保险公司。

③购买汽车保险后,应及时交纳保险费,并按照条款规定,履行投/被保险人义务。

④合同纠纷的解决方式。对于保险合同产生的纠纷,消费者应当依据在购买汽车保险时与保险公司的约定,以仲裁或诉讼方式解决。

⑤投诉。消费者在购买汽车保险过程中,如发现保险公司或中介机构有误导或销售未经批准的汽车保险等行为,可及时向保险监督管理部门投诉以维护自身的正当权益。

三、汽车保险承保的含义

汽车保险承保是指保险公司通过与投保人及被保险人接触、交流,根据其投保意向,结合自身相对应的条款,就保险合同内容协商达成一致,并签订保险合同的过程。承保业务对于保险合同的履行,乃至保险公司的经营发挥着至关重要的作用。承保业务流程主要包括接受投保单、核保、签单、收费等一系列程序。在汽车保险的承保过程中,财产保险公司依据市场需求、市场竞争程度、中介人参与程度和保险人服务及偿付能力,一方面,通过编制业务发展规划,调整、完善市场竞争措施、市场服务体系和符合市场需求的保险产品,把公司的品牌和经营理念通过保险产品与服务传递给千千万万的客户;另一方面,通过对市场预期效果的分析与检验,合理配置人力资源和服务要素,保持车险业务持续发展。

四、汽车保险承保的工作流程

1.汽车保险承保的工作流程

①保险人向投保人介绍条款、履行明确说明义务。

②协助投保人计算保险费、制订保险方案。

③提醒投保人履行如实告知义务。

④指导投保人填写投保单。

⑤业务人员验车、验证,确保保险标的的真实性。

⑥将投保信息录入业务系统(系统产生投保单号),复核后利用网络提交核保人员核保。

⑦核保人员根据公司核保规定,并通过网络将核保意见反馈给承保公司,核保通过后,

业务人员收取保险费、出具保险单,需要送单的由送单人员递送保险单及相关单证。

⑧承保完成后,进行数据处理和客服人员进行客户回访。

2. 汽车保险承保的环节及基本要求

（1）业务争取

争取汽车保险业务,不断扩大承保面,是每一个汽车保险人经营的客观要求,也是发挥保险公司的作用,为社会提供安全保障的必要条件。根据大数法则要求,承保面越大,危险就越分散,经济也就越趋于稳定,因此汽车保险人要重视业务的争取。

（2）业务选择

业务选择是汽车保险业务核保的过程。汽车保险人通过各种努力,在不断提高业务"量"的同时,也要重视业务"质"的选择。提高承保质量、保持经营稳定、追求经济效益,是保险公司经营的要则。只承保那些"只收取保险费,不必履行给付义务"的保险是不现实的想法,也不是保险人经营的宗旨。对保险业务进行核保的目的是使保险人在承担危险责任的时候处于主动、有利地位。所以,核保对汽车保险业务来说是至关重要的环节。

（3）作出承保决策

保险承保人员对通过一定途径收集的核保车辆资料加以整理,并对这些车辆经过承保选择和承保控制之后,作出以下承保决策:

①正常承保。对于属于标准风险类别的保险标的,保险公司按标准费率予以承保。

②优惠承保。对于属于优质风险类别的保险标的,保险公司按低于标准费率的优惠费率予以承保。

③有条件地承保。对于低于正常承保标准但又不构成拒保条件的保险标的,保险公司通过增加限制性条件或加收附加保险费的方式予以承保。

④拒保。如果投保人投保条件明显低于保险人的承保标准,保险人就会拒绝承保。对于拒绝承保的保险标的,要及时向投保人发出拒保通知。

（4）收取保险费

交付保险费是投保人的基本义务,向投保人及时足额收取保险费是保险承保中的一个重要环节。为了防止保险事故发生后的纠纷,在签订保险合同时要对保险费交纳的相关事宜予以明确,包括保险费交纳的金额和交付时间以及未按时交费的责任等。

（5）出具保险单

承保人作出承保决策后,对于同意承保的投保申请,由签单人员缮制保险单或保险凭证,并及时送达投保人手中。

汽车保险的承保必须经过核保这一环节。核保是汽车保险经营过程中最重要的环节之一。汽车保险的承保是指保险公司接到投保人的申请以后,考察被保险人的投保资格以及投保风险的性质,然后作出是否可以向被保险人发放保险单的决定。汽车保险核保是指保险人对投保人的投保申请进行审核,决定是否接受承保这一风险,并在接受承保风险的情况下,确定承保费率和条件的过程。

任务三 汽车保险理赔实务

1.报案

情境导入：某日，王某驾驶车辆在某市的某路段拐弯时与台阶相撞，造成前保险杠破损，前雾灯破裂，该车已在保险公司投保。

讨论：王某撞车后应如何处理？向保险公司报案后保险公司应如何接待报案？

理论引导：汽车保险理赔是指保险车辆在发生保险责任范围内的损失后，保险人依据保险合同对被保险人提出的索赔请求进行处理的行为。

（1）报案的方式

报案是指被保险人在发生了保险事故之后通知保险人，要求保险人进行事故处理的过程。

报案是指被保险人在发生事故之后以各种方式通知保险人，要求保险人进行事故处理的意思表示。《保险法》第二十一条规定："投保人、被保险人或者受益人知道保险事故发生后，应当及时通知保险人。"同时，及时报案也是被保险人履行合同义务的一个重要内容，在现行保险条款中一般都规定："发生保险事故时，被保险人或其允许的驾驶人应当及时采取合理的、必要的施救和保护措施，防止或者减少损失，并在保险事故发生后48小时内通知保险人。"通常被保险人可以通过电话、上门、电报、传真等方式向保险人的理赔部门进行报案。各保险公司也都开通了专线电话，指定专人受理报案事宜，例如太平洋保险公司的"95500"全国统一客服电话，中国大地财产保险有限公司全国统一服务专线"95590"。

对于在外地出险的，如果保险人在出险当地有分支机构，被保险人可以直接向保险人的当地分支机构报案。因为，目前一些全国性的保险公司的内部均建立了相互代理的制度，即"代查勘、代定损"的"双代"制度，能够迅速向这些被保险人提供案件受理服务。如果保险人在当地没有分支机构，被保险人就应直接向承保公司报案，并要求承保公司对事故的处理提出具体意见。

为规范车险理赔管理，保护消费者权益，原中国银保监于2012年2月21日发布了《机动车辆保险理赔管理指引》。

（2）报案登记

①报案记录。

受理报案人员在接到被保险人报案时，应询问报案人姓名，被保险人姓名/名称，驾驶员姓名，保险单号码，保险险别，出险标的的厂牌车型、牌照号码、使用性质及所属关系，出险时间、地点、原因、经过，估计损失金额等要素并在报案记录上记录。如果是上门报案，还应查看驾驶员驾驶证及车辆行驶证。

对于数据集中处理的公司应进行保险单的抄单工作，提供给查勘人员和理算人员作为工作的依据。对于不符合保险合同条件的，应及时通知被保险人并进行必要的解释和采取相应的措施。

②填写出险报案记录。

被保险人报案时，保险公司应对一些内容进行记录，主要包括：

a. 报案人、被保险人、驾驶员的姓名和联系方式等。

b. 出险时间、地点、简单原因、事故形态的案件情况。

c. 保险车辆的情况,如厂牌、型号、牌号。若涉及三者车辆,也询问第三方车辆的车型、牌照等信息,查询三者险是否为同一保险公司内承保车辆,如果是且在事故中负有一定比例的事故责任,则一并登记,并进行报案处理。

d. 保单号码。以便查询保单信息,核对承保情况。

若被保险人用电话报案,应在事后补填出险通知书。目前,保险公司为提高理赔服务质量,根据被保险人的报案情况由电脑系统自动进行保险单抄单并打印保险车辆出险通知书,被保险人只需签章确认即可。

机动车辆保险报案记录(代抄单)见表5.3.1。

表 5.3.1 机动车辆保险报案记录(代抄单)

报案号:60507201241000000×××

交强险保单号:805072011410160000××××	商业险保险单号:80501201141016000××××
交强险承保公司:	报案时间:2022-01-11 10:31:54
厂牌型号:吉利美日 MR715×××轿车	号牌号码:BBN××××××
报案人姓名:万××	被保险人姓名:万××
报案人与被保险人的关系:	报案方式:□95519 电话 □柜台 □电报传真 □信函 □交警 □网上 □电话 □上门 □传真 □电子邮件 ■其他
驾驶员姓名:万××	准驾车型:　　　　　驾驶证号码:
出险时间:2022-01-11 10:31:00	出险原因:碰撞
出险地点:湖北省孝感市云梦县县城睡虎路路段 (　　)	出险区域:■市内 □市外 □省内 □省外 □港澳台地区 □中国境外 □其他
出险地点分类:□高速公路 □省道 □国道 ■普通公路 □城市道路 □乡村便道和机耕道 □场院 □渡口 □其他	
是否是第一现场报案:■是 □否	伤亡人员:□第三者(伤 0 人 亡 0 人)□车上人员 (伤 0 人 亡 0 人)
事故处理部门:■交警 □派出所 □消防部门 □保险公司 □自行处理 □其他	
出险经过及损失情况:(行驶方向,避让措施,财物损坏部位等)　出险日期:2022 年 1 月 11 日 出险原因:碰撞　2022-01-11 10:31,万××驾驶车牌号为 BBN××××××的吉利美日 MR715××4 轿车在湖北省孝感市云梦县县城睡虎路因为碰撞导致疏忽大意、措施不当而发生事故。报损金额为 0.0 元。交强险参与分摊,需要赔付。预计采用查勘方式为第一现场查勘。出险经过:两车相撞,标的车左前部受损,对方车右前部受损。涉案三者车牌:鄂 A36×××	

续表

商业保险基本信息	厂牌型号:吉利美日 MR7153B4 轿车			号牌号码:BBN××××××		发动机号:BBN××××××	
	新车购置价:71 641.00 元			车架号(VIN): L6T7824S6BN120×××		核定载客 5 人 核定载质量____吨	
	车辆行驶区域: 是否足额交费:			车辆使用性质:家庭自用		保险期间:2021 - 12 - 23 至 2022-12-22	
				交费日期:	应收保费:0.0 元		已使用年限:0
	序号	承保险种(代码)	保险金额/ 责任金额	序号	承保险种 (代码)		保险金额/ 责任金额(元)
	1	交通事故责任强制险 BZ	122 000.00	2	机动车损失保险(不计免赔)A		71 641.00
	3	第三者责任保险(不计免)B	200 000.00	4	车上人员责任保险(驾驶人)(不计免赔)D11		5 000.00
	5	车上人员责任保险(乘客)(不计免赔)D12	20 000.00	6	不计免赔率特约 M		0.00
	业务归属部门:经济技术开发区营销服务部中介业务二部		经办人:赵×	出单员:吴×		核保人:	
	特别约定						
保险单批改信息							
保险车辆出险信息							

续表

查勘信息回复				
本单批改次数：		车辆出险次数：	赔款次数：	赔款总计：
联系人：万××		联系电话： 1879047××××		

抄单人：海××   抄单日期：2022 年 1 月 11 日

（3）安排查勘

对属于保险责任范围内的事故和不能明确确定拒赔的案件，应立即调度查勘定损人员赶赴现场开展查勘工作，并为其打印"机动车辆保险报案记录（代抄单）"。对于需要提供现场救援的案件，应立即安排救援工作。接到保险车辆在外地出险的信息，登记后，可视情况立即安排人员赶赴现场进行查勘或委托保险人在当地的分支机构代为查勘、定损，转入"双代"（代查勘、代定损）案件处理程序。接到外地保险车辆在本地出险的信息，登记后，按照"双代"案件的处理程序进行处理，并通知承保地公司。

现场查勘是指用科学的方法和现代技术手段，对交通事故现场进行实地验证和查询，将所得结果完整而准确地记录下来的全部工作过程。现场查勘是理赔工作的重要环节，是保险案件赔付的基础。通过现场查勘采集与事故有关的物证，为保险责任认定准备证据。查明出险原因，掌握第一手资料，取得处理赔案的依据。现场查勘工作一般由两名查勘定损人员共同进行，并视情况通知有关部门参与。在现场查勘工作中，要求查勘定损人员坚持实事求是、秉公办事的原则，遵守保险条款，确定保险责任范围，熟练掌握现场查勘方法，妥善解决和处理现场查勘过程中的实际问题。

（4）立案

立案是指经初步查验和分析判断，对于属于保险责任范围内的事故进行登记予以受理的过程。查勘定损人员应根据"机动车辆保险事故现场查勘记录"和有关证明材料，依照保险条款的有关规定，全面分析主、客观原因，确定保险事故属于保险责任范围。对于经过现场查勘，认定不属于保险责任范围的案件，按不予立案或拒赔案件处理，并在"出险报案表"和"机动车辆保险报案、立案登记簿"上签注"因××拒赔"，同时向被保险人送达"机动车辆保险拒赔通知书"并做出必要的解释。对经过现场查勘，认定在保险有效期内，且属于保险责任范围的案件，应进行立案登记，正式确立案件，统一编号并对其进行程序化的管理。立案登记项目依据"出险报案表"和"机动车辆保险事故现场查勘记录"中的有关内容认真、准确、翔实地填写。本地公司承保车辆在外地出险的，在接到出险地公司通知后，应将代查勘、代定损公司的名称录入"机动车辆保险报案、立案登记簿"，并注意跟踪赔案的处理情况。

（5）接报案示例

下面以一起简单的单方事故示例，讲解接报案的主要询问内容。

客服：您好，××保险公司，很高兴为您服务，请问有什么可以帮您？

客户：你好，车子出了点事故，需报案。

客服：好的，麻烦您提供一下你的保单号码。

客户：×××××××××（客户提供保单号码）。

客服：请问标的车主是陈××先生吗？是××车吗？车牌号是××？（根据提供的保单号系统内可以查看相关承保及标的信息）。

客户：对的。

客服：请问您怎么称呼？您的联系电话是多少？

客户：陈××，137×××××××（根据客户提供录入系统）。

客服：请问出险时的驾驶员是谁？联系电话是？

客户：出险时驾驶员是张××，电话是137×××××××（根据客户提供录入系统）。

客服：请问出险时间是？出险的具体地点是哪里？

客户：出险时间是××，出险地点是××（根据客户提供录入系统）。

客服：请问您是否现场报案？是否报交警处理？

客户：现场报案，还没有报交警（根据客户提供录入系统）。

客服：请问事故出险原因是什么？

客户：不小心撞了路边的隔离墩（根据客户提供录入系统）。

客服：请问事故有哪些损失？标的车损部位是什么地方？是否有第三者损失？是否有人伤？

客户：只有标的车损，前部受损，第三者无损伤，无人伤（根据客户提供录入系统）。

客服：请问您现在在什么地方？怎么联系您查勘？

客户，我现在还在现场，可以直接打我电话。

客服：好的。陈先生，我再和您核对下案件信息：您的联系电话是××。您的报案我们已经受理，报案号后四位是××××，请您记录。公司查勘人员将在5分钟内与您取得联系，您先不要移动车辆，等待查勘，如公司查勘人员需要您报交警处理希望您能配合。请问您是否还需要其他帮助？

客户：好的，没有。

客服：好，谢谢！感谢您的来电，再见！

2. 现场查勘

（1）保险事故现场及事故类型

①保险事故现场。

保险事故是指保险合同中载明的危险发生后，所造成的损害或伤害后果。保险事故现场是指保险事故发生并留下后果的具体场地。它包括与该起事故相关的车辆、人、畜及各种痕迹物证所占有的一切空间，它是保险事故调查中最主要的事故信息来源。

②出险现场分类。

保险车辆的出险现场是指事故发生后，车辆、伤亡人员以及与事故有关的对象、痕迹等所处的空间。根据现场的完整真实程度,出险现场一般可以分为以下几类。

A. 原始现场。

原始现场又称第一现场,即事故发生以后,车辆、人、畜以及一切与事故有关的物体、痕迹仍保持事故发生后最初状态的现场。

B. 变动现场

变动现场是指由于某种原因,事故的原始状态发生部分或大部分更改。更改事故原始状态的原因很多,通常有以下几种情形:

a. 抢救受伤者。为了抢救事故受伤者而移动有关物体的位置或变更死者原来的倒卧位置。

b. 保护不当。由于未及时封闭现场,有关痕迹被来往车辆和行人碾踏,使痕迹不清或消失。

c. 自然破坏。由于雨、雪等自然因素,事故痕迹不清或消失。

d. 允许变动。有特殊任务的车辆,如消防、警备、救险等车辆肇事后经允许驶离现场,或为了避免交通阻塞经允许移动车辆或有关物体。

e. 车辆驶离。发生事故后,驾驶员无意(未发觉)或有意(逃避责任)将车辆驶离现场。

从现场查勘要求上讲,由于原始现场保持了事故发生后的本来面貌,因此原始现场便于取得可靠资料。一般情况下,事故发生后应尽可能维持原始状态,即使是为了抢救受伤人员,也应注意尽量不触及与抢救无关的物体或痕迹。

C. 伪造现场。

伪造现场是指事故发生后,当事人为了推卸或减轻责任,故意将现场原有的痕迹、物证加以消除,变动现场,或有意伪造痕迹,按有利于自己的设想重新摆放的现场。

D. 逃逸现场。

肇事车辆驾驶员在事故发生后,为了逃避责任,有意隐瞒事故不报,并将车辆驶离,从而造成变动或破坏的现场。

接到被保险人报案后,有第一现场的,查勘定损人员应尽量赶赴第一现场进行现场查勘,因为第一现场展现了事故发生后最原始、最真实的状态,有利于查勘定损人员掌握第一手的资料,为确定保险责任,计算事故损害赔偿提供可靠的依据。如果由于各种原因无法查勘第一现场,此时必须到事故车辆所在地对事故车辆的损失情况进行查勘,基于客观需要还可以到公安交通管理部门调查和核实事故第一现场的情况。

E. 恢复现场

恢复现场是指事故现场因某种原因撤离后,出于事故分析或复查案件的需要,根据现场调查记录资料重新布置再现出险现场的面貌。恢复现场有两种情况:一是对上述变动现场,根据现场分析、证人指认,将变动现场恢复到原始现场状态;二是原始现场撤除后,因案情需要,根据原现场记录图、照片和查勘记录等材料重新布置恢复现场。

③事故类型。

保险事故一般分为:单方事故、双方(多方)事故两种。在查勘理赔工作中,一般情况下把被保险车辆与其他一辆或多辆机动车之间发生保险合同约定的危险而造成的损害后果称为双方(多方)事故(两车相撞、三车追尾等事故);仅由一台被保险车辆,而无其他机动车参与导致的损害或伤害后果,称为单方事故(如被保险车辆与线杆、护栏、树木、房屋等发生的事故)。

(2)现场查勘

现场查勘是指用科学的方法和现代技术手段,对交通事故现场进行实地验证和查询,将所得结果完整而准确地记录下来的全部工作过程。现场查勘是理赔工作的重要环节,是保险案件赔付的基础。通过现场查勘采集与事故有关的物证,为保险责任认定准备证据。查明出险原因,掌握第一手资料,取得处理赔案的依据。现场查勘工作一般由两名查勘定损人员共同进行,并视情况通知有关部门参与。在现场查勘工作中,要求查勘定损人员坚持实事求是、秉公办事的原则,遵守保险条款,确定保险责任范围,熟练掌握现场查勘方法,妥善解决和处理现场查勘过程中的实际问题。

①派工受理。

查勘定损人员应做到有现场必查,严禁拖延推诿。查勘人员接到派工任务后,应在5分钟以内与客户联系,大概了解事故现场情况、明确告知自己所在的位置、大约多长时间能到达现场。

②事故现场查勘。

a. 到达现场后首先指导客户填写"机动车辆保险索赔申请书",见表5.3.2,要求驾驶员填写详细的出险经过。

b. 现场查勘时必须掌握车辆的承保情况,无抄单或客户现场无法提供保单或保险卡时,应及时查询;特别要注意所有涉案车辆的交强险投保情况。

c. 当事故尚未控制或保险车辆及财产尚处于危险状态时,应积极帮助客户采取施救、保护措施,保护现场、抢救伤员,消除危险因素,协助客户及有关人员向事故处理机关报案;对于单方事故,出险车辆需施救时,查勘定损人员应主动联系,由与保险公司合作的救援服务中心进行施救。

机动车辆保险索赔申请书见表5.3.2。

表5.3.2　机动车辆保险索赔申请书

报案号码:

被保险人		×××		联系电话	1381800××××
地址		×××××		邮政编码	××××××
车牌号码		苏E×××××	厂牌型号		×××××
发动机号码		6J18×××	车架号码		LVSFCFME26F0×××××
交强险保单号		ASHH381CTP09X00×××××		承保公司	××××保险
商业险保单号		ASHH381DX909X00×××××		承保公司	××××保险
报案人	×××	联系电话	1381800××××	出险驾驶员	×××　联系电话　1381800××××
出险时间		20××年××月××日××时××分	出险地点		×××××

续表

开户名称		账号		开户银行	

其他事故方交强险信息

车牌号码	厂牌型号	被保险人	交强险保单号	承保公司	定损公司

出险经过及损失情况：

兹声明本被保险人报案时所陈述以及现在所填写和提供的资料均为真实情况，没有任何虚假或隐瞒，否则，愿放弃本保险单之一切权利并承担相应的法律责任。现就本次事故向贵司提出正式索赔。

被保险人（索赔权益人）签章：

年　　　月　　　日

特别申明：

1. 本索赔申请书是被保险人就所投保险险种向保险人提出索赔的书面凭证。

2. 保险人受理报案、现场查勘、估损核损、参与诉讼、进行抗辩、向被保险人提供专业建议等行为，均不构成保险人对赔偿责任的承诺。

（3）拍摄事故现场照片

①事故现场拍摄的基本要求。

a. 数码相机的日期顺序调整为年、月、日。

b. 数码照片显示日期必须与拍摄日期一致，严禁以各种理由调整相机日期。

c. 照相机的焦距调整准确，光线使用适当。

d. 数码相机像素调整为 480px×640px。

e. 应多用横向拍摄，尽量避免使用立式拍摄，如图5.3.1、图5.3.2所示。

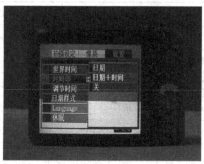

图5.3.1　显示日期设定

图5.3.2　横向拍摄

②事故现场照相内容。

a. 现场方位、概览、中心（重点）、细目照相。

b. 现场环境、痕迹勘验、人体(伤痕)照相。

c. 道路及交通设施、地形、地物照相。

d. 分离痕迹、表面痕迹、路面痕迹、衣着痕迹、遗留物、受损物规格(编码)照相。

e. 车辆检验(车架号、发动机号)、两证(行驶证、驾驶证)检验照相。

③定损核价照相步骤。

现场方位→现场概貌→重点部位→损失细目,这四个步骤的照片要彼此关联,相互印证。

④事故现场照相原则。

a. 先拍摄原始状况,后拍摄变动状况。

b. 先拍摄现场路面痕迹,后拍摄车辆上的痕迹。

c. 先拍摄易破坏、易消失的痕迹,后拍摄不易破坏、不易消失的痕迹。

总之,要根据定损核价实际情况要求,既能说明事故的保险责任,又能详细反映事故损失,灵活运用、采取交叉拍摄的方法。

⑤事故现场照片要求。

A. 交通事故照相目的。

a. 完整客观地反映事故现场环境及状况。

b. 具体表现现场形态。照片应能够把现场的道路环境、路幅宽度、交通设施状况、肇事车辆的型号、号牌、停车位置、视野和视距条件、制动距离、尸体位置以及相互关系反映出来。

c. 利用照相技术把事故现场路面和车辆上的痕迹物证,完好无缺地拍摄下来,供事故分析研究使用。

d. 真实记录车辆的损伤情况。

B. 照相的要求。

现场照片要作为公正、客观地认定事故责任的依据,作为车辆理赔的依据,甚至可能要作为刑事或民事诉讼的证据。

a. 现场照相的内容应当与道路交通事故现场查勘笔录和现场测绘图的有关记载一致。

b. 现场照相不得有艺术夸张,要客观、真实、全面地反映被摄对象。

c. 拍摄时要求使用标准镜头,以增强真实感。

C. 事故现场照相的分类和方法。

照相的基本顺序是首先拍摄现场的方位,其次拍摄现场概貌,然后拍摄现场的重点部位,最后拍摄现场的细微之处。

a. 现场方位照相。现场方位照相要求能够反映事故现场的方位及周围环境的关系。现场方位可通过拍摄表现现场位置的物体,如界碑、里程碑、百米桩、电线杆等;周围环境反映:公路类型是城市、乡村或城区公路等;现场地形是山区、平原、桥梁、隧道、交叉路口等;道路线形是弯道、上坡、下坡等。现场拍摄涉及的范围比较广,为明确显示现场的方位,应采用俯视拍摄,可以采用高架梯或借助附近楼房,以表现全场概况。夜间拍摄时可采用大型照明设备,若不具备条件,可封闭道路,等白天拍摄。

b. 现场概貌照相。现场概貌照片应能够反映出现场范围的大小,现场物体的种类和数量,道路宽度和路面性质,还能反映事故形态和事故损害的后果情况。与现场方位照相相

比,现场概貌照相仅限于事故现场的车和物,范围比较小。根据实际情况,现场概貌的拍摄常用以下几种方法:

● 相向拍摄法:以被摄对象为中心,从相对的两个方向由外侧拍向现场中心,着重反映现场环境与物体痕迹的相互关系,如现场车辆、尸体与两侧路面上的各种痕迹物证。

● 多向拍摄法:以被摄对象为中心,从多个方向向现场中心拍摄,常用于一些重大交通事故,现场痕迹物证比较分散的情况。

● 侧向位拍摄法:当事故现场范围较大时,即使使用广角镜头也不能拍摄现场全貌,可远距离架设相机,采用平行回转连续照相法拍摄现场全貌。

c. 现场中心照相。现场中心照相的目的是将现场上主要物体和重点部位的特征表现出来,如肇事车辆、接触部位、制动印迹、血迹、尸体等相互关系。一般现场中心照相所反映的状态特征,随查勘的进行而深入。

d. 现场细目照相。现场细目照相的目的是独立反映人、车、物的痕迹、形状、大小等个体特征的物证照相。细目照相时,可以根据现场拍摄条件及要求移动被摄物体,以达到理想拍摄效果,使照片具有立体感、真实感和质感。拍摄时照相机光轴应与被摄物体垂直。

e. 痕迹勘验照相。痕迹勘验照相是用来固定、记录现场和人、车、物体上遗留下的各种痕迹,为事故处理、刑事和民事诉讼提供重要证据材料。交叉运用现场中心照相和细目照相方式拍摄各种痕迹物证,拍摄时为了有效地表示痕迹的长度,应当在被摄物体一侧同一平面放置比例尺或卷尺。

f. 碰撞痕迹照相。客体碰撞痕迹表现为凹陷、隆起、变形、断裂、穿孔、破裂等特征,拍摄时应根据情况而定。拍摄断裂痕迹时,特别注意断口特征,以区别是撞击断裂还是疲劳断裂。拍摄破碎痕迹时,应注意拍摄原碎片在现场上的原始状态,以帮助分析确认碰撞接触点。拍摄凹陷、隆起痕迹时,照片应能够清楚地表现痕迹的形状、大小、深浅、受力方向、颜色、质感、位置等特征。所以要注意光线强度及拍摄角度的使用,以利用阴影显示痕迹的特征。一般凹陷越深,入射光线角度越大;凹陷越浅,入射光线角度越小。

g. 刮擦痕迹的拍照。刮擦痕迹是平面痕迹,没有明显的客体变形。拍摄时光照应均匀,对反差微弱的痕迹,应用微光或反射光拍摄。可以采用滤色镜突出物体色调,加强照片的反差。

h. 拍摄路面痕迹。路面痕迹是证明车辆、人员在事故中的运动轨迹和状态的可靠依据。拍摄路面痕迹时,要注意拍摄痕迹在路面上的特定位置和起止点到路边的距离,拍摄痕迹的形态、深浅、受力方向及其与造型客体痕迹的相互位置。拍摄路面痕迹时,运用现场中心照相方式,选择合适的拍摄位置,合理构图,清楚表达两客体的相互位置关系。拍摄痕迹物证到路边的距离时,照相机主光轴要垂直于被摄距离,这样才能正确反映被摄距离。运用细目照相方式,选择合适角度拍摄。

i. 车辆检验照相。车辆检验照相的目的是根据道路交通事故鉴定以及车辆保险理赔的需要,运用中心照相和细目照相方式,拍摄车辆的号牌、车型以及车辆碰撞、刮擦损坏的外貌、总成及零部件的损伤情况等。车辆检验照相内容包括车辆号牌和车型、车廓外部损伤照相、车辆解剖照相、零件损伤情况拍照。

● 拍摄车辆号牌和车型(图5.3.3—图5.3.5)。目的是对事故车辆身份进行确定。不能正面拍摄,应选择合适的角度,一般照射角度与车辆中轴线成30°~45°。如果车辆前保险杠或号牌损坏,可以先拍摄车辆后部,然后将后面号牌拆下,与前号牌一起放在车前部合适位置拍照。

* 车辆外部损伤照相(图5.3.6、图5.3.7)。车辆发生碰撞、刮擦事故后,需要对事故车辆的损伤情况进行拍照记录,为交通事故赔偿及保险理赔程序提供依据。拍照损伤时,应注意拍照的角度及用光,应能正确地反映损伤部位、损伤的程度、损伤涉及的零部件种类和名称。若一个角度不能全面反映出零件的损伤情况,可以选择不同的角度拍摄。

* 车辆解剖照相(图5.3.8)。在车辆估损的过程中,如果仅凭车辆外部损伤照相不能如实地反映其损伤程度,就需要对事故车辆进行解剖,以查明车辆内部的损伤情况,确定损失价值,通过内部损伤的形成原因,分析确认导致事故的原因。拍照时,应根据事故车辆的损伤情况和解剖进度确定拍照的位置和数量,以保证客观、完整地反映事故车辆的损伤情况、种类和名称。若一个角度不能全面反映出零件的损伤情况,可以选择不同的角度拍摄。

* 零件损伤情况拍照。在进行车辆的解体检验过程中,应对零件损伤断面进行检验拍照,目的是确定零件的损坏原因,以确认是否属于保险赔付范围。事故车零件的损坏有以下两种情况:一是因撞击力超过零件的强度而损坏;二是由自然磨损或零件疲劳造成损坏。

图5.3.3 前侧方45°图

图5.3.4 后侧方45°图

图5.3.5 车辆铭牌照片

图5.3.6 局部受损照片

图 5.3.7　局部受损的特写照片　　　　图 5.3.8　局部受损细目照片

（4）确认保险标的

①核实出险车辆的车牌号、发动机号、车架号或车辆识别编码，特别注意车架号（VIN码）是否与保单相符，确认出险车辆是否为承保标的，并用数码相机拍摄车架号；若出险车辆非承保标的，或明显不属于保险责任范围，应及时调查取证、必要时现场向报案人（或被保险人）做问询笔录并由当事人签名确认；对于套牌的进口车、改装车、特种车，要注明国产型号和原厂车型，对有关特征作出必要的说明。

②核实出险车辆的行驶证记录与出险车辆是否一致，是否年审合格，并作好记录，异常情况复印留存。

③核对保单记录与出险车辆是否一致，如不一致，现场应做好详细的证据资料记录和现场问询笔录并由当事人签名确认，形成查勘书面材料，并向所在机构查勘定损相关管理人员报告，按指示处理。

（5）现场调查取证

查勘定损人员做好各项查勘准备后，便可以开始现场查勘工作了。现场查勘人员必须按照"机动车辆保险事故现场查勘记录"所规定的项目逐项查勘，主要查勘内容包括：

①查验客户提供的保险证或保险单，进行保险情况的确认。

②查明出险时间。了解确切出险时间是否在保险有效期限内，对接近保险起讫期出险的案件，应特别慎重，认真查实。要详细了解车辆启程或返回的时间、行驶路线、委托运输单位的装卸货物时间、伤者住院治疗的时间等，以核实出险时间。

③查明出险地点。查明出险地点与保险单约定的行驶区域范围是否相符。对擅自移动现场或谎报出险地点的，要查明原因。

④查明出险车辆情况。查实肇事保险车辆及第三方车辆车型、号牌号码、发动机号码、VIN码/车架号码，详细记录事故双方车辆已行驶公里数，并与保险单、证（或批单）及行驶证核对是否相符。

⑤查实车辆的使用性质。查实保险车辆出险时使用性质与保单载明的是否相符，以及是否运载危险品、车辆结构有无改装或加装。

⑥查清驾驶人员姓名、驾驶证号码、准驾车型、初次领证日期、职业类型等。注意检验驾驶证是否有效；检验驾驶人员是否是被保险人或其允许的驾驶人员或保险合同中约定的驾驶人员；特种车出险要查验是否具备国家有关部门核发的有效操作证；对驾驶营业性车辆的

驾驶人员要查验其是否具有营运驾驶员从业资格证书。

⑦查明出险原因。要深入调查了解，广泛收集证据。对驾驶人员有饮酒、吸食或注射毒品、被药物麻醉后使用保险车辆或无照驾驶、驾驶车辆与驾驶证准驾车型不符、超载等嫌疑时，应立即协同公安交通管理部门获取相关证人证言和检验证明。

⑧确定损失情况。查清受损车辆、货物及其他财产的损失程度，对无法进行施救的货物及其他财产等，必要时应在现场进行定损，注意查清投保新车出厂时车辆标准配置以外是否新增设备；查明各方人员伤亡情况，估计损失金额。

⑨查明责任划分情况。要查清事故各方所承担的责任比例，同时还应注意了解保险车辆有无在其他公司重复保险的情况，以便理赔计算时按责赔付和其他公司分摊赔款。

⑩重大赔案应绘制机动车辆保险事故现场草图。

⑪询问记录。对重大复杂的或有疑问的案件，要走访有关现场见证人或知情人，弄清真相，做出询问记录，并由被询问人过目签字。

⑫拍摄事故现场和受损标的照片。凡涉及车辆和财产损失的案件，必须进行拍照。照片中应有反映事故现场全貌的概貌照片，还要有反映受损车辆及受损财产部位和程度的细目照片。

⑬对于接报案中心告知需认真查实的同一保险车辆出险时间接近的案件，须认真核查两起（或多起）案件的详细情况，尤其要核对事故车辆的损失部位和损失痕迹。对于相关案件痕迹相符或相似的情况，一方面应立即查验相关案件的事故现场、清理情况记录等，另一方面应向上起案件的现场查勘人员了解有关情况，以最终确定是否属于重复报案案件。

(6) 告知客户索赔事项

①查勘定损人员现场查勘，将《索赔书》交给保险人及其授权代表填写及确认；若保险车辆属单位所有，《索赔书》《赔款收据及权益转让书》《委托书》需要盖公章，要求报案人带回单位盖章后与索赔资料一起交回。

②查勘定损人员根据承保信息及事故损失情况，确定拟赔付险别，将索赔须知及所需单证清单、《赔款收据及权益转让书》《委托书》等资料交给报案人，详细告知理赔流程、所需单证及其他注意事项，并请客户签收。

③交警立案处理的案件，除完成上述①、②项工作外，应向客户说明交通事故处理流程，重点说明对于事故损失，保险人是按责任比例赔付，事故损失以修复为原则由保险人根据维修市场行情据实核定，不是完全以事故现场损失鉴定价格为准，对损失鉴定价格有异议的，应及时申请复议。

(7) 现场损失项目确定

①现场调查取证后，向客户了解事故车辆维修情况的选择，客户委托保险查勘救援协作厂维修时，现场尽量将损失部位拍摄完全。

②客户决定自修事故车辆时，简易案件应尽量现场定损核价并出具事故车辆定损报告，现场由当事人或被保险人签名确认，一般案件或超权限案件应尽量在现场将损失拍摄下来，尽可能将看到的损失项目列出来，注明有可能隐藏的损失和部位，向客户了解维修厂家，及时到维修厂查勘定损。

某保险公司机动车辆保险事故现场查勘记录见表5.3.3。

表5.3.3 某保险公司机动车辆保险事故现场查勘记录

保险单号码：   报案编号：   立案编号：

保险车辆	厂牌型号：	发动机号：	车辆已行驶里程：		已使用年限：
	号牌号码：	车架号（VIN）：		初次登记日期：	

驾驶员姓名：   驾驶证号码：□□□□□□□□□□□□□□□□□□   职业：

初次领证日期： 年 月 日	性别：□男 □女	年龄：	准驾车型：

查勘时间： 年 月 日 时	查勘地点：	是否第一现场：□是 □否

赔案类别：□一般 □特殊（□简易 □互碰 □救助 □其他）双代（□委托外地查勘 □外地委托查勘）

出险时间： 年 月 日 时	出险地点： 省 市 县

第三方车辆	厂牌型号：	号牌号码：	是否保险： □是 □否	车辆已行驶里程：
	驾驶人员姓名：	驾驶证号： □□□□□□□□□□□□□□□□□□		车辆初次登记日期：
	初次领证日期：	准驾车型：	职业：	车辆已使用年限：

现场查勘时请按右侧所列内容仔细查验并认真完整填写	1. 出险原因:□碰撞 □倾覆 □火灾 □爆炸 □自燃 □外界物体倒塌 □外界物体坠落 □雷击 □暴风 □暴雨 □洪水 □雹灾 □其他（ ）
	2. 事故原因:□制动失灵 □转向失灵 □其他机械故障 □疲劳驾驶 □超速行驶 □违章并线 □逆向行驶 □安全间距不够 □违章装载 □其他违章行驶 □疏忽大意、措施不当 □其他
	3. 事故所涉及险种:□交强险 □车损险 □三者险 □盗抢险 □玻璃单独破碎险 □自燃损失险 □车上人员责任险 □车上货物责任险 □其他（ ）
	4. 保险车辆的号牌号码、发动机号、车架号与保险单上所载明的是否相符 □是 □否
	5. 出险时间是否在保险有效期限内 □是 □否
	6. 出险时间接近保险起讫期的,有无相应时间证明 □有 □无
	7. 出险地点:(1)分类:□高速公路 □普通公路 □城市道路 □乡村便道和机耕道 □场院及其他;(2)与报案人所报是否一致 □是 □否
	8. 实际使用性质与保险单上所载明的是否一致 □是 □否
	9. 保险车辆驾驶人员情况与报案人所述是否一致 □是 □否
	10. 保险车辆驾驶人员的驾驶证是否有效 □是 □否
	11. 保险车辆驾驶人员准驾车型与实际车辆是否相符 □是 □否
	12. 使用各种专用机械车、特种车的人员是否有国家有关部门核发的有效操作证 □是 □否
	13. 驾驶营业性客车的驾驶人员是否有国家有关部门核发的有效资格证书 □是 □否

现场查勘时请按右侧所列内容仔细查验并认真完整填写	14.保险车辆驾驶人员是否为被保险人允许的驾驶人员 □是 □否
	15.保险车辆驾驶人员是否为保险合同约定的驾驶人员 □是 □否 □保险合同未约定
	16.保险车辆驾驶人员是否为酒后驾车 □是 □否
	17.事故车辆损失痕迹与事故现场痕迹是否吻合 □是 □否
	18.保险车辆安全配置情况:□安全气囊 □ABS □倒车雷达 □卫星定位 □其他防盗装置
	19.第三者车辆是否已向其承保公司报案、索赔 □是 □否
	20.事故是否涉及第三方人身伤亡 □是(伤 人,亡 人) □否
	21.事故是否涉及第三方财产损失 □是 □否
	22.事故是否涉及本车上人员伤亡 □是(伤 人,亡 人) □否
	23.确定或预计责任划分:□全部 □主要 □同等 □次要 □无责任 □单方肇事
	24.保险车辆损失程度: □全部损失 □部分损失
	25.其他需要说明的内容:
	是否属于保险责任: □是 □不是 □待确定 (原因是:)
事故估损金额	事故损失金额估计:车辆损失险损失: 第三者损失: 其他损失:

查勘人意见(包括事故经过简单描述和初步责任认定):	询问笔录	张
	绘制草图	张
查勘人签字	事故照片	张

说明:估计损失金额单位为人民币元。第三方车辆不止一辆的,可增加"机动车辆现场查勘记录"用纸。

3.定损、核损

(1)定损的概念

事故车定损与估价是一项技术性很强的工作,要求估损人员掌握必要的物价管理知识、汽车结构和性能方面的专业知识和修理方面的专业知识,并且要具有丰富的实际操作经验,能准确认定车辆、总成和零件的损伤程度,适当掌握"修理和更换"的界限。估损人员应根据事故车辆的损伤情况,准确认定保险赔付范围及赔付方式。对于车辆外覆盖件来说,应以损伤程度和损伤面积为依据,确定修复方法;对于功能件来说,判断零件的更换或修理存在一定的难度,估损人员必须能够灵活应用汽车结构和性能方面的专业知识,准确判定事故与损伤的因果关系。汽车功能零部件性能的下降或受损可能有两方面原因:一是因汽车行驶里程的增加或不正当保养,零部件产生磨损而性能降低;二是在道路交通事故中,由于碰撞力的作用使零部件丧失部分或全部功能。估损人员应正确区分:哪些是车辆本身故障造成的损伤?哪些是车辆正常使用过程中零件自然磨损、老化造成的损伤?哪些是使用、维护不当造成的损伤?哪些是损伤后没有及时进行维护修理致使损伤扩大的?哪些是碰撞直接或间接造成的损伤?然后依照机动车辆保险条款所列明的责任范围,明确事故车辆损伤部位和赔付范围。对于保险赔付责任范围内的损伤,估损人员应当能够按照科学的程序,借助原厂零部件和工时手册或者专业估损手册,进行精确估损。

（2）定损的工作内容

①确定车辆损失。

车辆的损失是由其修复费用具体反映的。修复费用通常由两部分构成:修理工时费和零配件费。工时费由修复过程中需要消耗的时间和工时定额确定,工时费还包括修理过程中的项目费用,如烤漆费用。零配件费用是指必须更换的配件的购买费用。在对车辆进行估价,特别是要更换零配件时,既要考虑保险公司的经济效益,也要考虑事故车辆修复后基本恢复原有性能。

a.定损基本原则。

修理范围仅限于本次事故中造成的车辆损失（包括车身损失、车辆的机械损失）。能修理的零部件尽量修复,不要随意更换;能局部修复的不扩大到整体修理（如喷漆等）;能更换零部件的不更换总成。根据修复的难易程度,参照当地工时费水平,准确确定工时费用和汽车零部件价格。

在核定车辆的损失之前,对于损失情况严重和复杂的,在可能的条件下应对受损车辆进行必要的解体,以保证查勘定损工作能够全面反映损失情况,减少可能存在的隐蔽性损伤部位,尽量减少二次检验定损工作。确定车辆损失是一项技术性很强的工作,同时又是确保修复工作能够顺利进行的基础工作。应与被保险人协商确定送修单位,并协同被保险人和修理厂,对车辆受损部位进行修复时间和所需费用的确定工作,对于涉及第三者责任的,必要时应请第三者或其保险人参与损失确定。

b.定损方法。

区分事故损失与机械损失的界线:对于车辆损失险,保险公司只承担条款载明的保险责任所导致事故损失的经济赔偿。凡因刹车失灵、机械故障、轮胎爆裂以及零部件的锈蚀、腐朽、老化、变形、断裂等所造成的损失,不负赔偿责任。若因这些原因而造成碰撞、倾覆、爆炸等保险责任的,对当时的事故损失部分可予以负责,非事故损失部分不能负责赔偿。

区分新旧碰撞损失的界线:属于本次事故碰撞部位,一般会有脱落的漆皮痕迹和新的金属刮痕;非本次事故的碰撞处往往会有油污和锈迹（个别小事故定损、估价、赔偿后,车主可能未予以修复,应避免重复估价）。

②确定人身伤亡费用。

涉及第三者责任险和车上人员责任险的人员伤亡费用,应根据保险合同的约定和有关法律法规的规定处理。

a.事故结案前,一般情况所有费用均由被保险人先行垫付。待结案后,定损人员应及时审核被保险人提供的公安交通管理部门或法院等机构出具的事故证明,有关法律文书和伤残证明以及各种有关费用的单据。根据交通事故处理有关法律规定,向被保险人说明费用承担的标准。凡被保险人自行承诺或支付的赔偿金额,定损人员应重新核定,对不合理的部分应剔出。

保险可以负责的合理费用包括医疗费(限当地基本医疗保险的药品范畴)、误工费、护理费、丧葬费、死亡补偿费、被抚养人生活费、死亡者直系亲属或合法代理人参加事故处理的误工费、交通费、住宿费。不符合保险赔偿范围的费用:困难补助费、被保险人处理事故时的生活补助费、招待费、事故处理部门扣车后的停车费、各种罚款等。

b. 对车上及第三者人员伤亡的有关情况要进行调查,重点调查被抚养人的情况及生活费、医疗费、残疾鉴定等级等的真实性、合法性和合理性。总之,承担费用的标准,应该符合现行道路交通事故处理的有关法律法规的规定。

③确定其他财产损失。

车辆事故除了导致车辆本身的损失,还可能造成第三者的财产损失和车上承运货物的损失。这些财产损失可能构成第三者车上责任险和货物运输保险项目下的赔偿对象。

④确定施救费用。

施救费用是在发生保险事故之后,被保险人为了减少损失而支出的额外费用。所以施救费用是一种替代费用,其目的是用相对较小的费用支出,减少更大的损失。定损人员在确定施救费用时应遵循以下原则:

a. 施救费用应是保险标的已经受到损失时,为了减少损失或者防止损失的继续扩大而产生的费用。在机动车辆保险中主要是倾覆车辆的起吊费用、抢救车上货物的费用、事故现场的看守费用、临时整理和清理费用以及必要的转运费用。

b. 被保险车辆出险后,雇用吊车或其他车辆进行抢救的费用以及将出险车辆拖运到修理厂的运输费用,按当地物价部门颁布的收费标准予以负责。被保险人使用他人(非专业消防单位)的消防设备,施救被保险车辆所消耗的费用及设备损失可以列为施救费用。

c. 在进行施救过程中,意外事故可能造成被施救对象损失的进一步扩大,造成他人财产的损失以及施救车辆和设施本身的损失。如果施救工作是由被保险人自己或他人义务进行的,只要没有存在故意和重大过失,原则上保险人应予以赔偿。如果施救工作是雇用专业公司进行的,只要没有存在故意和重大过失,原则上应由专业公司自己承担。

d. 被保险车辆发生保险事故后,需要施救的受损财产可能不仅仅局限于保险标的,在这种情况下,施救费用应按照获救价值进行分摊。如果施救对象为受损保险车辆及其所载货物,且施救费用无法区分,则应按保险车辆与货物的痕迹价值进行比例分摊,机动车辆保险人仅负责保险车辆应分摊的部分。

e. 车辆损失险的施救费用是一个单独的保险金额,但是如果施救费用和保护费用、修理费用相加,估计已达到或超过保险车辆的实际价值时,则应作为推定全损案件处理。

⑤残值处理。

残值处理是指保险公司根据保险合同进行了赔偿并取得受损标的的所有权后,对这些受损标的的处理。

通常情况下,对残值的处理均采用协商作价归被保险人的做法,并在保险赔款中予以扣除。

如协商不成,也可以将已经赔偿的受损物资收回。这些受损物资可以委托有关部门进行拍卖处理,处理所得款项应当冲抵赔款。

一时无法处理的,则应交保险公司的损余物资管理部门收回。

(3)维修工时、零配件及其价格

①工时定额和费率。

工时费的计算方式是:

$$工时费＝工时费率×工时定额$$

工时定额是根据修理的项目确定的,在主机厂工时手册或专业估损手册中,通常将工时分为拆卸和更换项目工时、修理项目工时、大修工时、喷漆工时、辅助作业工时等。

工时费率一般随着地域(如经济发达的大城市和中小城市)、修理厂(如一类修理厂、二类修理厂和三类修理厂,4S店和综合型修理厂)、工种(如钣金、机修和漆工)的不同而不同。对于事故车的估损和修理,工时定额和工时费率一般有以下几个来源,可供估损员参考。第一类是在事故车的车型《碰撞估损指南》或主机厂的《工时手册》和《零件手册》中查找工时定额。第二类是各保险公司或公估公司内部使用的工时费限额。第三类是使用各省市汽车维修行业协会及交通局和物价委员会制定的《汽车维修工时定额与收费标准》。

对于部分进口乘用车,可以查阅该车型的《碰撞估损指南》,如MITCHELL公司和MOTOR公司编写的《碰撞估损指南》,里面不仅提供了各总成的拆装和更换工时,部分总成还提供了大修工时,并且考虑到了各部件之间的重叠工时,是比较好用的估损工具。

对于国产车型和部分进口车型,可以按照本书讲述的估损办法,并结合使用各车型主机厂的《工时手册》和《零件手册》,估算修理费用。主机厂的《工时手册》和《零件手册》中一般包含有各总成和零件的更换和拆装工时。

对重叠工时问题的解决,使工时费估算比较准确,能够合理地降低保险公司的理赔费用。而且每一步骤都有据可查,能有效避免车主与修理厂和保险公司或公估公司之间因价格差异较大而产生矛盾。

"拆卸和更换工时"包含的操作有:把损坏的零件或总成从车上拆下来,拆下该零件上的螺栓安装件或卡装件,把它们转移到新件上,然后再把这个新零件或总成安装到车辆上,并调整对齐好。有时为了修理一个受损零件,需要把一个相邻的零件拆下来后再安装上去,这种工时可以称作"拆卸和安装工时"。有时主机厂《工时手册》或《专业估损手册》中也单独给出拆卸和安装工时。注意:它与上面的"拆卸和更换工时"是不同的。

"修理工时"包括的操作有:分解/重新组装、检查、测量、调整、确认、诊断、故障排除(电气系统)等操作的工时。修理工时的确定比"拆卸和更换工时"要复杂得多。零件价格的不同、地域的不同、修理工艺的差异等都可能造成修理工时的不同。

"大修工时"包含的操作有:把一个总成或分总成(如保险杠和悬架)从事故车上拆下来,将其拆解开来检查,更换损坏的部件,然后再重新安装到车辆上,并调整对齐好。对估损人员而言,大修时间实际上是一条计算工时的捷径。各保险公司或公估公司内部使用的工时费限额,由各公司区分不同类别车型,按照拆装、钣金、机修、电工、油漆等实际工作量,根据市场价格确定的工时费用。

由于这种工时费限额只是把车型分成不同的类别,没有具体到每个车型,并且只有常用操作的工时费限额,因此数据量比较小,虽然查找使用方便、直观,但准确性和数据的覆盖范围不如第一类工时定额。这种工时费限额也是目前保险公司和公估公司广泛采用的方法。

此外，很多情况下，可能找不到事故车的主机厂《工时手册》和《零件手册》，或者手册中和保险公司的内部工时定额中没有列出相应的工时，此时也可以参考各地汽车维修主管部门制定的《汽车维修工时定额与收费标准》，从中查找相应的工时数量或工时费标准。

②零配件及其价格。

汽车零件通常有原厂件（或 OEM 件）、副厂件（或售后市场件）和拆车件（或二手件、翻新件、回收件）这几种。

原厂件是指汽车主机厂向其特约维修站或 4S 店提供的配件。也可以直接从主机厂的配套件供应商处购买获取原厂件。原厂件一般质量有保证，但价格较高，而且综合型修理厂有时还难以购买到（因主机厂垄断不公开销售）。

副厂件是指非主机厂或其配套件供应商提供的配件，是汽车配件的另一种重要来源。副厂件一般价格便宜，但其质量问题一直受到质疑，因此很多车主在事故车理赔中拒绝使用副厂件。但近几年来，随着副厂件厂商生产工艺的不断改进，很多副厂件的质量有了很大的提高，有些甚至能够通过非常严格的强制性安全标准测试。

拆车件是指从旧车上拆下来经防腐处理、重新喷漆和翻新后的配件。拆车件一般比原厂新件和副厂件都要便宜很多。对于车身覆盖件使用合格的拆车件也不会影响车辆的安全和美观。尤其对于老旧事故车的修理，使用拆车件显得更为经济和合理，能够大大降低保险公司的理赔费用。

确定需更换的部件后，遵循"有价有市""报供结合"以及"质量对等，价格对等"的原则，来确定配件价格。一般情况下，2 年内新车按正厂价核定，2～4 年车重要部件按正厂价，其他部件可按副厂价核定。配件价格来源：保险公司报价系统、《零件手册》、《估损手册（软件）》、经销商。

（4）人伤案件损失确定

涉及第三者责任险和车上人员责任险的人员伤亡费用，应根据保险合同的约定和有关法律法规的规定处理。

①事故结案前，所有费用均由被保险人先行垫付。待结案后，业务人员应及时审核被保险人提供公安交通管理部门或法院等机构出具的事故证明，有关法律文书和伤残证明以及各种有关费用的单据。根据交通事故处理有关法律规定，向被保险人说明费用承担的标准。凡被保险人自行承诺或支付的赔偿金额，定损人员应重新核定，剔出不合理的部分。

保险可以负责的合理费用包括误工费、医疗费（限公费医疗的药品范畴）、护理费、丧葬费、死亡补偿费、被抚养人生活费、死亡者直系亲属或合法代理人参加事故处理的误工费、交通费、住宿费。不符合保险赔偿范围的费用有精神损失补偿费、困难补助费、营养费、被保险人处理事故时的生活补助费、招待费、事故处理部门扣车后的停车费、各种罚款和其他超过固定的费用等。

②对车上及第三者人员伤亡的有关情况要进行调查，重点调查被抚养人的情况及生活费、医疗费、残疾鉴定证明等的真实性、合法性和合理性。

总之，承担费用的标准，应该符合现行道路交通事故处理的有关法律法规的规定。

4. 赔款理算、核赔

（1）车辆损失保险赔款理算

①按投保时保险车辆的新车购置价确定保险金额。

A. 全部损失。

全部损失是指保险车辆在保险事故中发生整体损毁或受损严重已失去修复价值，即形成了实际全损或推定全损。

a. 保险金额高于保险事故发生时保险车辆的实际价值时，则

$$赔款＝（实际价值－残值）×事故责任比例×（1－免赔率之和）$$

其中，保险事故发生时保险车辆的实际价值按保险事故发生时同种类型车辆市场新车购置价［含车辆购置附加费（税）］减去该车已使用年限折旧后确定。免赔率之和包括依据保险车辆驾驶员在事故中所负事故责任比例而由其自负的免赔率、非约定驾驶员驾驶保险车辆肇事后需要加扣的免赔率、同一保险年度内多次出险每次加扣的免赔率、违反安全装载规定而需要加扣的免赔率等。在确定事故责任比例时，一般按照交警部门判定的事故责任比例判定。如果经过核赔人员认真审核，认为某种赔偿比例更符合实际情况、更为合理，此处的事故责任比例可以用该赔偿比例代替。

b. 保险金额等于或低于实际价值时，则

$$赔款＝（保险金额－残值）×事故责任比例×（1－免赔率之和）$$

如果保险金额低于实际价值，因总残余价值里有一部分是属于保户自保的，所以在计算残值时应予以剔除，即残值应计算为：

$$残值＝总残余价值×（保险金额－实际价值）$$

B. 部分损失。

$$赔款＝（实际修理费用－残值）×事故责任比例×（1－免赔率之和）$$

若赔款大于等于实际价值，则按照实际价值赔付，即赔款＝实际价值

若赔款小于实际价值，则按照实际计算出的赔款赔付。

C. 施救费赔款。

施救费赔款＝实际施救费用×事故责任比例×（保险金额－实际施救财产总价值）×（1－免赔率之和）

②按投保时保险车辆的实际价值确定保险金额或协商确定保险金额的计算。

A. 全部损失。

按投保时保险车辆的新车购置价确定保险金额的全部损失。

a. 保险金额高于保险事故发生时保险车辆的实际价值时，则

$$赔款＝（实际价值－残值）×事故责任比例×（1－免赔率之和）$$

b. 保险金额等于或低于实际价值时，则

$$赔款＝（保险金额－残值）×事故责任比例×（1－免赔率之和）$$

B. 部分损失。

$$赔款＝（实际修理费用－残值）×事故责任比例×（保险金额－$$
$$投保时保险车辆的新车购置价）×（1－免赔率之和）$$

若赔款大于等于实际价值，则按照实际价值赔付，即赔款＝实际价值；若赔款小于实际

价值,则按照实际计算出的赔款赔付。

C. 施救费赔款计算。

施救费赔款=实际施救费用×事故责任比例×(保险金额−实际施救财产总价值)×(保险金额−投保时保险车辆的新车购置价)×(1−免赔率之和)

③保险车辆全部损失后保险合同终止的情况。

a. 保险金额低于投保时保险车辆的实际价值,一次赔款金额与免赔金额之和(不含施救费)达到保险金额的。

b. 保险金额高于投保时保险车辆的实际价值,一次赔款金额与免赔金额之和(不含施救费)达到实际价值的。

④保险车辆部分损失后保险合同继续有效的情况。

保险金额高于投保时保险车辆的实际价值,一次赔款金额与免赔金额之和(不含施救费)达到保险事故发生时保险车辆的实际价值且未达到保险金额的,在保险车辆修复并经保险人验车同意后保险责任合同继续有效至保险合同终止日,但保险人不退还保险车辆修理期间的保险费。

(2)第三者责任险的赔款计算

第三者责任险的赔偿金额,按照道路交通事故处理办法规定的赔偿范围、项目和标准以及保险合同中的约定进行确定和计算。

①当被保险人按事故责任比例应承担的赔偿金额超过责任限额时,则

$$赔款=责任限额×(1−免赔率之和)$$

②当被保险人按事故责任比例应承担的赔偿金额低于责任限额时,则

$$赔款=应承担的赔偿金额×(1−免赔率之和)$$

(3)车辆损失险及第三者责任险赔款计算应注意事项

赔款计算依据交通管理部门出具的《道路交通事故责任认定书》以及据此做出的《道路交通事故损害赔偿调解书》。

当调解结果与责任认定书不一致时,对于调解结果中认定的超出被保险人责任范围内的金额,保险人不予赔偿;对于被保险人承担的赔偿金额低于其应按责赔偿的金额的,保险人只对被保险人实际赔偿的金额在限额内赔偿。

对于不属于保险合同中规定的赔偿项目,但被保险人已自行承诺或支付的费用,保险人不予承担。

法院判决被保险人应赔偿第三者的金额,如精神损失赔偿费等保险人不予承担。

保险人对第三者责任事故赔偿后,对受害第三者的任何赔偿费用的增加不再负责。

车辆损失的残值确定,应以车辆损失部分的零部件残值计算。

(4)全车盗抢险赔款计算

①全部损失:

$$赔款=保险金额×(1−免赔率之和)$$

②部分损失:

$$赔款=(实际修理费用−残值)×(1−免赔率之和)$$

赔款金额不得超过本险种保险金额,对发生全车盗抢险后破案找回车辆有关费用的

计算。

（5）附加险赔款理算

①玻璃单独破碎险

$$赔款＝实际修理费用$$

②火灾、爆炸、自燃损失险

a. 全部损失：

$$全部损失赔款＝（保险金额－残值）×（1－20\%）$$

b. 部分损失：

$$赔款＝（实际修理费用－残值）×（1－20\%）$$

其中，赔款金额不得超过该险种保险金额。

c. 施救费用。施救费用以不超过保险金额为限，其计算方法如下：

$$赔款＝实际修理费用×（保险财产价值－实际施救财产总价值）×（1－20\%）$$

③自燃损失险。

a. 全部损失：

$$赔款＝（保险金额－残值）×（1－20\%）$$

b. 部分损失：

$$赔款＝（实际修理费用－残值）×（1－20\%）$$

赔款金额不得超过本险种保险金额。

c. 施救费用。施救费用以不超过保险金额为限，其计算方法如下：

$$赔款＝实际施救费用×（保险财产价值－实际施救财产总价值）×（1－20\%）$$

④车身划痕损失险。在保险金额内按实际损失计算赔偿，并使用批单冲减保险金额，则

$$赔款＝实际损失费用$$

如果在保险期限内，赔款累计达到本险种保险金额，本险种保险责任终止。

⑤车辆停驶损失险。

A. 全部损失。

$$赔款＝保险合同中约定的日赔偿金额×（保险合同中约定的最高赔偿天数－1）$$

B. 部分损失。在计算赔偿天数时，首先比较《机动车辆保险车辆损失情况确认书》中约定的修理天数和实际修理天数，两者时间以短者为准。即《机动车辆保险车辆损失情况确认书》中约定的修理天数大于或等于实际修理天数，以实际修理天数为计算基础；《机动车辆保险车辆损失情况确认书》中约定的修理天数小于实际修理天数，以《机动车辆保险车辆损失情况确认书》中约定的修理天数为计算基础减一天。

a. 赔偿天数未超过保险合同中约定的最高赔偿天数，则

$$赔款＝保险合同中约定的日赔偿金额×（赔偿天数－1）$$

b. 赔偿天数超过保险合同中约定的最高赔偿天数，则

$$赔款＝保险合同中约定的日赔偿金额×（保险合同中约定的最高赔偿天数－1）$$

赔偿后，使用批单批改保险合同中约定的最高赔偿天数。在保险期限内，赔款金额累计达到保险单载明的保险金额，本附加险保险责任终止。

⑥车上货物责任险。

车上货物责任险赔款按以下情况计算：

a.当被保险人按事故责任比例应承担的车上货物损失金额未超过保险合同载明的责任限额时,则

$$赔款=应承担的赔偿金额×（1-20\%）$$

b.当被保险人按事故责任比例应承担的车上货物损失金额超过保险合同载明的责任限额时,则

$$赔款=责任限额×（1-20\%）$$

⑦不计免赔特约条款。

赔款按下式计算：

$$赔款=一次赔款中已承保且出险的各险种免赔额之和$$

出现下列情况被保险人自行承担的免赔额,保险人不负责赔偿：

a.车辆损失保险中应当由第三方负责赔偿而确实无法找到第三方的。

b.因违反安全装载规定加扣的。

c.同一保险年度内多次出险,每次加扣的。

d.附加抢险或附加火灾、爆炸、自燃损失险或附加自燃损失险中规定的。

e.对家庭自用车保险合同中约定驾驶人员的,保险事故发生时由非约定驾驶人员驾车而加扣的。

(6)核赔

①核赔工作的流程。

在经过赔款理算之后,要根据有关单证缮制赔款计算书。首先由相关工作人员制作《机动车辆保险赔款计算书》和《机动车辆保险结案报告书》。《机动车辆保险赔款计算书》各栏要详细录入,项目要齐全,数字要正确,损失计算要分险种、分项目计算并列明计算公式,应注意免赔率要分险种计算。《机动车辆保险赔款计算书》一式两份,经办人员要盖章、注明缮制日期。业务负责人审核无误后,在《机动车辆保险赔款计算书》上签注意见和日期,送核赔人。

核赔是在授权范围内独立负责理赔质量的人员,按照保险条款及保险公司内部有关规章制度对赔案进行审核的工作。核赔的主要工作内容包括审核单证、核定保险责任、审核赔款计算、核定车辆损失及赔款、核定人员伤亡及赔款、核定其他财产损失及赔偿、核定施救费用等。核赔是对整个赔案处理过程进行控制。核赔对理赔质量的控制体现在:一是及时了解保险标的出险原因、损失情况,对重大案件,应参与现场查勘;二是审核、确定保险责任;三是核定损失;四是审核赔款计算。核赔流程如图5.3.9所示。

②车险核赔的主要内容。

a.审核单证。

审核被保险人按规定提供的单证、经办人员填写赔案的有关单证是否齐全、准确、规范和全面。

b.核定保险责任。

核定保险责任包括被保险人与索赔人是否相符;驾驶员是否为保险合同约定的驾驶员;

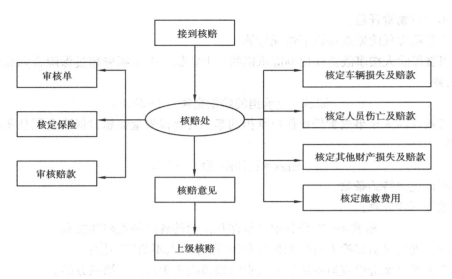

图 5.3.9　核赔操作流程

出险车辆的厂牌型号、牌照号码、发动机号、车架号与保险单证是否相符;出险原因是否属于保险责任;出险时间是否在保险期限内;事故责任划分是否准确合理;赔偿责任是否与承保险别相符等。

c. 核定车辆损失及赔款。

核定车辆损失及赔款包括车辆定损项目、损失程度是否准确、合理;更换零部件是否按规定进行了询报价,定损项目与报价项目是否一致;换件部分拟赔款金额是否与报价金额相符;残值确定是否合理等。

d. 核定人员伤亡及赔款。

根据查勘记录、调查证明和被保险人提供的《事故责任认定书》《事故调解书》和伤残证明,依照国家有关道路交通事故处理的法律、法规规定和其他有关规定进行审核;核定伤亡人员数、伤残程度是否与调查情况和证明相符;核定人员伤亡费用是否合理;被抚养人口、年龄是否真实,生活费计算是否合理、准确等。

e. 核定其他财产损失赔款。

根据照片和被保险人提供的有关货物、财产的原始发票等有关单证,核定财产损失、损余物资处理等有关项目和赔款。

f. 核定施救费用。

根据案情和施救费用的有关规定,核定施救费用有效单证和金额。

g. 审核赔付计算。

审核残值是否扣除、免赔率使用是否正确、赔款计算是否准确等。

如果上级公司对下一级进行核赔,应侧重审核:普通赔案的责任认定和赔款计算的准确性;有争议赔案的旁证材料是否齐全有效;诉讼赔案的证明材料是否有效;保险公司的理由是否成立、充分;拒赔案件是否有充分证据和理由等。

结案时《机动车辆保险赔款计算书》上赔款的金额必须是最终审批金额。在完善各种核赔和审批手续后,方可签发《机动车辆保险领取赔款通知书》通知被保险人。

③核赔的退回处理。

核赔人按照审核要求进行赔案审核,重点审核相关环节是否按照要求进行案件的处理,结合各环节的案件处理信息和承保情况综合考虑,给出最终赔付意见。对于无异议的案件,经核赔人核赔同意,案件将自动结案转入支付环节;若核赔人对案件有异议,应退回前端相应环节责任人进行进一步处理。当核赔退回的问题得到完全处理后再发送核赔审核,核赔确认处理无误后方可核赔通过,案件结案。核赔退回问题时应对问题说明清楚,以便问题处理人理会;相关问题责任人对于核赔退回案件应及时处理,问题处理完毕后应及时回复,回复时应针对核赔退回的问题作处理说明。常见的退回问题及处理方式见表5.3.4。

表5.3.4　常见核赔退回列举

常见问题类型示例	责任人	退回用语示例	回复用语示例
单证不全	缮制人员	缺××单证	××单证已补
理算错误	缮制人员	××险种计算错误	计算错误已修改(并上传错误计算公式)
验标信息不全	查勘定损人员	缺车架号(或车牌、发动机号)	××已上传
损失项目异议	核损人员	××更换不合理	××已删除,做修复处理
项目价格异议	核损人员	××价格偏高	价格已修改
事故真实性异议	核损或调查人员	事故真实性异议,请调查	事故已调查,调查报告已上传
保险责任异议	客服人员	驾驶证年审不合格,不属于保险责任	案件已拒赔
其他	—	—	—

任务四　机动车商业保险示范条款(2020版)

中国保险行业协会机动车商业保险示范条款(2020版)

总则

第一条　本保险条款分为主险、附加险。

主险包括机动车损失保险、机动车第三者责任保险、机动车车上人员责任保险共三个独立的险种,投保人可以选择投保全部险种,也可以选择投保其中部分险种。保险人依照本保险合同的约定,按照承保险种分别承担保险责任。

附加险不能独立投保。附加险条款与主险条款相抵触的,以附加险条款为准,附加险条款未尽之处,以主险条款为准。

第二条　本保险合同中的被保险机动车是指在中华人民共和国境内(不含港、澳、台地区)行驶,以动力装置驱动或者牵引,上道路行驶的供人员乘用或者用于运送物品以及进行专项作业的轮式车辆(含挂车)、履带式车辆和其他运载工具,但不包括摩托车、拖拉机、特种车。

第三条 本保险合同中的第三者是指因被保险机动车发生意外事故遭受人身伤亡或者财产损失的人,但不包括被保险机动车本车车上人员、被保险人。

第四条 本保险合同中的车上人员是指发生意外事故的瞬间,在被保险机动车车体内或车体上的人员,包括正在上下车的人员。

第五条 本保险合同中的各方权利和义务,由保险人、投保人遵循公平原则协商确定。保险人、投保人自愿订立本保险合同。

除本保险合同另有约定外,投保人应在保险合同成立时一次交清保险费。保险费未交清前,本保险合同不生效。

第一章 机动车损失保险

保险责任

第六条 保险期间内,被保险人或被保险机动车驾驶人(以下简称"驾驶人")在使用被保险机动车过程中,因自然灾害、意外事故造成被保险机动车直接损失,且不属于免除保险人责任的范围,保险人依照本保险合同的约定负责赔偿。

第七条 保险期间内,被保险机动车被盗窃、抢劫、抢夺,经出险地县级以上公安刑侦部门立案证明,满60天未查明下落的全车损失,以及因被盗窃、抢劫、抢夺受到损坏造成的直接损失,且不属于免除保险人责任的范围,保险人依照本保险合同的约定负责赔偿。

第八条 发生保险事故时,被保险人或驾驶人为防止或者减少被保险机动车的损失所支付的必要的、合理的施救费用,由保险人承担;施救费用数额在被保险机动车损失赔偿金额以外另行计算,最高不超过保险金额。

责任免除

第九条 在上述保险责任范围内,下列情况下,不论任何原因造成被保险机动车的任何损失和费用,保险人均不负责赔偿:

(一)事故发生后,被保险人或驾驶人故意破坏、伪造现场,毁灭证据;

(二)驾驶人有下列情形之一者:

1.交通肇事逃逸;

2.饮酒、吸食或注射毒品、服用国家管制的精神药品或者麻醉药品;

3.无驾驶证,驾驶证被依法扣留、暂扣、吊销、注销期间;

4.驾驶与驾驶证载明的准驾车型不相符合的机动车。

(三)被保险机动车有下列情形之一者:

1.发生保险事故时被保险机动车行驶证、号牌被注销;

2.被扣留、收缴、没收期间;

3.竞赛、测试期间,在营业性场所维修、保养、改装期间;

4.被保险人或驾驶人故意或重大过失,导致被保险机动车被利用从事犯罪行为。

第十条 下列原因导致的被保险机动车的损失和费用,保险人不负责赔偿:

(一)战争、军事冲突、恐怖活动、暴乱、污染(含放射性污染)、核反应、核辐射;

(二)违反安全装载规定;

（三）被保险机动车被转让、改装、加装或改变使用性质等，导致被保险机动车危险程度显著增加，且未及时通知保险人，因危险程度显著增加而发生保险事故的；

（四）投保人、被保险人或驾驶人故意制造保险事故。

第十一条　下列损失和费用，保险人不负责赔偿：

（一）因市场价格变动造成的贬值、修理后因价值降低引起的减值损失；

（二）自然磨损、朽蚀、腐蚀、故障、本身质量缺陷；

（三）投保人、被保险人或驾驶人知道保险事故发生后，故意或者因重大过失未及时通知，致使保险事故的性质、原因、损失程度等难以确定的，保险人对无法确定的部分，不承担赔偿责任，但保险人通过其他途径已经知道或者应当及时知道保险事故发生的除外；

（四）因被保险人违反本条款第十五条约定，导致无法确定的损失；

（五）车轮单独损失，无明显碰撞痕迹的车身划痕，以及新增加设备的损失；

（六）非全车盗抢、仅车上零部件或附属设备被盗窃。

免赔额

第十二条　对于投保人与保险人在投保时协商确定绝对免赔额的，保险人在依据本保险合同约定计算赔款的基础上，增加每次事故绝对免赔额。

保险金额

第十三条　保险金额按投保时被保险机动车的实际价值确定。

投保时被保险机动车的实际价值由投保人与保险人根据投保时的新车购置价减去折旧金额后的价格协商确定或其他市场公允价值协商确定。

折旧金额可根据本保险合同列明的参考折旧系数表确定。

赔偿处理

第十四条　发生保险事故后，保险人依据本条款约定在保险责任范围内承担赔偿责任。赔偿方式由保险人与被保险人协商确定。

第十五条　因保险事故损坏的被保险机动车，修理前被保险人应当会同保险人检验，协商确定维修机构、修理项目、方式和费用。无法协商确定的，双方委托共同认可的有资质的第三方进行评估。

第十六条　被保险机动车遭受损失后的残余部分由保险人、被保险人协商处理。如折归被保险人的，由双方协商确定其价值并在赔款中扣除。

第十七条　因第三方对被保险机动车的损害而造成保险事故，被保险人向第三方索赔的，保险人应积极协助；被保险人也可以直接向保险人索赔，保险人在保险金额内先行赔付被保险人，并在赔偿金额内代位行使被保险人对第三方请求赔偿的权利。

被保险人已经从第三方取得损害赔偿的，保险人进行赔偿时，相应扣减被保险人从第三方已取得的赔偿金额。

保险人未赔偿之前，被保险人放弃对第三方请求赔偿的权利的，保险人不承担赔偿责任。

被保险人故意或者因重大过失致使保险人不能行使代位请求赔偿的权利的，保险人可以扣减或者要求返还相应的赔款。

保险人向被保险人先行赔付的，保险人向第三方行使代位请求赔偿的权利时，被保险人应当向保险人提供必要的文件和所知道的有关情况。

第十八条　机动车损失赔款按以下方法计算：

（一）全部损失

赔款＝保险金额－被保险人已从第三方获得的赔偿金额－绝对免赔额

（二）部分损失

被保险机动车发生部分损失，保险人按实际修复费用在保险金额内计算赔偿：

赔款＝实际修复费用－被保险人已从第三方获得的赔偿金额－绝对免赔额

（三）施救费

施救的财产中，含有本保险合同之外的财产，应按本保险合同保险财产的实际价值占总施救财产的实际价值比例分摊施救费用。

第十九条　被保险机动车发生本保险事故，导致全部损失，或一次赔款金额与免赔金额之和（不含施救费）达到保险金额，保险人按本保险合同约定支付赔款后，本保险责任终止，保险人不退还机动车损失保险及其附加险的保险费。

第二章　机动车第三者责任保险

保险责任

第二十条　保险期间内，被保险人或其允许的驾驶人在使用被保险机动车过程中发生意外事故，致使第三者遭受人身伤亡或财产直接损毁，依法应当对第三者承担的损害赔偿责任，且不属于免除保险人责任的范围，保险人依照本保险合同的约定，对于超过机动车交通事故责任强制保险各分项赔偿限额的部分负责赔偿。

第二十一条　保险人依据被保险机动车一方在事故中所负的事故责任比例，承担相应的赔偿责任。

被保险人或被保险机动车一方根据有关法律法规选择自行协商或由公安机关交通管理部门处理事故，但未确定事故责任比例的，按照下列规定确定事故责任比例：

被保险机动车一方负主要事故责任的，事故责任比例为70%；

被保险机动车一方负同等事故责任的，事故责任比例为50%；

被保险机动车一方负次要事故责任的，事故责任比例为30%。

涉及司法或仲裁程序的，以法院或仲裁机构最终生效的法律文书为准。

责任免除

第二十二条　在上述保险责任范围内，下列情况下，不论任何原因造成的人身伤亡、财产损失和费用，保险人均不负责赔偿：

（一）事故发生后，被保险人或驾驶人故意破坏、伪造现场，毁灭证据；

（二）驾驶人有下列情形之一者：

1. 交通肇事逃逸；

2. 饮酒、吸食或注射毒品、服用国家管制的精神药品或者麻醉药品；

3. 无驾驶证，驾驶证被依法扣留、暂扣、吊销、注销期间；

4. 驾驶与驾驶证载明的准驾车型不相符合的机动车；

5. 非被保险人允许的驾驶人。

（三）被保险机动车有下列情形之一者：

1. 发生保险事故时被保险机动车行驶证、号牌被注销的；

2. 被扣留、收缴、没收期间；

3. 竞赛、测试期间，在营业性场所维修、保养、改装期间；

4. 全车被盗窃、被抢劫、被抢夺、下落不明期间。

第二十三条　下列原因导致的人身伤亡、财产损失和费用，保险人不负责赔偿：

（一）战争、军事冲突、恐怖活动、暴乱、污染（含放射性污染）、核反应、核辐射；

（二）第三者、被保险人或驾驶人故意制造保险事故、犯罪行为，第三者与被保险人或其他致害人恶意串通的行为；

（三）被保险机动车被转让、改装、加装或改变使用性质等，导致被保险机动车危险程度显著增加，且未及时通知保险人，因危险程度显著增加而发生保险事故的。

第二十四条　下列人身伤亡、财产损失和费用，保险人不负责赔偿：

（一）被保险机动车发生意外事故，致使任何单位或个人停业、停驶、停电、停水、停气、停产、通信或网络中断、电压变化、数据丢失造成的损失以及其他各种间接损失；

（二）第三者财产因市场价格变动造成的贬值，修理后因价值降低引起的减值损失；

（三）被保险人及其家庭成员、驾驶人及其家庭成员所有、承租、使用、管理、运输或代管的财产的损失，以及本车上财产的损失；

（四）被保险人、驾驶人、本车车上人员的人身伤亡；

（五）停车费、保管费、扣车费、罚款、罚金或惩罚性赔款；

（六）超出《道路交通事故受伤人员临床诊疗指南》和国家基本医疗保险同类医疗费用标准的费用部分；

（七）律师费，未经保险人事先书面同意的诉讼费、仲裁费；

（八）投保人、被保险人或驾驶人知道保险事故发生后，故意或者因重大过失未及时通知，致使保险事故的性质、原因、损失程度等难以确定的，保险人对无法确定的部分，不承担赔偿责任，但保险人通过其他途径已经知道或者应当及时知道保险事故发生的除外；

（九）因被保险人违反本条款第二十八条约定，导致无法确定的损失；

（十）精神损害抚慰金；

（十一）应当由机动车交通事故责任强制保险赔偿的损失和费用。

保险事故发生时，被保险机动车未投保机动车交通事故责任强制保险或机动车交通事故责任强制保险合同已经失效的，对于机动车交通事故责任强制保险责任限额以内的损失和费用，保险人不负责赔偿。

责任限额

第二十五条　每次事故的责任限额，由投保人和保险人在签订本保险合同时协商确定。

第二十六条　主车和挂车连接使用时视为一体，发生保险事故时，由主车保险人和挂车保险人按照保险单上载明的机动车第三者责任保险责任限额的比例，在各自的责任限额内承担赔偿责任。

赔偿处理

第二十七条　保险人对被保险人或其允许的驾驶人给第三者造成的损害，可以直接向该第三者赔偿。

被保险人或其允许的驾驶人给第三者造成损害,对第三者应负的赔偿责任确定的,根据被保险人的请求,保险人应当直接向该第三者赔偿。被保险人怠于请求的,第三者就其应获赔偿部分直接向保险人请求赔偿的,保险人可以直接向该第三者赔偿。

被保险人或其允许的驾驶人给第三者造成损害,未向该第三者赔偿的,保险人不得向被保险人赔偿。

第二十八条 发生保险事故后,保险人依据本条款约定在保险责任范围内承担赔偿责任。赔偿方式由保险人与被保险人协商确定。

因保险事故损坏的第三者财产,修理前被保险人应当会同保险人检验,协商确定维修机构、修理项目、方式和费用。无法协商确定的,双方委托共同认可的有资质的第三方进行评估。

第二十九条 赔款计算

(一)当(依合同约定核定的第三者损失金额-机动车交通事故责任强制保险的分项赔偿限额)×事故责任比例等于或高于每次事故责任限额时:

$$赔款=每次事故责任限额$$

(二)当(依合同约定核定的第三者损失金额-机动车交通事故责任强制保险的分项赔偿限额)×事故责任比例低于每次事故责任限额时:

$$赔款=(依合同约定核定的第三者损失金额-机动车交通事故责任强制保险的分项赔偿限额)×事故责任比例$$

第三十条 保险人按照《道路交通事故受伤人员临床诊疗指南》和国家基本医疗保险的同类医疗费用标准核定医疗费用的赔偿金额。

未经保险人书面同意,被保险人自行承诺或支付的赔偿金额,保险人有权重新核定。不属于保险人赔偿范围或超出保险人应赔偿金额的,保险人不承担赔偿责任。

第三章 机动车车上人员责任保险

保险责任

第三十一条 保险期间内,被保险人或其允许的驾驶人在使用被保险机动车过程中发生意外事故,致使车上人员遭受人身伤亡,且不属于免除保险人责任的范围,依法应当对车上人员承担的损害赔偿责任,保险人依照本保险合同的约定负责赔偿。

第三十二条 保险人依据被保险机动车一方在事故中所负的事故责任比例,承担相应的赔偿责任。

被保险人或被保险机动车一方根据有关法律法规选择自行协商或由公安机关交通管理部门处理事故,但未确定事故责任比例的,按照下列规定确定事故责任比例:

被保险机动车一方负主要事故责任的,事故责任比例为70%;

被保险机动车一方负同等事故责任的,事故责任比例为50%;

被保险机动车一方负次要事故责任的,事故责任比例为30%。

涉及司法或仲裁程序的,以法院或仲裁机构最终生效的法律文书为准。

责任免除

第三十三条 在上述保险责任范围内,下列情况下,不论任何原因造成的人身伤亡,保险人均不负责赔偿:

（一）事故发生后,被保险人或驾驶人故意破坏、伪造现场,毁灭证据;

（二）驾驶人有下列情形之一者:

1. 交通肇事逃逸;

2. 饮酒、吸食或注射毒品、服用国家管制的精神药品或者麻醉药品;

3. 无驾驶证,驾驶证被依法扣留、暂扣、吊销、注销期间;

4. 驾驶与驾驶证载明的准驾车型不相符合的机动车;

5. 非被保险人允许的驾驶人。

（三）被保险机动车有下列情形之一者:

1. 发生保险事故时被保险机动车行驶证、号牌被注销的;

2. 被扣留、收缴、没收期间;

3. 竞赛、测试期间,在营业性场所维修、保养、改装期间;

4. 全车被盗窃、被抢劫、被抢夺、下落不明期间。

第三十四条　下列原因导致的人身伤亡,保险人不负责赔偿:

（一）战争、军事冲突、恐怖活动、暴乱、污染（含放射性污染）、核反应、核辐射;

（二）被保险机动车被转让、改装、加装或改变使用性质等,导致被保险机动车危险程度显著增加,且未及时通知保险人,因危险程度显著增加而发生保险事故的;

（三）投保人、被保险人或驾驶人故意制造保险事故。

第三十五条　下列人身伤亡、损失和费用,保险人不负责赔偿:

（一）被保险人及驾驶人以外的其他车上人员的故意行为造成的自身伤亡;

（二）车上人员因疾病、分娩、自残、斗殴、自杀、犯罪行为造成的自身伤亡;

（三）罚款、罚金或惩罚性赔款;

（四）超出《道路交通事故受伤人员临床诊疗指南》和国家基本医疗保险同类医疗费用标准的费用部分;

（五）律师费,未经保险人事先书面同意的诉讼费、仲裁费;

（六）投保人、被保险人或驾驶人知道保险事故发生后,故意或者因重大过失未及时通知,致使保险事故的性质、原因、损失程度等难以确定的,保险人对无法确定的部分,不承担赔偿责任,但保险人通过其他途径已经知道或者应当及时知道保险事故发生的除外;

（七）精神损害抚慰金;

（八）应当由机动车交通事故责任强制保险赔付的损失和费用。

责任限额

第三十六条　驾驶人每次事故责任限额和乘客每次事故每人责任限额由投保人和保险人在投保时协商确定。投保乘客座位数按照被保险机动车的核定载客数（驾驶人座位除外）确定。

赔偿处理

第三十七条　赔款计算

（一）对每座的受害人,当（依合同约定核定的每座车上人员人身伤亡损失金额-应由机动车交通事故责任强制保险赔偿的金额）×事故责任比例高于或等于每次事故每座责任限额时:

赔款＝每次事故每座责任限额

（二）对每座的受害人，当（依合同约定核定的每座车上人员人身伤亡损失金额-应由机动车交通事故责任强制保险赔偿的金额）×事故责任比例低于每次事故每座责任限额时：

赔款＝（依合同约定核定的每座车上人员人身伤亡损失金额-应由机动车交通事故责任强制保险赔偿的金额）×事故责任比例

第三十八条　保险人按照《道路交通事故受伤人员临床诊疗指南》和国家基本医疗保险的同类医疗费用标准核定医疗费用的赔偿金额。

未经保险人书面同意，被保险人自行承诺或支付的赔偿金额，保险人有权重新核定。不属于保险人赔偿范围或超出保险人应赔偿金额的，保险人不承担赔偿责任。

第四章　通用条款

保险期限

第三十九条　除另有约定外，保险期限为一年，以保险单载明的起讫时间为准。

其他事项

第四十条　发生保险事故时，被保险人或驾驶人应当及时采取合理的、必要的施救和保护措施，防止或者减少损失，并在保险事故发生后48小时内通知保险人。

被保险机动车全车被盗抢的，被保险人知道保险事故发生后，应在24小时内向出险当地公安刑侦部门报案，并通知保险人。

被保险人索赔时，应当向保险人提供与确认保险事故的性质、原因、损失程度等有关的证明和资料。

被保险人应当提供保险单、损失清单、有关费用单据、被保险机动车行驶证和发生事故时驾驶人的驾驶证。

属于道路交通事故的，被保险人应当提供公安机关交通管理部门或法院等机构出具的事故证明、有关的法律文书（判决书、调解书、裁定书、裁决书等）及其他证明。被保险人或其允许的驾驶人根据有关法律法规规定选择自行协商方式处理交通事故的，被保险人应当提供依照《道路交通事故处理程序规定》签订记录交通事故情况的协议书。

被保险机动车被盗抢的，被保险人索赔时，须提供保险单、损失清单、有关费用单据、《机动车登记证书》、机动车来历凭证以及出险当地县级以上公安刑侦部门出具的盗抢立案证明。

第四十一条　保险人按照本保险合同的约定，认为被保险人索赔提供的有关证明和资料不完整的，应当及时一次性通知被保险人补充提供。

第四十二条　保险人收到被保险人的赔偿请求后，应当及时作出核定；情形复杂的，应当在三十日内作出核定。保险人应当将核定结果通知被保险人；对属于保险责任的，在与被保险人达成赔偿协议后十日内，履行赔偿义务。保险合同对赔偿期限另有约定的，保险人应当按照约定履行赔偿义务。

保险人未及时履行前款约定义务的，除支付赔款外，应当赔偿被保险人因此受到的损失。

第四十三条　保险人依照本条款第四十二条的约定作出核定后，对不属于保险责任的，应当自作出核定之日起三日内向被保险人发出拒绝赔偿通知书，并说明理由。

第四十四条 保险人自收到赔偿请求和有关证明、资料之日起六十日内,对其赔偿数额不能确定的,应当根据已有证明和资料可以确定的数额先予支付;保险人最终确定赔偿数额后,应当支付相应的差额。

第四十五条 保险人受理报案、现场查勘、核定损失、参与诉讼、进行抗辩、要求被保险人提供证明和资料、向被保险人提供专业建议等行为,均不构成保险人对赔偿责任的承诺。

第四十六条 在保险期间内,被保险机动车转让他人的,受让人承继被保险人的权利和义务。被保险人或者受让人应当及时通知保险人,并及时办理保险合同变更手续。

因被保险机动车转让导致被保险机动车危险程度发生显著变化的,保险人自收到前款约定的通知之日起三十日内,可以相应调整保险费或者解除本保险合同。

第四十七条 保险责任开始前,投保人要求解除本保险合同的,应当向保险人支付应交保险费金额3%的退保手续费,保险人应当退还保险费。

保险责任开始后,投保人要求解除本保险合同的,自通知保险人之日起,本保险合同解除。保险人按日收取自保险责任开始之日起至合同解除之日止期间的保险费,并退还剩余部分保险费。

第四十八条 因履行本保险合同发生的争议,由当事人协商解决,协商不成的,由当事人从下列两种合同争议解决方式中选择一种,并在本保险合同中载明:

(一)提交保险单载明的仲裁委员会仲裁;

(二)依法向人民法院起诉。

本保险合同适用中华人民共和国法律(不含港、澳、台地区法律)。

释义

【使用被保险机动车过程】指被保险机动车作为一种工具被使用的整个过程,包括行驶、停放及作业,但不包括在营业场所被维修养护期间、被营业单位拖带或被吊装等施救期间。

【自然灾害】指对人类以及人类赖以生存的环境造成破坏性影响的自然现象,包括雷击、暴风、暴雨、洪水、龙卷风、冰雹、台风、热带风暴、地陷、崖崩、滑坡、泥石流、雪崩、冰陷、暴雪、冰凌、沙尘暴、地震及其次生灾害等。

【意外事故】指被保险人不可预料、无法控制的突发性事件,但不包括战争、军事冲突、恐怖活动、暴乱、污染(含放射性污染)、核反应、核辐射等。

【交通肇事逃逸】指发生道路交通事故后,当事人为逃避法律责任,驾驶或者遗弃车辆逃离道路交通事故现场以及潜逃藏匿的行为。

【车轮单独损失】指未发生被保险机动车其他部位的损失,因自然灾害、意外事故,仅发生轮胎、轮毂、轮毂罩的分别单独损失,或上述三者之中任意二者的共同损失,或三者的共同损失。

【车身划痕】指仅发生被保险机动车车身表面油漆的损坏,且无明显碰撞痕迹。

【新增加设备】指被保险机动车出厂时原有设备以外的,另外加装的设备和设施。

【新车购置价】指本保险合同签订的购置与被保险机动车同类型新车的价格,无同类型新车市场销售价格的,由投保人与保险人协商确定。

【全部损失】指被保险机动车发生事故后灭失,或者受到严重损坏完全失去原有形体、效用,或者不能再归被保险人所拥有的,为实际全损;或被保险机动车发生事故后,认为实际全损已经不可避免,或者为避免发生实际全损所需支付的费用超过实际价值的,为推定全损。

【家庭成员】指配偶、父母、子女和其他共同生活的近亲属。

【市场公允价值】指熟悉市场情况的买卖双方在公平交易和自愿的情况下所确定的价格,或无关联的双方在公平交易的条件下一项资产可以被买卖或者一项负债可以被清偿的成交价格。

【参考折旧系数表】

折旧系数表见表5.3.5。

表5.3.5　折旧系数表

车辆种类	月折旧系数			
	家庭自用	非营业	营业	
			出租	其他
9座以下客车	0.60%	0.60%	1.10%	0.90%
10座以上客车	0.90%	0.90%	1.10%	0.90%
微型载货汽车	/	0.90%	1.10%	1.10%
带拖挂的载货汽车	/	0.90%	1.10%	1.10%
低速货车和三轮汽车	/	1.10%	1.40%	1.40%
其他车辆	/	0.90%	1.10%	0.90%

折旧按月计算,不足一个月的部分,不计折旧。最高折旧金额不超过投保时被保险机动车新车购置价的80%。

折旧金额＝新车购置价×被保险机动车已使用月数×月折旧系数

【饮酒】指驾驶人饮用含有酒精的饮料,驾驶机动车时血液中的酒精含量大于或等于20 mg/100 mL的。

【法定节假日】法定节假日包括:中华人民共和国国务院规定的元旦、春节、清明节、劳动节、端午节、中秋节和国庆节放假调休日期,以及星期六、星期日,具体以国务院公布的文件为准。

法定节假日不包括因国务院安排调休形成的工作日、国务院规定的一次性全国假日、地方性假日。

【污染(含放射性污染)】指被保险机动车正常使用过程中或发生事故时,由于油料、尾气、货物或其他污染物的泄漏、飞溅、排放、散落等造成的被保险机动车和第三方财产的污损、状况恶化或人身伤亡。

【特需医疗类费用】指医院的特需医疗部门/中心/病房,包括但不限于特需医疗部、外宾医疗部、VIP部、国际医疗中心、联合医院、联合病房、干部病房、A级病房、家庭病房、套房等不属于社会基本医疗保险范畴的高等级病房产生的费用,以及名医门诊、指定专家团队门诊、特需门诊、国际门诊等产生的费用。

任务五　案例分析

2016 年 5 月 1 日,李某驾驶一辆小汽车行驶到一弯路时,由于天冷路滑,李某在借道超车时驶入逆行,与迎面而来的拖拉机相遇,拖拉机司机张某当即向右打轮避让李某的小汽车,致使拖拉机侧翻受损,并致一名乘客重伤及张某轻伤的交通事故,合计损失达 1.8 万元,李某的车安然无恙。经公安交通管理部门裁定,李某在此次交通事故中负全部责任。

李某驾驶的小汽车已投保车辆损失险和第三者责任险,事故处理结案后,李某持其投保的保险单,以"第三者责任损失"为由向保险公司索赔,遭到拒赔,双方遂引起纠纷。

针对两车并未碰撞,该不该赔付第三者责任险,存在两种相反的观点:

(1)拒赔

主张拒赔的理由如下:

①根据保险惯例,车身险和第三者责任险一般同时发生并同时赔付。本案中被保险车辆完整无损,如若赔付违背保险实践。

②我国当时执行的《机动车辆保险条款》第二条规定:"被保险人在使用保险车辆过程中发生意外事故,致使第三者遭受人身伤亡或财产的直接损毁,依法应由被保险人支付的赔偿金额,保险人依照保险合同的规定给予赔偿。"而在本案中,保险车辆并未发生意外事故,不存在给第三者造成损失的前提条件。

③即使按第三者责任立案,由于两车未发生碰撞,故第三者的损失属于间接损毁,而非直接损毁,因此拒赔。

(2)赔付

主张赔付的理由如下:

①紧急避险指为了使国家、公共利益、本人,或者他人的人身、财产和其他权利免受正在发生的危险,不得已采取的避险行为。由于被保险人李某在道路拐弯处占了对方的路面,在即将发生碰撞危险时,张某不得已而采取向右打轮避让李某,从而致使车辆侧翻受损,张某的行为属于紧急避险。

②《民法典》规定:因紧急避险造成损害的,由引起险情发生的人承担民事责任。张某因紧急避险造成的损失,是由引起险情的被保险人李某的行为直接导致,理应由李某承担责任。虽然未发生碰撞,第三者的损失仍可认定为直接损毁。

《中华人民共和国保险法》作为民法中的特别法,当因其简明扼要而不能满足实际工作需要时,可以从《民法典》或其他相关法律、法规中寻找依据来解决实际问题。

案情分析:

本案的焦点在于:两车未发生碰撞,对第三者的损失能否认定为直接损毁是根据机动车辆保险条款是否发生直接接触,并非是第三者责任险赔偿的限制条件。

本案具备《机动车辆保险条款》规定的成立要件:直接损毁和被保险人依法应当承担的赔偿金额,因此保险公司应依照合同规定给予赔偿。

案例结论:

李某可以在第三者责任险的保险额度内,从保险公司得到其应承担张某紧急避险造成的全部损失 1.8 万元赔偿。

项目六

汽车租赁

任务一　汽车租赁概述

当前,我国汽车租赁业尚处于发展的起步阶段。但随着国民经济的发展,人民群众消费观念的转变,以及汽车租赁业相关政策法规及外部环境的逐步完善,我国汽车租赁业必将释放出巨大的发展潜力。因此,在我国这样一个人口基数大国,汽车租赁业具有广阔的发展前景。更为关键的是,随着新能源汽车市场和移动互联网平台的快速发展,我国将会衍生出更多的汽车租赁需求和新的租赁经营模式,对汽车租赁方面的人才需求也会越来越大。

1. 汽车租赁的概念

在国外,汽车租赁已经有 100 多年的发展历程,汽车租赁业的增幅遥遥领先于其他服务行业。汽车租赁最早起源于 20 世纪。美国人乔·桑德斯(Joe Saunders)将他拥有的福特 T 型车出租给了一位为了与当地女孩出游约会的外地商人,并以一英里(1 英里＝1.609344 千米)10 美分的价格收取费用。这是最早的汽车租赁。随着汽车在人们生活中的不断普及,人们的购车需求日益旺盛。于是,在美国出现了以租代购的汽车购买方式,即顾客以长期租赁的方式获得车辆的使用权,之后逐月支付租金,待租赁期满后,顾客可以选择按照车辆残值购买该车辆。这种购车方式的优势在于可以使原本不具备购车能力的潜在客户,转换成为真实的消费者。由于这种购车方式具有租赁的属性,因此被定义为租赁的范畴,是现代汽车租赁业中常见的区别于传统租赁业务的业务模式,也称为融资租赁。而我国的汽车租赁业最早出现于 1990 年,虽然已经发展了 30 余年,但仍处于起步阶段,尽管发展势头迅猛,但绝大多数企业缺乏实力,面临诸多发展困境。

租赁是指在约定的期限内,以一定费用借贷实物的经济行为。租赁中涉及的当事人主要包括出租人和承租人。出租人是指将自己拥有的某种资产的使用权让与承租人以获取租金的一方,而承租人是指向出租人支付租金取得约定时间内的资产使用权的一方。租赁过程,只发生使用权的转移而不发生所有权的转移,即资产的所有权仍保留在出租人手中。租赁标的物的范围十分广泛,最早的租赁标的物主要是土地、建筑物等不动产。1952年,租赁标的物逐渐拓展到企业生产运营过程中所需的机器设备等动产领域。国内的租赁标的物范围也十分广泛,涉及房产、机器设备、人才、服装、户外用品以及书籍、音像制品等,而汽车租赁也是我国租赁市场的重要组成部分。

汽车租赁是以汽车为租赁标的物的租赁行为。在我国,自汽车租赁业务开展以来,管理部门、租赁企业和学术界都各自从不同的角度对汽车租赁给出过不同的定义。比较有代表性和权威性的定义主要有两种:一种是在《汽车租赁试点工作暂行管理办法》中,针对汽车租赁相对于一般租赁行为的特点,提出汽车租赁为实物租赁,是一种以取得汽车产品使用权为目的,由出租方提供租赁期内包括汽车功能、税费、保险、维修及配件等服务的租赁形式;另一种定义则是在1998年颁布实施的《汽车租赁业管理暂行规定》中,针对汽车租赁业务的运营特点,提出汽车租赁是指在约定时间内租赁经营人将租赁汽车交付承租人使用,收取租赁费用,不提供驾驶劳务的经营方式。从上述两种定义可知,汽车租赁实质上一种是将汽车的产权与使用权分开,通过出租汽车的使用权而获取收益的经营行为。其出租标的物除实物汽车以外,还包含保证该车辆正常、合法上路行驶的所有手续与相关服务,与一般汽车出租业务不同的是,在租赁期间,承租人自行承担驾驶职责。

2. 汽车租赁的分类

汽车租赁的分类可从多个不同角度进行,但由于经营目的是最能反映汽车租赁的本质特征的,所以本书首先按照经营目的的不同对汽车租赁进行分类,然后再对每一种经营目的的汽车租赁进行二级分类。按照汽车租赁的经营目的的不同,可将汽车租赁分为汽车融资租赁和汽车经营租赁。汽车融资租赁是指承租人以取得汽车所有权为目的的租赁行为。汽车经营租赁是指以取得汽车使用权为目的的租赁行为。

(1)汽车经营租赁

汽车经营租赁是汽车租赁的传统方式。在汽车经营租赁过程中,承租人与出租人签订各种形式的租赁合同,在合同规定期限内,出租人将其所有的汽车使用权让渡给承租人,承租人定期向出租人支付租金,期满后出租人收回车辆。汽车经营租赁可从以下角度进行划分。

按照租赁期长短可将汽车经营租赁划分为长期租赁和短期租赁。长期租赁是指出租人与承租人签订长期(一般以年为单位计算)租赁合同,按照长期租赁期间发生的费用(通常包括车辆价格、维修费、各种税费开支、保险费及利息等)扣除预计剩余价值后,按照合同月数平均收取租赁费用,并提供汽车功能、税费、保险、维修及配件等综合服务的租赁形式。租赁时间较长,一般超过1年,属中长期租赁。此类承租人一般为企业,租赁车辆一般用于企业商务活动,有部分承租人为个人,主要是个人生活、工作自用。短期租赁是指出租人根据承租人要求签订短期(一般以小时、日、月为单位计算)租赁合同,按照租赁期间发生的费用收取租赁费用,以解决承租人在短期租赁期间的各项服务要求的租赁形式。短期租赁一般以个人零散租赁为主,主要用来满足个人休闲旅游需求,还有部分承租人为企事业单位会议、商务接待等提供临时用车。在实际运营中,短期租赁一般不超过半年,又进一步细分为短期(15天以内)、中期(15～90天)及长期(90天以上)。随着共享汽车的发展,以小时为单位的时租也越来越普遍。

按照车辆的类型,可将汽车经营租赁分为大型车租赁、中型车租赁和小型车租赁。按照租赁汽车级别高低可将汽车经营租赁分为高端汽车租赁、中端汽车租赁和低端汽车租赁。不同的车型在租赁的时候,有着不一样的价格以及相关注意事项,顾客可根据自己的实际需求以及喜好来选择车型。经验丰富、正规的租赁公司拥有更齐全的汽车种类,可以给承租人提供更丰富的选择。

按租赁对象是团体还是个人,可将汽车经营租赁分为团体汽车租赁和个人汽车租赁。团体租赁是为具有经常性短期用车需求的团体客户提供的汽车租赁服务,同一团体账号下可指明多位租车人,每位租车人均可在任意门店任意时间租车。与此相对,个人租赁是为个人客户开设的汽车租赁服务。

按租赁业务是否带驾驶员可将汽车经营租赁划分为湿租与干租。湿租是指在出租汽车的同时为该汽车配备驾驶员,承租期内驾驶员听候承租方调遣,为承租方提供驾驶服务。与此相对,干租是不配备驾驶员的汽车租赁形式。实际上,按照国际上的行业划分标准,带驾驶员的湿租应属交通运输服务业,但由于湿租形式具有悠久的历史,目前大部分文献中仍经常对湿租与干租进行划分。

(2)汽车融资租赁

汽车融资租赁是近些年在我国新兴的一种汽车租赁模式,其与经营租赁最大的区别在于行业属性。经营租赁是以交通运输服务占主导因素的,属于服务业,而融资租赁则是金融因素占主导地位的金融投资活动,属于金融行业。在汽车融资租赁过程中,出租人根据与承租人签订的融资租赁合同中的规定,向承租人指定的汽车供应方购买承租人指定的车辆后,将车辆交付承租人使用,并在合同结束后将该车辆的所有权转移给承租人,承租人按合同规定向出租人支付租金。在此过程中,承租人往往是以融通资金为目的,而向出租人租借车辆的。承租人在生活或生产过程中由于缺乏资金而无法取得某项资产,故以融资租赁的形式,由出租人购买该项资产,以向出租人支付租金的方式取得该资产的所有权,实现了借鸡生蛋、以蛋换钱、以钱付租、最终得鸡。而出租人以投资车辆开展融资租赁的方式进行金融投资,获取以资金形式支付的投资收益。

汽车融资租赁主要有两种经营模式,分别是直接融资租赁和售后回租融资租赁。另外,还有一些新兴的融合业务模式。一是直接融资租赁。直接融资租赁简称直租,是指由承租人选择需要购买的汽车,出租人通过对租赁项目风险评估后从汽车厂商处购买汽车并将其出租给承租人使用。在整个租赁期间,承租人没有所有权但享有使用权,并负责维修和保养汽车。二是售后回租。售后回租是承租人将自己从汽车生产商处购买的汽车或自己过去购买的汽车出售给出租人,然后再向出租人租回汽车并使用的租赁模式。整个过程中,租赁汽车所有权发生两次转移,先是由汽车经销商转移至承租人,再由承租人转移至出租人,如果租赁期满后,承租人选择留购汽车,则可能还会发生第三次所有权的转移。这种方式有利于承租人盘活已有资产,可以快速筹集企业发展所需资金,顺应市场需求。另外,近些年来,汽车金融模式不断创新,涌现出了如"弹个车""共享汽车"等汽车租赁业务模式,其实质为经营租赁和融资租赁模式的融合。以"弹个车"的业务模式为例。"弹个车"的主要模式为:用户确认购车意向后,根据用户在蚂蚁金服的信用支付 10% ~ 20% 的首付款,第一年为租赁期,由"弹个车"购买保险、缴纳购置税,用户每月支付租金,租赁期内由用户自行承担车辆维修保养、违章责任等。第一年期满后,用户可选择续租、购买或退还车辆。若用户选择购买车辆,可一次付清全部尾款并办理过户,也可分期三年付清尾款并办理过户。若用户选择租赁车辆,可以继续租赁,租期届满后仍可以选择分期付清尾款。

（3）汽车经营租赁与融资租赁的区别

对汽车融资租赁与经营租赁的区分,可以从以下几个方面进行。

①期初期末所有权。在租赁期开始时,无论是经营租赁还是融资租赁,汽车所有权都归出租人所有,而在租赁期结束时,承租人对租赁物的处置一般有"留购、续租、退还"三种方式,大多数承租人是以一定名义支付较小数额的费用取得出租物的所有权,作为固定资产投资,而经营租赁的车辆所有权依然归出租人。

②租金构成。在汽车融资租赁中,承租人支付的租金的累计总额为设备价款、利息及租赁公司的手续费之和,承租人付清全部租金后,设备的所有权即归于承租人,而经营租赁中承租人支付的租金仅仅为对出租人放弃汽车使用权的补偿。

③经营特点。在经营租赁中,车辆是由出租人选定的,故提供汽车经营租赁服务需要开设门店,陈设租赁车辆。而在融资租赁中,车辆是由承租人决定的,故租赁服务提供方不需要陈设车辆。

④参与方。经营租赁中只涉及承租人和出租人两方,而融资租赁中,则涉及出租人、承租人和汽车经销商三方当事人,法律上的权利义务关系更为复杂。

3. 汽车租赁与其他行业的相互影响

汽车租赁业与金融业、汽车产业、交通运输业、旅游业、制造业都有极其紧密的联系,汽车租赁业的发展既离不开其他行业的助力,也支撑着其他行业的发展。

（1）汽车租赁业与旅游业的相互影响

汽车租赁业与旅游业在相互促进中向前发展。一方面,汽车租赁服务解决了游客的异地出行问题,使游客的出游体验更完美,因而设有汽车租赁站点的旅游景点更受欢迎。在欧美汽车租赁业比较发达的国家,汽车租赁已成为旅游业中非常重要的一环,汽车租赁业与旅游业及航空运输业密切相关,很多机场、码头和火车站都有汽车租赁站点,并且在预订酒店、机票、车票等各方面实现资源共享。为提高服务水平、吸引游客,很多知名的旅游企业都直接投资汽车租赁行业或者在业务上与汽车租赁企业进行车辆预订、积分优惠互换等方面的广泛合作。一些饭店、宾馆也与汽车租赁企业广泛开展合作,旅游者可以通过饭店、宾馆租赁汽车,并享受一定的优惠。

另一方面,随着我国居民生活水平的不断提高,消费理念的不断升级,自驾游、背包客等旅行方式日渐盛行,游客对旅游车辆的需求不再局限于景点提供的观光旅行车辆,而更加倾向于使用小型私人交通工具自主设计旅行路线。这给国内汽车租赁行业带来了很大的发展契机,汽车租赁行业可以为游客在旅行中所需的车型提供个性化、高品质的服务,这可开拓新的商业模式。

（2）汽车租赁与金融业的相互影响

金融业对应汽车工业,是在汽车服务贸易体系中为汽车销售领域和消费市场提供融资、租赁、保险等业务的服务行业，一般称为汽车金融业。汽车金融服务主要包括三个层面的服务内容：一是为汽车生产厂商服务；二是为汽车销售商服务；三是为汽车消费者服务。发达国家的经验表明，一个国家汽车工业的发展，良好的消费环境和完善的销售体系固然重要，但也需要比较完善的汽车金融服务体系提供较强劲的支持。汽车金融服务能够有效刺激消费，调剂社会消费资金，充分调整现实消费需求和潜在消费需求的结构性矛盾，不仅在各交易主体之间实现了新的权责利平衡，更主要的是为客户提供了新的融资方法。作为汽车金融的一个具体业务类别，汽车融资租赁成为汽车消费需求者解决企业运营资金不足的便捷、高效的融资手段，不但能够疏通汽车产业的下游"管道"、避免产品的积压和库存、缩短周转时间、提高资金使用效率和利润水平，同时还可使汽车产业的高价值转移性得以顺利实现。

汽车租赁服务是一个资本密集型行业，在汽车租赁经营中，需要投入大量资金购置车辆和建立运营网络，为解决汽车租赁经营者资金不足的问题，必须有各种形式的金融支持。一方面汽车租赁服务业务以其多种多样的市场功能，可以为各交易主体提供新的投资市场，成为设备厂商配置设备资源、银行和投资机构配置信贷资金和社会投资资金的新渠道。另一方面各种投资解决了汽车租赁服务行业由于没有金融机构背景而造成的融资能力不足的问题。

（3）汽车租赁与汽车产业的相互影响

汽车租赁是助力汽车销售的重要方式。汽车租赁主要以两种方式参与汽车服务贸易体系。一是汽车融资租赁。汽车融资租赁的特殊功能使得其既是促进汽车销售的一个重要渠道，又是汽车金融服务必须依赖的一个重要环节。在发达国家，这种形式早已成为国外各大汽车厂商扩大销售、激发潜在需求向现实需求转化的重要手段。如美国的主要汽车生产企业用租赁方式营销的汽车占总产量的30%以上，在德国甚至达到70%。即使现在已经是非常成熟的市场，近几年汽车融资租赁规模仍以年均8%的速度递增。二是汽车租赁服务。租赁服务虽然不直接销售汽车，但在整个汽车产业链条中，汽车租赁的上游是汽车制造厂商，下游是二手车交易市场与各类消费群体，汽车租赁的功能是在其上、下游之间促动汽车所有权、使用权的转移和货币资本的循环流动，通过建立汽车租赁服务、二手车产业链，可以均衡各环节利润，降低二手车的价格，促进汽车流通，进而促进交易量的大幅提升，是一条重要的间接汽车销售渠道。此外，汽车租赁服务能够及时将消费市场信息传递给生产厂商，从而使生产厂商提高产品的竞争力。

汽车租赁与汽车制造是一种相互服务的关系。一方面，汽车制造企业通过汽车租赁的展示和渠道作用，为其新产品的推广和销售服务。另一方面，汽车租赁企业依靠与汽车制造企业的合作减少资金压力，获得租赁车辆供应支持。发达国家很多大型汽车租赁公司的背后都有知名的汽车生产厂商在支持。比如，全球经营规模最大的汽车租赁企业赫兹国际控股，其是福特汽车公司的全资子公司，安飞士汽车租赁公司的背后是通用汽车公司，而全球第三大汽车租赁公司——欧洲汽车是德国大众全资控股的子公司，隶属于日本丰田汽车公司的丰田汽车租赁公司是日本第一大汽车租赁公司。在具体业务上，汽车制造企业和汽车租赁企业有非常成功的合作，如2021年，浙江融悦汽车租赁集团与威马汽车科技集团展开战略合作，威马汽车利用融悦国内上百家的销售平台共同拓展威马汽车B端及C端销售渠道，双方将发挥各自优势、资源共享，致力提升威马新能源汽车销量的同时，实现"融悦"品牌的推广，实现双方互利共赢。

任务二　汽车租赁实务

1.汽车租赁前期项目论证

(1)市场调研

汽车租赁业是整个社会经济生活中的一个组成部分,国家和行业政策、市场环境以及相关行业的变化都会对汽车租赁业的发展产生影响。知己知彼,百战不殆。如果不能对外部环境形成充分的认知,就无法制订合理的企业发展战略,无法作出科学的经营决策。因此,为了使汽车租赁企业的发展能够适应外部环境变化,给投资者和项目决策人提供一个可以全面客观判断市场并制订相应规划和措施的参考材料,必须在汽车租赁项目开展前作充分的市场调研工作。市场调研工作对汽车租赁企业具有重要意义。市场调研应重点从以下方面展开,以反映当地是否具备开展汽车租赁业务的适宜环境和条件。

一是公司所在地汽车租赁业面临的政策环境。要了解国家及地方政府汽车租赁行业的相关政策法规,首先要掌握当地汽车租赁业的主管部门和相关管理部门的相关资料;其次是熟悉当地对汽车租赁业所制定和实施的具体政策,如国家和当地对汽车租赁业的管理规定以及实施细则,当地对租赁汽车车型的限制,办理租赁汽车入户手续方面是否有特殊政策等;最后是一定要掌握当地开办汽车租赁业务的审批程序以及各个环节所需的手续和相应的材料。

二是公司所在地汽车租赁业面临的社会环境。主要包括交通治安管理和城市发展状况。在交通治安管理方面,要重点了解当地的社会治安环境和交通环境,了解当地交通事故的处理程序,对交通违章的处理方法和处罚额度。在城市发展状况方面,要重点了解当地道路交通现状、特点以及今后的发展规划;当地与相邻城市间的客流分析、道路的分布和等级、交通网络的发展规划;当地的铁路、航空、港口等方面的客流分析;当地的旅游资源分析;当地居民的经济收入状况以及消费情况分析;当地人口中持有机动车驾驶证的人员比例、职业构成、年龄构成等;当地保险业的服务质量评价以及当地是否有提供汽车救援服务的专业公司等。

三是公司所在地汽车租赁市场现状。主要从四个方面开展分析。第一,当地汽车租赁市场规模及规模扩张速度。第二,当地汽车租赁市场结构,包括租赁车辆结构、产品服务、客户群体、价格体系。第三,当地汽车租赁的经营运作特点。第四,当地汽车租赁中存在的问题。

四是公司所在地汽车租赁同业竞争情况。要了解当地其他汽车租赁公司的经营时间、公司性质、目前车辆保有量、市场定位、车辆类别、价格体系等基本概况。

五是公司所在地的汽车租赁目标客户群体。要分别了解酒店、企业、旅行社、政府机构等目标客户群体的主要诉求。一是消费者对汽车租赁的消费习性,包括对租赁方式、租赁花费、租赁频率、品牌忠诚度、租赁偏好、租赁本身的看法等;二是消费者对汽车租赁的购买形态,包括消费者购买过哪些产品或服务、购买地点、选购标准、付款方、服务满意度等;三是消费者对理想的汽车租赁服务的要求。

(2)汽车租赁的效益测算

汽车租赁企业的效益是决定汽车租赁企业是否能生存,项目是否能进行的关键,主要包括成本和收入两方面。只有确定了成本和收入,才能测算效益。

①汽车租赁企业成本测算。

汽车租赁企业的成本是决定汽车租赁企业能否盈利的一个重要因素。汽车租赁服务产品多种多样,但其经营成本构成基本一致,主要包括车辆费用、营销费用、管理费用以及其他费用四个方面。

一是车辆费用,主要是指汽车租赁企业在向顾客提供包括汽车功能、税费、保险、维修及配件等在内的租赁服务过程中发生的费用,包括车辆折旧、维护与修理、调度与停车、年检与上牌换牌、保险、事故处置与赔偿等费用。其中,车辆折旧是指车辆在使用过程中发生的价值损耗,由于企业购买车辆的花费虽已在当年实现,但车辆的价值并不是在当年全部转移至产品中的,而是在后续多年时间内逐渐转移,故车辆费用计算中只把车辆在此次服务中发生的价值损耗计入成本。

二是营销费用。随着汽车租赁市场的快速发展,汽车租赁企业日益增多,市场竞争变得十分激烈,而汽车租赁产品的特性决定了各企业之间服务的同质化。为了提高经营收入,汽车租赁公司纷纷采取在写字楼、商场以及高速公路、地铁等公共场所投放广告的方式增加知名度,由此产生了昂贵的宣传费用。市场推广费用占汽车租赁企业成本的比例越来越高。汽车租赁企业的营销费用主要包括市场推广费、业务招待费等。

三是管理费用。管理费用包括车船税,印花税,社会保险费用,办公用品费,会议费,差旅费,年检费用,计提的福利、教育、工会费用,折旧费,通信费用,水电燃气费,用房费用等。

四是其他费用。主要包括刷卡,银行贷款利息支出等。

②汽车租赁企业的价格制定。

汽车租赁价格是指在单位时间内(一般以日或月计)汽车租赁经营者向承租人提供包括汽车功能、税费、保险、维修及配件等综合服务所应收取的费用。汽车租赁价格可分为日租价、月租价、超程价、超时价和协议价。租赁价格一般为日租价格或月租价格,对长租者也可按租期长短另行协商价格。此外,一般租赁合同中都对租期和每日行驶里程限制作出了明确规定。因此,根据需要还可制定超时价格(元/小时)和超程价格(元/千米)。

价格计算的基本公式为:

日租价格=每日成本×(1+成本利润率)/(1-税率)

月租价格=每月成本×(1+成本利润率)/(1-税率)

超程价格=每公里成本×(1+成本利润率)/(1-税率)

超时价格=每小时成本×(1+成本利润率)/(1-税率)

③汽车租赁价格的影响因素。

汽车租赁价格主要受三方面因素的影响。

一是租赁服务价值。租赁价格是租赁服务价值的货币表现,租赁价格水平受租赁服务价值因素决定,围绕价值上下波动,这是由价格基本规律决定的。租赁服务价值的重要组成部分是运营成本,因此,在制订租赁价格时,应具体考虑车辆状况、租期长短以及服务项目对运营成本的影响。应根据车辆购置价格、新旧程度、车质等级、排气量、车上设施等划分车辆状况,若上述各项因素均能达到优良等级,则租赁价格也应相应提高。应根据租期的长短确定不同价格,长期租赁的价格应低于短期租赁,这是由长期租赁的经营成本低于短期租赁决定的。长期租赁可以使出租人免去频繁租赁的麻烦,因此,长期租赁比短期租赁更节省成本。应根据有无服务项目以及服务项目质量高低收取服务费用,比如,当出租人能够为承租人提供异地还车、送车服务、带驾驶员服务等方便、及时、特殊、优质的服务项目时,出租人势必会付出更大的运营成本,因此,可依据有偿服务的原则适当收取相应的服务费用。

二是国家物价政策、相关行业价格水平以及国际收费标准。

三是社会经济发展水平以及客户支付承受能力。

（3）汽车租赁企业的效益测算

追求经济效益是企业的基本目标,准确地测算汽车租赁企业的经济效益是企业经营管理的基础工作。以融资租赁中的收益为例,融资租赁公司的主要盈利模式,是以向承租人提供多样的融资租赁服务获取利润,包括利差、租赁收益、保证金及利息、节税收入、中间业务收入等。其中,利差是融资成本与租赁业务利率的差额,为融资租赁公司的主要收入来源。

融资租赁企业的收益如下:

一是债权收益。车辆作为一种流动资产,在流通的过程中必然产生一定的债权收益。租赁车辆的债权收益主要包括利差与租息收益两部分。作为融资租赁公司,开展融资租赁业务,获取利差与租期收益为其主要的盈利模式。一般而言,融资租赁公司的利息要比银行高,却以门槛低取胜。根据风险的不同,利差收益也不同,一般为1%～5%。

二是残值收益,主要指车辆的残值处理收益。提高残值处理收益,也是融资租赁公司重要的盈利模式之一。在这方面,汽车厂商系的融资租赁公司独具优势,其具备对租赁车辆进行专业维修与再制造的能力,并拥有广泛的客户群体,可提供全方位的融资租赁服务,包括受市场欢迎的经营租赁业务。租赁车辆的残值处理能力不应仅是风险控制,而应是新的利润增长点。租赁后的车辆经过维修、再制造后销售,或者进行再租赁,可获得更好的收益,这正是厂商系融资租赁公司的核心竞争力所在。优秀的残值处理能力,能降低租赁公司运营的风险。根据租赁合同的交易条件与履约情况及车辆回收后再租赁、再销售的实际收益,扣除应收未收的租赁、维修费用等,残值收益一般为5%～25%。

三是服务收益。作为服务型企业,服务收益固然为公司的主要收入来源。融资租赁公司的服务收益主要包括租赁手续费、咨询费、销售佣金、组合服务收费等。

四是节税收益。在汽车市场成熟的发达国家,经营性租赁业务往往占据大部分融资租赁业务,尤其是有厂商背景的专业融资租赁公司,比例可以达到60%～80%。而这种既可以让出租人提取折旧、承租人节省税前开支的形式,让出租人、承租人双方都可得到好处,这也正是目前经营性租赁大放光彩的根本原因,节税或延迟纳税也是融资租赁公司的收益来源之一。

五是风险收益。主要包括或有租金和可转换租赁债。

六是运营收益。作为兼具实体与金融的企业,融资租赁公司在实际运营过程中,必然拥有强大的运营收益作为支撑。运营收益主要分为四类,分别是财务杠杆、资金的筹措与运用、产品组合服务、规模收益。

2. 汽车租赁企业运营管理

(1)汽车租赁企业的岗位设置与职责

要保证汽车租赁企业的正常运作,汽车租赁企业必须合理设计其组织结构,明确各部门的分工与职责,同时确保部门间协作的效率。通常汽车租赁企业都设有业务部、车管部、财务部、行政部,一些大型连锁经营的汽车租赁公司为了开拓加盟连锁市场还设有网络发展等部门。

在实际运作中,工作人员数量和岗位的具体设置可根据站点规模、租赁车辆数目、经营状况而定。具体部门的工作职责大致如下:①经理部。经理负责统筹规划租赁企业各项事宜,制定企业发展战略,带领员工开拓市场,提高服务质量,规避经营风险,赢得竞争优势和利润。②行政部,主要负责处理日常内部事务和后勤保障工作,协调各部门运作,制定和实施企业人力资源规划。③业务部,主要负责解答咨询,接待客户,洽谈业务,审核客户租车担保手续、承租者资信状况,进行租赁业务的风险控制,进行资信审查、签订汽车租赁合同;制定汽车租赁的价格政策;与财务、车管部门配合,收发租赁车辆,跟踪租赁营运车辆车况及隐患排除,包括与车管部门配合,协助救援、安排替换并完成有关交接手续等;为租赁车辆办理保险及事故处理、保险索赔;对租赁市场状况进行分析和中短期预测,提出业务发展意见。④车管部,负责租赁车辆的整备、维护,易损件更换;租赁车辆收发时的查验;租赁车辆车况跟踪,安排救援及替换车辆;事故车辆维修、送修,配合定损、索赔等;租赁车辆档案建立、健全与管理。⑤财务部,租赁业务涉及款项(如租金、押金等)收支、结算及出具票据;租赁业务流程中相关单据、票据、存单的保管、整理与归档;本站点租赁状况分析及财务报表提交;协助业务部门对风险规避的措施提出意见。⑥网络发展部,负责制定和实施网络发展规划、网络运营的商务政策,组织和实施对新加盟的网络成员进行技术、管理和市场开拓方面的培训。

(2)汽车经营租赁的业务流程

整个汽车租赁业务由若干个业务程序构成,业务流程确定业务程序的顺序。这些业务程序大致可分为租车业务、租后服务、业务管理三部分。

一是租车业务。

第一步是预订。预定是提高出租率及收益的重要手段,是为汽车租赁企业所鼓励的。现代科技的发展也为预订提供了便利条件,预订正逐步成为汽车租赁流程的第一步骤。客户可通过网站、手机或其他移动终端及门店现场预订,业务人员依照相应规程审核并接受预订,向客户发出预定确认单。

第二步是接待客户。业务人员按照汽车租赁企业规定的操作规程接待客户。首先询问客户是否需要预订。如已预订,可直接进入下一程序。如未预订且有可租车辆,则可向其介绍服务项目、租车费用及客户须知,主动引导客户与汽车租赁企业提供的服务达成一致意向,并确定客户租赁需求。客户接待分现场接待和电话接待两种情况。现场接待是指业务人员在门店与客户面对面地进行接待工作;电话接待是指预订中心和门店业务人员通过电话与客户沟通,并确定租车事宜。

第三步是核实承租人身份。业务人员对承租人提供的证件、资料进行核查、比对、验证其真伪。承租人身份经查验核实后,企业应当及时进行登记,要完整保存承租人、担保人的有关信息、资料,积累和备份承租人信息、租用信息以及其他信息。企业对承租人的有关信息负有保密义务,不得将在为客户提供服务的过程中获得的公民个人信息出售或者非法提供给他人。承租人身份核实无误后进入下一程序。承租人的身份核实方式和内容因承租人的身份、结算方法不同而不同。当承租人为自然人时,应查验其居民身份证、机动车驾驶证、信用卡等有效证件(适用于一个人自驾租车)。目前全国大型连锁汽车租赁企业基本已不接受现金交易,承租人提车时只能通过信用卡进行消费。承租人是法人的,查验其营业执照、组织机构代码证书以及机动车驾驶人员的机动车驾驶证、经办人员的居民身份证、授权经办书(适用于企业长包租车)。银行在发放信用卡时进行了比较严格的信用审核,其信用审核的标准完全满足汽车租赁信用的要求,仅须核查身份证、驾驶证、信用卡即可。承租人如果没有信用卡,则需要较为严格的信用审核,必要时需要提供担保。

第四步是签订租赁合同。租赁合同是租赁双方就租车、用车、收费以及相应权利、义务签订的合同。双方租赁意愿和约定事项必须通过签订租赁合同予以确认。告知是合同的组成部分,是指企业向客户交付车辆时以书面和口头形式向承租人说明车辆的正确使用方法、安全驾驶和检测、维护救援等租后服务事项,以及需要特别声明的其他问题。此环节是汽车租赁企业必须履行的程序和义务。业务人员与客户共同确认合同内容后,双方签字、盖章。签字人应为承租人或持有承租人授权书的代理人。合同各要素应符合《合同法》要求,以确保承租人、出租人签订的合同合法、有效。

第五步是计价收费。签订合同后,汽车租赁企业向承租人收取当期租金、保证金、交通违章保证金。租金是承租人为获得租赁车辆使用权及相关服务而向汽车租赁经营者所支付的费用,通常包括车辆使用费、折旧费、保险费、维护费以及由承租人责任导致的维修费、替换费、救援费和合同约定的其他服务项目的服务费等。租金收取一般为预收,即承租人在获得租赁车辆使用权时即支付当期租金,如果租金为多次支付,业务人员应于合同规定的付款日或之前向承租人催收下期租金。保证金也称为押金,是为了保证租赁双方履约、守约而向承租人预先收取的一定金额的担保费用,保证金不能挪作他用,不得在租赁合同正常执行期内冲抵租金,在车辆归还以及合同约定时间执行完毕后,保证金应当退还承租人。交通违章保证金是指当租赁车辆违章而承租人不接受交管部门处罚的违约金,在汽车租赁合同结束时向承租人收取,如租赁汽车没有交通违章或承租人按照规定接受处罚,则应退还给承租人。

第六步是发车交接。发车交接是租赁双方现场交车、试车和清点行车牌证和随车物件的重要程序,是租前阶段的最后一个环节。租赁双方在验车后没有异议的情况下,需要在发车交接单上签字确认。

第七步是合同履行期间的业务。发车交接完成时汽车租赁合同开始履行,其间承租人获得车辆的用益物权,即车辆的使用权、车辆的使用功能等。汽车租赁企业保有车辆所有权并获得租金收益,同时为承租人提供确保车辆使用功能的各种服务,如车辆救援、故障修理、保险理赔等。具体而言,租赁期间的业务工作有以下三项:一是租金收取。部分租期较长的业务的租金按期支付,一般每期金额相等,每期间隔以月或季为单位。业务人员应根据合同的付款条款,按时收取合同履行期间的租金。收取租金日前 3～5 天,业务人员以适当方式预先通知承租人交付租金;二是续租。合同履行完毕后承租人继续按照合同条款租用车辆称为续租。对于续租业务,可重新签订合同,也可在原合同中补充续租时间等内容。续租业务各企业操作规程不尽相同,但必须保证租赁合同、业务过程的连续性和可查性。三是掌握承租人动态。合同履行期间业务人员应利用收取租金环节随时掌握承租人动态信息,比如支付过程是否顺畅,住址、工作单位、联系方式、经济状况是否变化等,如有异常,应及时通知风险管控部门处理。

第八步是收车交接。收车交接是指在租赁车辆归还时,双方对照发车时的交接单,对车辆完好状况和随车附件进行检验,检验无误的,在车辆交接单上注明,双方签字确认。收车交接时,如果双方发现车辆异常损坏或部件缺失,应当及时界定责任,并依照租赁合同确定相应的赔偿或补偿责任;无法及时界定责任或者租赁合同没有事先约定的,双方应当本着公平、公正、诚信的原则,协商处理,协商不成的,可以依法申请调解、仲裁或诉讼程序。租赁车辆归还后,企业要及时将车辆租用期的情况录入单车管理档案,同时将有关数据信息录入计算机管理系统。

第九步是结算。租赁车辆归还后,租赁双方应及时依照合同及收费标准进行费用结算,各项结算单据应当完整保存,企业应当通过计算机系统进行月度、季度、年度经营核算,实行信息化管理,并依照规定向运输管理部门报送有关数据信息。

第十步是合同终止。结算后一个月内随时查询交通违章记录,如无违章记录,一个月后退还承租人交通违章保证金;如有违章记录,则通知承租人接受交通违章处理后退还交通违章保证金;如承租人不接受违章处理,扣除相应罚金后退还剩余交通违章保证金。租赁合同办理终止手续后归档保存。

二是租后服务。租后服务包括救援服务、保险服务、替换服务、双方确定的其他服务等。当租赁车辆发生故障、事故或承租人提出其他服务要求时,相关业务部门应保证及时获得承租人的有关信息,并依照《汽车租赁服务规范》或企业有关规定提供租后服务。具体包括以下服务内容:

a. 救援服务。

救援服务是指承租人在车辆使用过程中,发生事故、出现故障无法正常行驶又不能自行处置时,由汽车租赁企业工作人员或协作单位赶赴现场对车辆进行排障、维修或替换,以保证租车服务能够延续。

b. 保险服务。

发生属于保险理赔范围内的事故,出租人办理车辆出险报案、保险理赔及协助承租人处理与保险理赔有关的事宜。首先,汽车租赁公司业务人员协助承租人从交管部门获得保险索赔所需的必要文件。其次,汽车租赁公司业务人员安排事故车辆到指定修理厂修理并与保险公司办理索赔手续。索赔完毕后将损失情况报相关部门,根据合同条款按收费管理程序向承租人收取费用。

c. 替换服务。

合同期间因故障、交通事故、承租人要求等原因需要用其他租赁车辆替换在租车的服务为替换服务。首先,汽车租赁公司业务人员确定承租人的车辆替换是否符合合同条款,如需缴纳费用,应通知相关业务部门收费。其次,按发车程序交接替换车辆并将车辆变化情况通知相关业务部门。

d. 车辆维护整备。

依照车辆技术要求定期对车辆进行维护,随时对车辆的一般故障或缺陷进行修理维护,恢复车辆正常状况。对退租车辆进行检修和清洁,使其达到相关规定标准,进入待租状态,以备下次租赁业务使用。

e. 在租车辆召回。

在租车辆是指已经交付承租人使用的车辆,在租车辆到达规定的里程或时限需要维护时,汽车租赁企业应当及时召回车辆进行维护,或者委托承租人到指定的维修企业进行维护,维护费用由汽车租赁企业承担。在租车辆需要依法进行安全技术检测时,汽车租赁企业都应当及时召回送检并承担检验费用。车辆租出后,发现安全隐患的,无论是出厂存在的安全隐患,还是使用过程中出现的安全隐患,汽车租赁企业应立即告知承租人停驶,并及时采取上门维修或送修等处置措施。在租车辆因维护、检验、停驶而影响承租人正常使用的,汽车租赁企业应当提供替换车辆服务。

f. 服务质量监督改进。

服务质量监督改进是一项重要的综合性基础工作,贯穿汽车租赁服务的全过程,是汽车租赁企业随时获取服务信息、不断改进服务质量的措施。首先是投诉处理。汽车租赁企业应当在随车的服务监督卡上,公示服务监督投诉电话号码或互联网址,随时接受承租人的意见反馈和投诉,汽车租赁企业对承租人的意见和投诉应当做详细记录,认真查证,妥善处理,并在一周内予以回复。其次是征询意见。汽车租赁企业应定期征询承租人对汽车租赁服务的意见,租赁车辆归还时,应当征求承租人对服务的书面意见,并将有关信息反馈给相关部门记录并协调有关部门处理承租人的投诉,必要时对汽车租赁服务进行调整。

三是业务管理。主要包括合同管理、会员管理、收费管理、车务管理、统计及单位文件管理等。

合同管理主要是记录承租人信息、租赁车辆、租期、租金等主要合同条款并建立数据库,将其作为收费管理、客户管理、车辆管理的基础。根据合同记录信息建立业务情况数据库,通过对这些数据的汇总、分析,准确反映企业经营状况,为企业发展的正确决策提供科学依据。根据业务需要,按照《民法典》有关条款终止合同、续签合同、变更合同并修改相应记录。根据合同记录指导收费管理、客户管理、车辆管理等业务。

会员管理的内容如下:按照会员管理有关规则对客户进行营销、信息等方面的管理。按签订合同程序收集承租人档案材料,并按一定标准编号保存。根据承租人租赁期间的信息变化情况,相应地补充、修改承租人档案信息。对通过承租人资格审核、承租人档案管理程序及其他途径收集的承租人信息进行分析,建立承租人信用信息系统,确保企业利益。定期与客户沟通,掌握客户基本信息的变化情况,及时补充客户信用信息;了解客户对服务产品的需求,及时掌握市场动态,为新服务产品设计提供基础资料。

收费管理主要包括以下内容:根据租赁合同签发各类收、付款通知,并完成收、付款工作。根据租赁合同建立租金、保证金、其他费用的收付台账。收付台账应包括收付缘由、收付对象、收付金额、收付时间等足以清楚记录资金收付情况的项目。及时记录每笔收费情况,编制有关报表。

车务管理是除租赁业务中的车辆调度管理外与车辆有关的其他工作,包括车辆购置和登记、车辆维修维护、车辆年检和证照管理、车辆档案管理、退出租赁运营车辆的销售等。

统计及单位文件管理的内容也是十分重要的。汽车租赁主要业务过程都涉及各种统计报表及合同、车辆交接单、收付款通知等重要单据。不同的业务过程要通过不同的统计报表和单据处理程序加以管理。

3.汽车融资租赁业务流程

汽车融资租赁业务是租赁与买卖的结合,其本质是融资,过程中涉及汽车供货商、承租人与租赁企业三方当事人。因此,汽车融资租赁业务流程相对于汽车经营租赁更为复杂。

汽车融资租赁业务流程大致分为以下三个环节:

①承租人向租赁公司提出汽车融资租赁业务的申请并提供有关资料。

由客户向租赁公司业务人员提出业务需求,并填写融资租赁业务申请表;租赁公司向客户收集《征信查询授权书》及身份证或贷款卡信息,并委托合作银行查询客户的征信记录;通过征信查询后,租赁企业应提供融资方案并报价,与客户商讨和落实方案细节。若客户同意租赁公司提供的融资方案及报价,租赁公司应与客户预签《产品买卖合同》,并要求客户提供本人及其配偶的身份证复印件、婚姻状况证明文件、户口本复印件、法人客户贷款卡复印件等相关文件;将该笔订单交由事业部进行初审,由事业部决定是否安排实地考察。

②租赁公司对承租人进行项目审查并通过。

租赁公司对客户进行实地考察,并根据实地调查情况编制《实地调查报告》。与客户面签《融资租赁合同》、担保协议、客户的《委托扣款授权书》;对订单进行初审、审查和审批,订单审批通过后,下发信审协议;对附条件通过的订单,租赁公司应监督信审决议附带条件的落实,并对信审决议附带条件的执行情况进行监督跟进;对审批无条件通过的订单及信审决议附带条件执行完毕的订单出具《审贷批复函》。

③向租赁公司提供租赁担保(财产抵押或个人无限责任担保);租赁公司对承租人的担保进行公证备案;租赁公司、承租人与汽车供货商签订买卖合同和车辆回购担保合同;租赁公司与承租人签订融资租赁合同;承租人支付租赁保证金后,上述合同生效;租赁公司向供货商支付货款;供货商向租赁公司提交车辆发票及提货单据;租赁公司凭供货商有效发票及单据向车辆管理部门办理牌证和登记手续;租赁公司按合同约定向承租人交付车辆;承租方以租赁公司为受益人按合同约定向保险公司投保车辆相关保险;承租人按合同规定向租赁公司支付租金;租赁公司与承租人按约定进行余值处理;合同结束,租赁公司向承租人出具租赁物件所有权转移证明。

任务三　汽车租赁风险控制

1.风险种类

(1)信用风险

汽车租赁中的信用风险主要是由于承租人不按规定履行合同,做出侵害出租人利益行为而致使出租人受损的可能性。在汽车租赁过程中,汽车的所有权归出租人,但出租人在将该资产出租给承租人之后,便无法对该资产进行监督,从而导致承租人在使用过程中可能做出侵害出租人利益的利己行为。主要表现为以下四类：

一是承租人伪造证件进行骗租。在车辆租赁过程中，对承租人的各项证件进行审核是出租人防范自身风险的重要手段，只有将车辆出租给信用良好，各项条件符合规定的承租人，出租企业才能保证自身利益的安全。然而，现实中，这一手段并不能为出租企业规避所有风险。比如，经常出现一些带有非法目的租车的承租人在证件审核环节向出租企业提供伪造证件的案例，这些承租人在车辆到手后便会携车消失。如果出租企业没有识别出证件的真伪，信任了该承租人，往往会遭受巨大损失。在现实中，伪造证件通常包括伪造汽车销售发票与机动车登记证。

二是承租人伙同他人骗租。除通过伪造证件进行骗租行为外，一些承租人还通过更隐蔽的方式进行骗租。比如，一些承租人在向出租企业提供各项证件时都使用真实合法的证件，但其私下配备所租车辆的钥匙，并安排其他人在公共场所用配备的钥匙实施对该车辆的偷盗行为，偷盗所得赃款由偷盗者和承租人分享。在这一犯罪过程中，承租人的所有行为均合理合法，很难令出租企业产生怀疑，但实质上却严重侵害了出租企业的利益。

三是承租人在合同中虚构自身情况。在融资租赁中，承租人租车的目的不仅是获取车辆的使用权，还要在租赁期结束后购买车辆，因此，出租人必须确认承租人具有购买车辆的经济实力和收入来源，才能进行出租，否则，出租人的投资收益便会受损。然而，现实中，一些承租人在融资租赁合同中虚构自身经济实力、履约能力与担保能力，使其符合开展融资租赁业务的条件，使出租企业承担了巨大的风险。

四是其他信用风险。随着科技手段的不断进步，骗租的手段也层出不穷。甚至骗租手段随出租企业的风险管理方法的变化而变化。信用风险的存在使得汽车租赁企业的利益得不到保证，汽车租赁企业一定要加强风险防范意识，积极调整自身风险防控手段，积极应对信用风险。

（2）经营风险

汽车租赁中的经营风险是指在汽车租赁业务中由于经营管理因素而造成的对当事人经营效益的可能性影响。在汽车租赁过程中，由于车辆交付承租人驾驶和使用，租赁企业在租赁期间难以对车辆的使用状况和使用方法进行现场监督，因此其经营活动具有一定的风险。一般来说，汽车租赁企业经营中的风险主要存在以下两个方面：

一方面是车辆的使用寿命降低导致企业经营成本增加给企业带来的风险。在出租车辆的使用过程中，出租车辆难免会由于各种原因产生损耗，使得车辆使用寿命缩短。如果是车辆使用中发生的正常损耗，则不会对出租企业的经营效益造成影响，因为车辆正常损耗产生的费用已经被计算为成本，在租赁服务的价格制订过程中被考虑。然而，对于出租车辆使用过程中产生的非正常损耗，则会降低出租企业的经营效益。车辆在使用过程中的非正常损耗主要有四种情况：一是承租人对车辆技术管理不足造成的车辆非正常损耗。一些承租人对其所租赁车辆的驾驶特点、性能、构造等方面不熟悉，因而可能发生不当操作，造成车辆损耗；二是承租人在使用过程中不注重对租用车辆的维修保养，造成车辆技术性能的非正常损耗；三是承租人驾驶租赁车辆时发生交通事故，致使车辆必须进行维修，影响车辆的正常运营，或者承租人驾驶租赁车辆发生交通肇事，在案件处理过程中，也可能造成车辆停驶，影响企业的正常运营；四是除了承租人造成的车辆非正常损耗，出租企业对运营车辆的不当管理也是造成车辆非正常损耗的重要原因。当运营车辆出现毁损,出租企业应在第一时间对车辆进行检查和维修,最大程度保障车辆状况,然而,在一些情况下,出租企业对车辆的技术管理存在漏洞,导致车辆状况没能保持最优状态,抬升了企业的运营成本。

另一方面是由于承租人违反双方议定的租赁合同,在租赁过程中侵占租赁企业合法利益导致企业经营收益减少的风险。常见的情况有两种:一是承租人不按合同规定交付租金。有些用户延长用车时间而不补交租金或延期支付租金,超时使用短则十几天,长则几个月,造成企业的租金不能按时收回,车辆周转受到影响。租赁合同除了规定每日基本租赁价格,还对每日行驶里程、行驶范围作出某些限定,对超出使用里程和范围的部分加收部分租金,部分顾客为了少付费,私自拆卸租赁车辆的里程表,使企业蒙受损失;二是承租人非法侵占租赁车辆的所有权。承租人在租赁期内采取不法手段将租赁的汽车进行抵押、偿债或擅自改变汽车的结构,更换零部件,甚至以租车为名,行盗车之实,将租赁的车辆变卖,直接侵占汽车租赁企业的营运资产。

(3)内部风险

内部风险是指个别业务员利用业务程序和管理制度的漏洞,在工作中牟取不法利益致使企业面临的风险。这类风险主要是侵吞营业款、私用租赁车辆,由于是业务员工所为,所以手段隐蔽,比较难察觉。常见的非法侵害企业利益的方式有以下四种:

一是现金交易中侵吞钱款。现金交易中侵吞钱款的机会比较多,常见的有三种情况:业务员给客户开具收款凭证后销毁记账联,然后私吞钱款;业务员不开收款凭证,直接收取客户钱款并私吞;业务员多收钱款而在收款凭证上少写,私吞差额。

二是信用卡交易中侵吞钱款。虽然信用卡业务中不接触现金,但业务员仍有机会侵吞钱款,常见的情况有两种:在客户信用卡上多加数额,然后把刷卡单据的入账联的金额涂改为应收租金的数额,并从现金库中将多收部分的现金拿走;重复刷卡,即趁客户不备,重复刷其信用卡,然后从现金库中拿走重复刷卡金额的现金,并用信用卡凭证抵账。

三是租车不入账。业务员与客户勾结,将不是待租状况的车辆低价出租,因为车辆没有进入待租业务程序,系统对该车不计价收费,业务员可将租金落入自己腰包而不被察觉。

四是私自使用租赁车辆。业务员解除车辆的监控,私自使用租赁车辆。

2. 汽车租赁风险控制的基本方法

针对不同的风险类别,汽车租赁企业应采取不同的风险控制手段。

(1)信用风险的控制手段

杜绝骗租行为,必须从接待客户开始,加强对客户租车资格的审查和认定,主要防范措施有:

①对初次租车者和被记载有盗车记录的租车者,应格外小心留意,严格审核。首先查验租车者是否已列入骗租者黑名单。目前,在北京一些地区,部分汽车租赁公司或行业协会已自发定期发布"骗租者黑名单",运用这一手段可以有效地防止骗租者在不同租赁公司连续作案。

②熟悉证件真伪的识别技巧,必要时请有关颁证机关协助,进行技术鉴定。积极取得公安机关的支持和帮助,辨别户籍册的真假,如在北京地区:1998年5月以前的老户籍册上都是户籍民警手写字体,并有迁出、迁入本地的菱形小章;1998年5月以后的新户籍册上都是

电脑打印出来的印刷字体,只有何时、由何地迁入本地的记录。

③检查租车者身份证。现在假身份证制作水平很高,有的也具有防伪标记,对首次租车的客户应通过公安机关的户籍管理网络进行技术鉴定。

④检查租车者驾驶证:1998年以后办理过年审的驾驶证上面都有本人的身份证号码及家庭住址,并与户籍册相同;其余的驾驶证上没有身份证号,假驾驶证制作的质量比较差,塑料封壳内的卡片字体颜色深浅不一。

⑤了解租车者单位:以业务名义打电话侧面了解租车者的一些情况是否属实;实地考察申请者及其单位,主要了解单位的属性及其有关证件是否真实,无法得到可靠确认时,宁可拒租也不可贸然出租。

⑥了解担保人及担保单位:对担保人的户籍册、身份证及工作单位进行认定,并对其经济状况进行充分了解;了解担保单位的单位性质及法人代表、注册资金、经营状况等,必要时可与担保方直接取得联系,核实其真实性。

⑦请某些客户填写心理答卷,对打分不合格者,婉拒租车。答卷由心理专家和专业人员共同制定,从微机中随机抽选,其科学性经实践证明,比较令人信服。为了避免摩擦纠纷,可采用隐蔽真意的问卷抽奖等方式调节、缓和气氛。

⑧大力推行会员制管理模式是防范骗租的有效措施。此外,一些汽车租赁公司在租车站点的办公室内采用安装摄像设备的办法,当客户在办理租车手续时,摄像设备可将其容貌摄录下来,日后一旦发生纠纷即可作为有力的证据。更为重要的是,这对于前来租车的客户无异于一次心理测试。当然,在具体操作上,一定要结合当地的实际情况和客户的心理感受,避免给有正当租车需求的客户造成伤害。

(2)经营风险的控制手段

正是由于汽车租赁经营具有风险,企业才必须建立健全相应的风险管理、控制机制,以保证企业的健康发展。具体说来可以采取以下几点措施:

①提高全体员工的风险防范意识,建立相应的规章、措施,规范操作程序,对风险的防范给予制度上的保证。在企业内部设立风险防范机构,负责对运营的汽车和租车的客户进行风险评估、监测和控制,与银行、保险、公安交管部门建立稳定的合作关系和信息交换体系,控制风险事件的发生,提高事件发生后的处理效率,将企业的风险控制在最低水平。

②建立车辆详细的技术档案和租赁车辆的保养、检查、维修标准和制度。及时发现故障隐患并及时解决,保证车辆的正常运行;建立车辆定期检查和大修规范,定期评估车辆的技术状况,确保需要保养或修理的车辆获得及时的维修服务,以提高车辆在使用过程中的安全性。

③建立跟踪服务制度。在租赁期间通过电话回访或其他形式,经常与承租人保持联系,掌握租赁车辆的使用情况,避免欠租现象的发生,降低车辆被盗的可能性;同时也了解承租人的驾驶习惯和消费偏好,对于那些不熟悉租赁车辆使用条件的客户给予适当指导。

④完善租车手续和租赁合同,依法约束租车人的行为,保障企业合法权益。汽车租赁企业应与用户签订周密的租车合同,详细规定双方的权利义务和纠纷解决方式,适当提高违约赔偿金,用法律手段维护企业合法权益。涉及刑事案件的应及时向公安部门报案,提供有用

线索协助破案,制止犯罪。

⑤为营运车辆进行保险以分担经营风险。一旦被租的车辆发生交通肇事或被盗,企业应及时派人至现场并及时向保险公司、公安交管部门报案,协助有关部门勘查现场,认定责任,及时依照保险条款向保险公司提出索赔,减少经济损失。

(3)内部风险控制手段

一是要制定严格、完善的管理制度,特别是现金收付、登记等财务管理制度,如营业结束后应当2人以上共同清点现金、对账。二是结算方式。尽量使用信用卡结算,不接受现金支付租车费用,减少现金流通环节。三是对异常情况进行审核。出现现金不符、调整账务等问题,很可能是员工舞弊的征兆或机会,此时应加强对异常情况的审核。对于现金与记账不符的情况,无论是短缺或溢出,都应找出现金与记账不符的原因;尽可能减少调账,避免因客户原因或企业原因取消订单而退还已付租金产生的调账,更应杜绝因业务员错误造成的调账。四是严格执行车辆监控制度。多数汽车租赁业务软件具有租赁车辆状态与GPS绑定的功能,即待租车辆被锁定,如果移动范围超出所属营业门店,GPS监控则会发出位置异常报警。对于报警车辆,相关人员应核实是否被非法出租或业务员私用。

3.风险控制的具体操作实务

(1)签订合同前的风险防范

签订合同前的风险防范措施就是预先在以下几个方面对客户进行信用审核和评估:客户租赁车辆的目的是否合理,是否有能力支付租金;客户是否有稳固的社会和经济地位,一般从客户的职业、供职的单位、居住条件、年龄及婚育状况进行判断;客户是否可提供信用破产时的担保,如财产担保或第三方担保等。

审核的方法主要是对客户提供的各类资料进行审核以及对资料真实性进行复核,包括上门核实。对一些信用特征比较清晰的客户,如知名人士,在政府、大型金融机构、公检法机关供职的人员可以适当精简审核过程和手续。

汽车租赁企业一般设立专门部门,以发展会员的方式对客户进行信用审核。这样可以避免在签订合同时进行信用审核易造成的疏漏、增加客户办理租赁手续时间等弊端。通过信用审核的客户填写载有会员信息、双方在会员服务方面的权利与义务条款等内容的"会员申请表",并签字后获得会员资格卡,会员租车时凭会员卡就可以免除信用审核的程序。会员的有效期为一年,到期后应对会员资格进行重新审核,但在有效期内对会员信用状况的复核也很重要,定期组织会员活动是复核会员信用状况的良好手段。

另外,利用相对完善的信用体系也可以实现在合同前的风险防范。汽车租赁企业的信用体系毕竟有很多局限性,随着我国信用体系的发展、完善,利用社会信用体系、银行信用体系,可以降低汽车租赁企业信用管理成本,提高信用管理的功效。现阶段,汽车租赁企业与银行进行联名卡形式的合作,能够较好解决信用管理问题。民航、宾馆行业在营销中建立了庞大的会员体系,其会员的信用标准和消费领域与汽车租赁行业有很大的重叠性,与这两个行业合作,共享其信用等级比较高的会员,有很大的可操作性和发展空间。

(2)签订合同时的风险防范措施

签订合同时的风险防范措施比较薄弱,主要依据客户提供的有关证件等有限资料,在有限的时间内按照业务程序对客户的信用情况进行审核,其判断的准确性常依赖于负责客户资格审核的业务人员的工作能力。业务人员应加强对证件识别能力的训练。在与客户接触时,尽可能与客户交谈以获得对方更多的信息,通过对这些信息的综合分析,对客户信用情况及其资料的真伪作出判断,因此,业务人员有较丰富的社会知识和广阔的知识视野是十分重要的。

业务人员应严格、细致地审核客户提供的资料。住址,包括注册地、经营地址、经办人的居住地址等是核实的重点。对资料之间的相互比对是检查其真实性的重要办法。例如,某犯罪分子使用真实的营业执照,但签订合同所用公章的名称与营业执照的名称有一字之差:公章中为"冷"字,营业执照为"泠"字,业务人员在办理租赁手续时未能发现这一疏漏,使其得逞。而营业执照的单位也以这一字之差否认是租车合同的合法主体。

应婉拒个人同时租用多辆车或长租,业务人员应注意观察同来租车人相互之间的关系。通常个人用户基本只在节假日租车,如在其他时间或同时、先后租用多辆汽车或长期租用汽车,违背一般规律,应特别注意。有时犯罪分子以招收驾驶员为名,让受害人到租赁公司租车,然后人车消失,租车人既拿不到工资,又要承担赔偿责任。多数情况下受害人经济状况不佳,无法履行赔偿义务,最终还是汽车租赁企业利益受损。

对于注册资金少于 100 万元的公司应加强审核和监控。这类企业多从事装修、广告、科技、咨询、餐饮等行业,竞争激烈、淘汰率高,对具有这些特点的承租人,一定要谨慎。如某装饰有限责任公司,注册资金为 50 万元,主要从事装修业务,起初租金缴纳情况尚可,半年后拖欠租金并失去联系,到公司注册、营业地址查找无结果,到其法人代表身份证地址查找也无所获,后经了解,该公司经营失败已经倒闭。在签订合同时对客户信用情况进行审核,参考以上所列规律,对提高信用审核的有效性有一定帮助。

对于长期租赁业务,如果承租人的信用评估等级较低,可采用提高首付款比例,委托代理商采购、维护、管理、回购租赁车辆,使用网银支付租金、首付款,租赁车辆保险受益人为汽车租赁企业,采取将租赁车辆进行抵押登记和公证等措施控制风险。针对汽车租赁企业的信用审核规律和措施,诈骗分子采取了反审核措施并且越来越专业化。例如,某诈骗团伙利用租赁企业周六、周日工作人员少、业务繁忙,容易产生疏漏,租赁企业对有固定场所的客户审核容易麻痹的情况,租用办公室,然后通知租赁公司送车上门,结果两天内数家租赁公司上当,近 10 辆租赁车被骗。但有一家租赁公司没有上当,因为他们发现犯罪分子租用的宾馆位置根本不适宜从事营业执照上的业务。虽然营业执照是真的,但只是注册资金为 50 万元的咨询公司,而且犯罪分子的言谈举止有很多做戏的成分。后来查明,犯罪分子的营业执照是从工商注册代理机构买来的。因此,在进行信用审核时,不能仅仅机械地执行业务程序,查看证件、地址、电话,而要善于察言观色,尽可能多地获得客户信息,对这些信息进行综合分析,作出正确判断。

(3)合同履行中的风险防范措施

车辆失控、车辆被盗、拖欠租金等风险多是在车辆租赁过程中发生的,采取以下措施,可以减少风险:

①定期与承租方接触。对于长租客户,除定期收取租金外,应设法采取各种方式定期与

承租人接触,如上门服务、征求意见等,形成汽车租赁企业随时重视和关注承租人的印象。反之,承租人可能觉得汽车租赁企业对车辆疏于管理,继而对租赁车辆产生不良企图。特别是对于将租赁车辆开往外地的承租人,应严格审核,避免租赁车辆长期在外地,处于无法控制的状况。如租赁车辆必须长期在外地行驶,可委托当地汽车租赁企业代为管理,降低风险。

②定期检查和更换防盗装置。租赁车辆的防盗装置应定期检查或更换,GPS 等电子防盗装置应保持运行可靠,对突然失去踪迹的车辆及怀疑车辆应注意发生时间、地点和规律。

③随时注意交款情况。随时注意承租人的交款情况,如多次出现迟交租金的情况,应考虑终止合同,以免损失扩大。当出现交款异常时,应采取恰当方式,到承租人处了解情况,及时掌握对方行踪。在催收应付租金时,应向承租人下发书面通知书,作为日后起诉承租人违约的证据之一;收取支票时,应注意是否有证签模糊等违反银行票证管理规定的地方,防止承租人借机拖延支付。

一般的汽车租赁合同都在承租人违约责任中有这类规定:"承租人有下列行为的,出租人有权解除合同并收回租赁车辆:提供虚假信息;租赁车辆被转卖、抵押、质押、转借、转租或确有证据证明存在上述危险;拖欠租金或其他费用。"这为汽车租赁企业在面临风险时,采取相应措施、保护自身利益提供了法律依据。在采取措施之前,应首先向承租人发出合同终止通知书。

如果承租人合同期满后仍未退还车辆,汽车租赁企业应向承租人发出合同终止通知书,以防止承租人利用《民法典》规定"租赁期限届满,承租人继续使用租赁物,出租人没有提出异议的,原租赁合同继续有效,但是租赁期限为不定期",推脱违法责任。

(4)善后处理

①车辆失控。确认车辆失控后应尽快寻找承租人及相关人员和车辆的下落,整理、收集租赁合同、收款通知书等证据。如汽车租赁企业自行收回车辆和欠款失败,承租人行为属于刑事犯罪的,可向公安机关报案,寻求协助;不属于刑事案件的,可向法院起诉。除合同规定的租金外,可追加车辆失控期间租金的赔偿。

②车辆被盗。应立即协同承租人到当地派出所报案,汽车租赁企业同时通知保险公司。公安部门立案后进入侦察程序,如果 3 个月后未能破案,公安机关向汽车租赁企业发出《车辆被盗证明》,企业凭此证明向保险公司办理索赔手续。注意必须向承租人收回被盗车辆的车钥匙,交给保险公司。

③拖欠租金。通常情况下,汽车租赁企业应在合同履行期间根据承租人拖欠租金情况,随时终止合同,以及早收回租赁车辆为首要目标,降低由拖欠租金转为车辆失控的风险,避免遭受更大损失的风险。如承租人确有可执行的财产价值,可向法院起诉承租人支付拖欠租金和利息。如发现承租人有其他违法犯罪行为,应及时向公安部门报告。

任务四 汽车租赁涉及的法律法规

1.汽车租赁中的法律法规

我国目前汽车租赁行业的主要法规文件为原中华人民共和国交通部、原国家计划委员会1998年颁布的《汽车租赁业管理暂行规定》,以及各地方根据该条令制定的相关汽车租赁管理条例。

在《汽车租赁业管理暂行规定》中,要求开展汽车租赁的企业必须具备一定的资质。其中规定经营汽车租赁业配备的车辆不少于20辆,且汽车车辆价值不少于200万元人民币,在用车辆必须具有齐全有效的车辆行驶证件;规定经营汽车租赁业的流动资金必须不少于车辆价值的5%;规定经营汽车租赁业必须有固定的经营和办公场所,停车场面积不少于正常保有租赁汽车投影面积的1.5倍。在人员和机构设置方面也有相关规定,经营汽车租赁业有必要的经营机构和相应的管理人员,在经营管理、车辆技术、财务会计等岗位分别有一名具有初级及其以上职称的专业技术人员。《汽车租赁业管理暂行规定》对租赁活动中的行为进行了规定,比如车辆的技术标准、收费标准、租赁合同的内容、租赁企业的规章制度等方面。除了以上的规定外,有些地区还针对本地的实际情况制定、颁布了《汽车租赁业管理实施细则》,对经营汽车租赁业的技术经济条件提出了更高的要求。《汽车租赁业管理暂行规定》和各地颁布实施细则规定了企业投资汽车租赁行业的最低投资额,各企业应根据实际情况和拟进入的目标市场确定具体用于租赁的车型、数量、经营场地、经营设施和人员配备。

此外,《汽车租赁业管理暂行规定》也规定了汽车租赁经营人和承租人的法律责任规定。租赁经营人未按规定领取《道路运输经营许可证》擅自经营的,处以5 000元以上10 000元以下罚款;租赁经营人未按规定领取《道路运输证》擅自经营的,处以5 000元以上10000元以下罚款;承租人在行车中未携带《道路运输证》的,被处以300元以上500元以下罚款;租赁经营人违反规定收取租赁费用,处以所收费30%~50%的罚款,但最高金额不超过30 000元;租赁经营人和承租人未按规定办理有关手续,擅自从事营业性运输的,处以5 000元以上10 000元以下罚款。

原中国保监会印发的《机动车辆保险条款》和《机动车辆保险费率规章》,分别对租赁车辆的险种和保险费率根据不同的地区作了相应的规定。2004年5月发布实施的《中华人民共和国道路交通安全法实施条例》也对租赁车辆发生意外交通事故的处理办法作了相应的规定。

2. 汽车融资租赁中的法律法规

汽车融资租赁整套流程涉及汽车厂商、出租人、承租人等多方的紧密合作。因此,汽车融资租赁行业在法律法规上也有许多需要注意的地方,需要专业人才具备专业知识,才能在开展业务时有辨明是非的能力,遇到问题也能时刻明确企业和承租方都具有哪些责任。

(1)《民法典》2020年

涉及法规:第三编第十五章——融资租赁合同

涉及法规:第二编第十七章——抵押权

《民法典》清晰界定了汽车金融业务中的相关概念,如浮动抵押、抵押登记、抵押物处置,为汽车金融业务相关操作扫清了政策障碍。

(2)国务院《汽车贷款管理办法》2017年修订

涉及法规:第三条

从1998年人民银行允许国有独资商业银行试点开办汽车消费贷款业务以来,车贷业务一直都是商业银行的"独享"业务。随着2017年修订的新办法执行,能经营车贷业务的机构也扩大到各商业银行、城乡信用社以及汽车金融公司。该条款也在法律上给了已经获批的汽车金融公司一个"名正言顺"的地位,车贷不再由银行垄断,允许多种类机构同台竞争。

需注意:2016年12月27日,中国人民银行发布的《关于修改〈汽车贷款管理办法〉的决定(征求意见稿)》中,较为引人关注的修改有两项:一是拟取消强制担保的要求;二是拟对车贷比例重新给出限定。《征求意见稿》明确指出了"经贷款人审查、评估,确认借款人信用良好,确能偿还贷款的,可以不提供担保"和"贷款最高发放比例要求由中国人民银行、中国银行监督管理委员会根据宏观经济、行业发展等实际情况另行规定"的相关具体内容。

由此看来,《汽车贷款管理办法》修改后,将不再对借款人提出强制担保要求,信用良好的借款人可以更容易获得汽车贷款。

(3)国家工商行政管理总局《动产抵押登记办法》2016年最新修订

修订后的《动产抵押登记办法》将动产抵押登记办理要求将抵押合同双方当事人共同办理简化为抵押合同一方作为代表进行办理,同时取消了委托代理人办理模式下要求双方另行提供授权委托书的规定及变更、注销抵押登记时要求提供原动产抵押登记书的规定,从而简化了办理动产抵押登记的要求。并且明确其适用范围为《民法典》规定的动产抵押,从而修改了原办法"以现有的以及将有的生产设备、原材料、半成品、产品抵押的"的表述,杜绝了工商机关仅就动产浮动抵押办理抵押登记的歧义;此外,由于部分地区政府机构改革已将工商机关职能并入市场监督部门,亦明确了工商机关包括履行工商行政管理职责的市场监督管理部门。

(4)原银监会《汽车金融公司管理办法》2008年修订

《汽车金融公司管理办法》的出台打破了目前国内由商业银行垄断汽车金融业务的格局,形成汽车金融市场多种机构、多种服务方式的竞争,拓展了汽车金融公司的业务范围、融资渠道等,从准入条件、业务范围、风险管理指标等方面对汽车金融公司管理办法进行了修改。

(5)交通运输部等七部门《网络预约出租汽车经营服务管理暂行办法》2016年修订

《网络预约出租汽车经营服务管理暂行办法》规范了网约车的行为,其中:网约车平台公司应当取得相应的《网络预约出租汽车经营许可证》;提供服务的车辆应当取得《网络预约出租汽车运输证》,从而保证线上提供服务的车辆与线下实际提供服务的车辆相一致;提供服务的驾驶员应当取得《网络预约出租汽车驾驶员证》,从而保证线上提供服务的驾驶员与线下实际提供服务的驾驶员相一致。这些规定对汽车金融、汽车融资租赁企业的风险管理来说有一定的保障。

(6)商务部《汽车销售管理办法》2017年修订

2017新出台的《汽车销售管理办法》也被称为汽车流通领域的"基本法"!打破了汽车品牌销售单一授权体制,取消了总经销商和品牌经销商备案管理制度,实行授权和非授权两种模式并行。为打破品牌垄断、充分发挥市场竞争力、创新流通模式创造了条件,也进一步影响了政策的放开和导向变化。

(7)汽车融资租赁出租人主体资格问题

20世纪90年代初期,中国人民银行相关行政规章明确规定,只有经过中国人民银行批准,具有融资主体资格的租赁公司才有权从事汽车融资租赁专营业务,否则,不能成为融资租赁合同的出租人。1996年5月27日,最高人民法院《关于审理融资租赁合同纠纷案件若干问题的规定》(以下简称《规定》),也明确规定"出租人不具有从事融资租赁经营范围的融资租赁合同应认定为无效合同"。该《规定》同时还规定"融资租赁合同所涉及的项目应当报经有关部门批准而未经批准的,应认定融资租赁合同不生效"。这里所涉及的项目应当报经有关部门批准实际就是融资租赁类似于金融机构从事金融业务应报中国人民银行批准。从以往的相关规定来看,汽车融资租赁出租人主体资格是必须具备经中国人民银行批准专营融资租赁业务的汽车租赁公司,否则汽车融资租赁合同不生效。例如,无融资租赁出租人主体资格的一方与承租人签订了融资租赁合同,就应认定为无效合同。该《规定》于2014年3月废止。最高人民法院印发的《关于审理融资租赁合同纠纷案件适用法律问题的解释》于2013年11月25日由最高人民法院审判委员会第1 597次会议通过,自2014年3月1日起施行,其中明确规定"承租人将其自有物出卖给出租人,再通过融资租赁合同将租赁物从出租人处租回的,人民法院不应仅以承租人和出卖人是同一人为由认定不构成融资租赁法律关系""出租人转让其在融资租赁合同项下的部分或者全部权利,受让方以此为由请求解除或者变更融资租赁合同的,人民法院不予支持"。

(8)汽车融资租赁合同中车辆所有权的归属问题

汽车融资租赁合同是出租人根据承租人对出卖人、汽车租赁物的选择,向出卖人购买汽车租赁物,提供给承租人使用,由承租人支付租金的合同。该合同涉及三方法律主体,两个法律关系,是集融资与融物为一体的综合交易。在汽车融资租赁合同中,出租人和承租人通常会对融资租赁期限届满后租赁物的归属和处置作出约定。与一般的租赁合同不同,在汽车融资租赁合同关系中,承租人对租赁物的归属享有选择权,可通过支付残值买断金的方式取得租赁物的所有权。

目前也有一些经营汽车融资租赁业务的公司在汽车融资租赁合同签订后直接将车辆登记在承租人名下。在这种情况下,就会产生"因车辆所有权的归属而导致对合同性质的认定存在争议"的问题。确定合同的性质是否属于汽车融资租赁合同是解决涉及融资租赁法律纠纷的前提和基础。法院往往将车辆所有权的归属作为认定汽车融资租赁合同法律关系成立的重要依据。如果法院认为车辆不归出租人所有,进而认定汽车融资租赁关系不成立,则出租人主张承租人违约解除合同,请求确认车辆归其所有,或者请求承租人一次性支付全部未付租金等将失去依据。

对此问题,司法实践中,为了鼓励交易,保护当事人的合法权益,一般认为在汽车融资租赁交易中,出现车辆登记在承租人名下但实际所有权为出租人的情况时,法院不宜直接作出汽车融资租赁合同法律关系不成立的判定。公安部及最高人民法院《关于确定机动车所有权人问题的复函》(公交管〔2000〕98号)以及《关于机动车财产所有权转移时间问题的复函》(公交管〔2000〕110号)为解决此问题提供了依据,即确认了公安机关办理的机动车登记,是准予或不准予上道路行驶的登记,不是机动车所有权登记。车辆管理部门办理过户登记的时间不宜作为机动车财产所有权转移的时间。

作为车辆的实际所有权人,出租人应该如何证明自己是车辆的实际所有权人:依据《最高人民法院关于执行案件中车辆登记单位与实际出资购买人不一致应如何处理问题的复函》(〔2000〕执他字第25号),法院可以根据出租人出具的财务凭证、银行账册明细表、缴纳养路费和税费的凭证,证明出租人为实际出资人,独自对机动车享有占有、使用、收益和处分权。法院不应确定登记名义人（即承租人）为车主，而应当依据公平、等价有偿原则，确定车辆的实际所有权人。

任务五　案例分析

汽车租赁涉及诸多复杂的环节，需要考虑多方面因素。因此，在汽车租赁业务的实际开展过程中，不仅应掌握相关理论知识和理论上的操作方法，还应在众多实际案例中认识汽车租赁。因此，本文选取 H 汽车租赁公司汽车租赁活动的实际操作过程作为案例，向读者展示一些汽车租赁的实际操作细节，供读者参考。

（1）H 汽车租赁公司简介

H 汽车租赁公司始创于 1999 年，是一家集房地产开发、高效农林、园林绿化旅游投资与开发、酒店投资与经营、矿业开发与经营等为一体的现代化大型企业集团。H 汽车租赁公司的汽车租赁业务自 2015 年开启以来，经过两年多的发展，其业务开展遍布全国 20 余座大中城市，其产品品种包括旅游租车、商务租车、机场接送租车、婚庆租车、酒店租车、临时租车、会议租车、春运包车（租车）、单位租车、员工上下班租车等。

（2）H 汽车租赁公司面临的同业竞争情况

放眼整个国内汽车租赁市场，H 汽车租赁公司借助其传统品牌优势和人力资源，虽然具备一定的整体竞争力，但竞争对手依然是强劲的。首先是传统的租车企业，包括一嗨租车、神州租车等，凭借多年的耕耘，并借助移动互联网的发展迅速成长，一直处于行业领先地位。其次是近几年完全基于移动互联网而成长的租车公司，包括滴滴租车等，其市场开拓能力较强，客户黏性稍次于前者。最后是国际租车公司，包括赫兹等，主打高端品牌。相对来说，H 汽车租赁公司汽车租赁业务的竞争优势并不明显。主要竞争品牌分析见表 6.5.1。

表 6.5.1　主要竞争品牌分析

竞争品牌	创立时间	企业规模/万辆	业务特色	市场占有率/%	营销特色
一嗨租车	2006 年 1 月	6	全面	7.14	直营+P2P+新能源
神州租车	2007 年 9 月	12.39	全面	17.11	直营+P2P
首汽租车	1992 年 4 月	10	全面	3.38	直营+P2P
滴滴租车	2016 年 8 月	2	自驾游	0.95	自驾游
赫兹租车	1918 年	75	高端	0.83	高端

（3）H 汽车租赁公司的产品价格

表 6.5.2 是 H 汽车租赁公司某店的部分车型报价单。可以看出，车型间报价差距较大，其中兰博基尼埃文塔多 700-4 车型标准报价为 13 000 元/天，包月报价为 8 000 元/天。

表6.5.2 H汽车租赁公司某店的部分车型报价单

品牌车型	标准报价(元/天)	三天报价(元/天)	一周报价(元/天)	包月报价(元/天)
兰博基尼埃文塔多700-4	13 000	12 000	10 000	8 000
法拉利488	8 000	6 500	5 600	4 500
宝马I8	4 600	4 200	3 700	2 300
宾利飞驰	4 000	3 600	3 200	2 200
日产GTR	3 200	2 800	2 500	1 800

(4)H汽车租赁公司的业务流程

第一步:预定。客户通过公司网站、手机客户端、客服中心及实体门店预订用车需求。

第二步:取车。采取网点取车、约定地点取车、上门取车、异地取车等方式。

第三步:办理车辆租赁手续。提供本人身份验证(首次租赁取车需要通过身份证识别系统移动终端认证,驾驶证认证),验车(租赁车辆车况),支付预订车辆租金、根据不同车型支付租车押金(可以使用信用卡预授权等多种方式),签订车辆租赁协议;可以采取会员储值卡支付、银行划款、线上支付、信用卡支付、现金支付等支付手段。

第四步:还车。验车(租赁车辆车况),车辆租金清算,退还租车押金,收取违章押金(可以使用信用卡预授权等多种方式)。

项目七
汽车置换

任务一　汽车置换概述

1.汽车置换的概念

汽车置换有狭义和广义之分,从狭义上来说就是"以旧换新",目前在世界各国成为流行的销售方式,经销商通过二手车的收购与新车的对等销售获取利益,即消费者用二手车的评估价值加上另行支付的车款,从品牌经销商处购买新车的业务。广义的汽车置换,则是指在以旧换新业务的基础上,同时还兼容二手车翻新、跟踪服务、二手车再销售乃至折抵分期付款等项目的一系列业务,从而使之成为一种有机而独立的汽车营销方式。

用来置换的二手车必须是证件齐全有效、非盗抢、非走私车辆,距报废年限一年以上、尾气排放符合要求、无机动车产权纠纷、允许转籍的在用汽车。通过"以旧换新"来开展二手车贸易,车辆更新程序简化,并使二手车市场和新车市场互相带动,共同发展。客户既可通过支付新车与二手车之间的差价来一次性完成车辆的更新,也可选择通过其原有二手车的再销售来抵扣新车车款的分期付款方式。

品牌专卖店可用"以旧换新"的方式促进新车的销售。汽车置换在国外很普遍,经营模式已相当成熟。以美国为例,很多汽车品牌专卖店都有经营二手车的业务。抽样调查显示,置换购车的比例已达到1/3。随着汽车普及率的提高及换车周期逐渐缩短,未来置换购车必将呈上升态势。

汽车置换,不同于以往的二手车市场内经纪公司单纯的买卖业务,而是消费者用二手车的残余价值折抵一部分新车的车款从品牌经销商处购买新车的业务,可以看作是新车交易的延伸。近几年来,国内众多新车品牌专卖店均延伸了这项服务。由于参加置换的厂商拥有良好的信誉和优质的服务,其品牌经销商也能够给参与置换业务的消费者带来信任感和更加透明、安全、便利的服务,所以现在越来越多想换新车的消费者愿意尝试这一新兴的业务,这也使得汽置换业务发展势头良好。

2. 汽车置换的产生与发展

地区收入水平的差异是中国汽车置换市场产生的主要原因。经济学原理告诉我们,经济发达地区和经济欠发达地区的收入水平不同会导致同样商品在不同消费群中具有不同的消费剩余,这种消费剩余的不同直接导致地区间供求关系的转化和价格差。一辆在经济发达地区淘汰下来的二手车在经济欠发达地区可能成为抢手货。目前,汽车置换业务作为刺激新车销售市场的一种竞争手段,受到各大汽车厂商的高度重视,在车辆供应品种、资金配套、储达分流及广告宣传方面给予政策倾斜,使得二手车市场和新车市场互相带动、共同发展。

另外,相关业务利润丰厚也是汽车置换业务产生的原因之一。汽车置换业务自身就是一个“金矿”,且不论信息不均衡所产生的地区车价差,单旧车交易与新车置换过程中收取的手续费、交易费等各种费用也会给从业者带来丰厚的利润,更何况随着业务的发展,置换业务将不再局限于旧车收购后的简单再销售,而是着眼于旧车收购、整新、办证一条龙服务。随着置换规模的形成,所产生的利润将更为可观。

我国的二手车交易市场正处于由导入期向成长期过渡的关键时期。目前,全国共有二手车交易中心400多家。据预测,我国二手车市场的成长期至少需要20年,在成长阶段,二手车的交易递增速度会保持在每年15%以上。我国二手车市场流通的硬件条件已基本具备,足以支撑现行市场的运行及适应潜在市场扩张的需要。

从地域上来看,我国的二手车贸易相对集中于经济发达、汽车保有量大的一些中心城市;从二手车的流向来看,置换下来的二手车有60%是流向乡镇和农村;从发展趋势来看,二手车交易越来越活跃,前景十分广阔。

二手车市场是汽车市场中的一个重要的组成部分,它的培育和发展直接影响着整个汽车市场的发展。二手车以低价位、经济实用的特点吸引了大批有购车欲望的消费者。二手车贸易的发展为大批有意更新二手车的人们打开了方便之门。

汽车品牌供应商进入二手车市场的步伐正在加快。其优势是利用全国的销售渠道形成全国汽车置换网络体系;利用品牌专卖店“四位一体”的功能,对收进和售出的二手车进行产品质量认证,确保所售车辆的质量;在一定范围内对所售二手车进行售后服务承诺;利用金融优势从新车的消费信贷向二手车消费信贷延伸。

我国二手车市场的发展与国外发达国家相比还存在差距。国外发达国家二手车市场的交易量是新车销量的1.5倍左右,而我国二手车市场的交易量仅为新车销量的1/3。二手车市场交易量的增长速度,取决于新车市场的变化。在新车市场价格大幅度下降的趋势下,二手车市场的发展出现较快的增长是不现实的,特别是新车价格持续下降越快,持币待购的消费群体越大,必然会从二手车市场分离出部分欲购群体。

3. 汽车置换的分类

(1)以旧换新

开展以旧换新业务的经销商主要针对目前有车而且想换新车的消费者,通过二手车置换新车这一方式,减少消费者处理二手车的时间、精力等方面的花费,可以在经销商处一站式完成二手车出售、新车买入两种行为。其最大优势是节省时间,但并不提供单纯的二手车回收服务。

(2)置换新车、二手车回收

开展置换新车、二手车回收的经销商在提供置换新车业务的同时,也开展二手车回收业务,这样可以给出售二手车的客户提供一个新的交易平台。

(3)同品牌以旧换新

有些汽车厂家为了增强自身品牌在市场上的占有率,推出用本品牌的二手车置换新车的优惠策略,这种置换方式有助于增强本品牌汽车的市场竞争力。比如,本田汽车有限公司对用本田二手车置换本田新车给予优惠,那么原有的本田二手车车主必然会选择继续购买本田的新车型。这种方式使得消费者购买新车更加便利。

(4)多品牌置换某一品牌新车

多品牌置换某一品牌新车的方式是二手车车主将手中所有品牌的二手车全部用来置换一种新的车型,对二手车车主来说,可以一次性将二手车处理掉,避免了东奔西跑的麻烦;对二手车经营者来说,可以用一款新车获得多种品牌的二手车,丰富了自身二手车的种类。

(5)以旧换旧

二手车置换二手车是二手车置换中的一种,就是拿自己的二手车直接置换二手车。采用二手车置换最重要的优势是办理快速。随着二手车置换业务的不断发展壮大,不少人也开始二手车置换二手车,即用自己年份已久的二手车换个较新的二手车,还有不少人喜欢体验不同车的感受,这种情况下,二手车置换二手车最划算。

4.汽车置换的功能

汽车置换作为汽车贸易中必不可少的一部分,是汽车产业链的重要一环,它的开展、发展和完善,对于我国整体汽车贸易的发展非常重要。汽车置换主要有以下重要作用:

①促进汽车新车贸易发展。一方面,在我国,汽车新车和二手车的购买者是两个购买力水平不同的群体,因而,二手车贸易的发展并不会影响新车市场的发展;另一方面,由于汽车二手车贸易能加快我国汽车的更新周期,因此能带动我国汽车新车市场的发展。

②增加汽车价值链的增值点。汽车置换的发展能带动汽车整修翻新、二手车残值鉴定、二手车评估、二手车修复等多个相关行业,增加汽车价值链的增值点,创造汽车流通领域的新价值。

③平衡我国各地汽车市场发展。我国汽车市场的地区发展不平衡,沿海地区与内地的发展不平衡。汽车置换的开展,可以促进我国各地区之间二手车的流动,推进我国整体范围内的二手车互通贸易,从而平衡我国各地汽车市场的发展。

④推动我国汽车行业发展。汽车置换是开展全方位、全过程汽车贸易的重要内容之一,同时,汽车二手车贸易的发展还是形成我国汽车流通体系、形成完整汽车产业链的关键因素之一。因此,汽车置换是发展我国汽车行业的必经之路,是推动我国汽车行业整体发展的重要手段。

任务二　旧车评估原则与程序

1. 旧车评估原则

旧机动车鉴定评估的基本原则是对旧机动车鉴定评估行为的规范。正确理解和把握旧机动车鉴定评估的原则,对于选择科学、合理的旧机动车鉴定评估方法,提高评估效率和质量具有十分重要的意义。旧机动车鉴定评估的基本原则概括起来有以下几个方面:

①合法性原则。旧机动车鉴定评估行为必须符合国家法律、法规,必须遵循国家对机动车户籍管理报废标准、税费征集等政策的要求。这是开展旧机动车鉴定评估的前提。

②公平性原则。公平、公正、公开是旧机动车鉴定评估机构和工作人员应遵守的一项最基本的道德规范。要求鉴定评估人员的思想作风、态度应当公正无私,评估结果应公道、合理,而绝对不能偏向任何一方。

③独立性原则。一是要求旧机动车鉴定评估机构和工作人员应该依据国家的法规和规章制度及可靠的资料数据,对被评估的旧机动车价格独立地做出评估结论,而不受外界干扰和委托者意图的影响,保持独立和客观公正;二是评估行为对于委托当事人应具有非利害和非利益关系,评估机构必须是独立的评估中介机构,评估人员必须与评估对象的利益涉及者没有任何利益关系,决不能既从事交易服务经营,又从事交易评估。

④科学性原则。科学性是指旧机动车鉴定评估机构和人员要运用科学的方法、程序、技术标准和工作方案开展活动。即根据评估的基准日、特定目的,选择适用的方法和标准,遵循规定的程序实施操作。

⑤规范性原则。规范性是指要求鉴定评估机构建立完整、完善的管理制度,严谨的鉴定作业流程。管理上要建立回避制度、审核制度、监督制度;作业流程的制订要科学、严谨。

2. 旧车评估程序

旧机动车鉴定估价的程序是依法按资产评估的法定程序进行的。下面简要介绍资产评估的法定程序,可以据此来确定旧机动车鉴定估价的实际操作程序和步骤。

资产评估的程序在国家有关的法律、法规和规章制度中做出了具体规定。按照国家的有关规定,整个资产评估工作可分为三个阶段、四个步骤和若干具体环节。三个阶段即前期准备阶段、评估操作阶段、后期管理阶段。四个步骤即申请立项、资产清查、评定估算、验证确认。按法定程序简介如下:

(1) 申请立项

申请立项是指因资产业务需要,资产占有单位依法向国有资产管理部门书面提出进行资产评估的申请报告,由国有资产管理部门进行审核后,做出是否准予进行资产评估决定并通知申请单位。准予评估的,即行建档立案,并据以进行评估事宜等一系列工作。这一程序主要分为申请、立项、委托三个环节。

①申请。

a. 国有资产占有单位向国有资产管理部门申请立项。

b. 集体资产向主管部门申请立项。

c.无主管部门的集体资产、私有资产可直接向评估机构申请立项评估,受理视为立项,并签订评估合同。

按照国家规定,国有资产占有单位有下列情况之一时,应进行资产评估,从而必须向国有资产管理部门提出资产评估申请:

a.拍卖、转让。转让是指国有资产占有单位有偿转让超过百万元或占全部固定资产原值20%以上的非整体性资产的经济行为。

b.企业兼并、出售、联营、股份制经营。

c.与外国公司、企业或其他经济组织或个人开办中外合资经营企业或者中外使用经营企业。

d.企业清算,包括歇业清算和破产清算。

e.行政、事业、企业单位之间发生单位性质的互相转变。

f.依照国家有关规定需要进行资产评估的其他情形。

以上是必须申报的情况。此外,国有资产占有单位有下列情形之一的,当事人认为需要进行资产评估的,也要向国有资产管理部门提出资产评估申请:

a.资产抵押及其他担保。

b.企业承包经营、租赁经营。

c.当事人认为需要进行资产评估的其他情形。

申报行为的主体是申请准予资产评估立项的国有资产占有单位。申请时间一般是在其资产业务提出之后、正式签约委托之前。申报的主体文件是资产评估立项的申请书。

申请的内容包括资产评估的目的,被评估资产用于哪种经营活动,被评估资产的范围、种类、评估基准日。同时,提供有关经济业务的基本文件,如合同可行性报告、资产目录、财务会计报表等。

②立项。

立项是指国有资产管理部门,或者由其授权委托的资产占有单位的主管部门,对评估申请进行审查,对符合规定的申请做出批准决定并书面通知申报单位,同时建档备案,准许评估项目成立的管理行为。对资产评估申请主要从以下几方面进行审核:

a.申报单位对资产占有的合法性,即请求准予评估的资产,应是申报单位合法占有并能用于生产业务的。

b.申报理由的充分性,即请求评估立项有正当、充分的理由,对其经济业务或经济行为确有必要,符合国家有关政策、法规和制度的规定。

c.资产业务的效益性,即需要进行资产评估的经济业务或经济行为,应当有利于资源的合理利用和优化组合,有利于促进社会主义市场经济和现代化建设的发展,有利于国有资产经营使用效率和经济效益的提高,有利于国有资产的保值增值,并不得对社会和生态环境造成不利的影响,涉及业务不得有损国家利益和民族尊严。

d.申报内容和资料的完备性及数据资料的可靠性,即申报文件应按要求做到内容充实、文字简明、资料齐备、数据可靠。

对上述四个方面全面审查、逐一核实后,符合要求的可批准立项;否则限期补充修正后再行审核,不符合要求的则不准立项;对近期已经进行过评估或申报评估的资产数额很小,或经济业务与资产关系不大的,或即使加以评估资产价值也不会明显变动的,可不必立项评估。

有时资产所有者认为,有必要评估某项资产,也可以不经资产占用单位申报,直接立项。国务院正式决定的对全国或特定行业、地区、单位进行的国有资产评估,视为已经批准立项。

经审核后不论是否批准立项,审核机关都应及时书面通知申报单位及其主管部门。已经批准立项的申请单位,接到立项批准通知书后,便可委托评估机构着手进行评估工作。同时,国有资产管理部门应对已批准立项的评估项目登记评估立项表,连同申报文件资料建档立户,作为对其管理监督和验证确认的依据。

③委托。

资产评估申请单位收到立项批准通知书后可根据国有资产管理部门的建议,或自行寻找合适的资产评估机构,进行委托工作。

评估机构接受委托后,要与资产占有单位办理委托手续,双方共同签订《资产评估业务委托书》。委托书是一种合同契约文件,其主要内容包括:

a. 委托方与受托方的单位全称。

b. 委托事项及内容(被评估资产的范围、种类及评估要求)。

c. 评估时间(基准日期和工作起止日期)。

d. 双方的责任和义务。

e. 双方应承担的违约责任。

f. 评估收费标准、费用总额、交费时间和方式等。

(2)资产清查

资产清查是指按确定的评估范围对被评估资产的实际数量、质量等进行的实地盘点,并做出清查报告的过程。资产清查是资产评估的准备工作,一般由委托单位完成。资产评估机构的任务是核实清查工作的质量,并收集待估资产的各种有关资料。

资产评估机构在清查过程中,应对待估资产逐项进行账账、账表、账卡与账实核对,检查资产的名称、数量、计量单位、型号、购置时间、账面价值等是否一致;根据委托书中所列资产的范围逐项进行实地盘点,核实账实是否相符。如果委托评估的资产是企业的整体资产,还要根据企业会计报表,对企业经营成果是否真实做出鉴定。

资产清查过程,同时也是评估人员对待估资产进行现场勘查的过程。评估人员可将评估资产划分类别,按照实际情况,采取不同的方式对资产进行清查。如果待估资产中同一类别资产单位数目较少,应该以普查的方式逐件地进行勘察;如果单位数目较大,也可以按照具体情况,采取抽样方式进行。通过现场勘察,评估人员对待估资产的实际情况有全面、细致的了解,取得评估所需的第一手资料。

在资产清理开始和评定估算之前,评估人员还要收集必要的资料。在实地勘查和资料收集的基础上,对资料进行分类整理、鉴别比较、筛选加工,除供评定估算参考使用外,有重要价值的资料还要留作撰写资产评估报告的附件。

(3)评定估算

评定估算是评估人员根据特定的评估目的和所掌握的待估资产的有关资料,选择适当的评估标准和评估方法,进行具体的计算和判断,从而得出资产评估结果的过程。评定估算是整个评估过程最关键的程序,一般分为以下三个步骤:

①合理划分资产类别。如果对企业的全部资产评估,一般可按房地产、机器设备、流动资产、长期投资、资源性资产、无形资产和其他资产等分类。

②确定正确的估价标准,选择适当的评估方法。根据特定的评估目的、评估范围、资产种类和所掌握资料数据的实际情况,选择正确的估价标准和适当的评估方法。在确定估价标准、选用评估方法时,应遵循选择的主要评估方法与估价标准相一致,估价标准符合特定的评估目的的原则。

③逐件计算资产价值,汇总资产总值,撰写评估报告。在评定估算的基础上,撰写资产评估报告。资产评估报告是资产评估机构及人员对其接受资产评估委托提出的公证文件,负有法律责任。

(4)验证确认

验证确认是国有资产管理部门对资产占有单位提出的资产评估报告,在合法性、真实性、科学性等方面进行检验和确认的过程。对不符合要求的资产评估报告要分别令其修改、重评或做出不予确认的决定。验证确认是资产评估的最后阶段。为了确保资产评估的质量,一定要把好最后一关。这一阶段一般分为以下四个环节:

①审核。

国有资产管理部门接到资产评估报告书及有关资料后,应指派专人对其进行全面细致的审核。审核的主要内容是:

a. 资产评估报告书的各项内容有无错漏。

b. 资产评估工作是否符合法定程序和有关政策法规。

c. 资产评估的范围和基准时间是否符合立项规定。

d. 资产评估的特定目的、计价标准与评估方法是否相互匹配。

e. 资产评估中利用的数据是否可靠,评估计算是否准确,评估结果是否公正。

f. 资产评估报告书的文字是否规范,用语是否确切。

g. 资产评估机构是否具有国家认证的评估资格,收费是否合理。

②验证。

国有资产管理部门在对资产评估报告进行全面审核的基础上,应通过实地抽查等方法,对资产评估结果进行验证。

首先,要对评估结果的数据进行验证。包括:

a. 对资产评估所依据的资料和数据要逐个细致地检验,并与国有资产管理部门掌握的有关技术、经济、物价和财务资料数据核对。

b. 对资产评估采用的公式、计算步骤进行认真验证。

其次,在对资产评估结果资料数据进行验证的同时,还要进行必要的实地验证。要到被估资产单位去进行实地抽样验证,检查资产评估报告书提供的资产名称、规格、购进时间、原值、净值、主要价格、新旧程度、主要折余价格等是否与实物和有关账卡、账表上相应数据一致,是否与当场初步评估结果相一致。

③协商。

为了保证评估结果的合理性、公平性，国有资产管理部门要与被估单位的主管部门、财政部门和有关方面，就资产评估结果进行协商，听取各方面意见。然后综合平衡，将各种意见统一到实事求是、客观公正、合理合法、真实可靠的评估结果上来。

④确认。

经过对资产评估报告书的审核、验证和协商，国有资产管理部门对资产评估结果做出是否准予确认的决定，并登记备案。如果认为评估结果符合要求，国有资产管理部门就要下达资产评估确认通知书。

有关单位对资产评估确认通知书有异议的，可以向上一级国有资产管理部门提出复议，并具体阐述理由和根据。上一级国有资产管理部门收到复议申请后，要根据申请人提出的理由和根据，对已经确认的资产评估报告书中的问题进行重新验证，经复议裁定，向当事人各方下达资产评估裁定通知书后，应根据资产评估的目的和国家有关会计制度进行账务处理。至此，资产评估过程全部结束。

任务三　旧车评估方法

1.重置成本法

重置成本法是指在现时条件下重新购置一辆全新状态的被评估车辆所需的全部成本（称为完全重置成本，简称重置全价），减去被评估车辆的各种因素引起的贬值，以其差额来确定被评估车辆现时价格的一种评估方法。该方法适用于以保险、资产保全为目的的汽车鉴定估价。

重置成本法的理论依据是任何一位理性的消费者在购买某项资产时，愿意支付的金钱绝对不会超过具有同等效用的全新资产的最低成本。因此，重置成本法的基本原理是替代原理，即被评估汽车的评估价格不能高于重新购置的、具有相同功能的被评估汽车的成本。

（1）基本计算公式

①直接计算法。

应用重置成本法进行汽车价值估算时，被评估汽车的评估值大小应是重置成本扣除被评估汽车因各种内部或外部因素带来的贬值或损耗价值，包括实体性贬值（实体性损耗）、功能性贬值（功能性损耗）、经济性贬值（经济性损耗）。其计算公式为：

$$汽车评估值＝重置成本－实体性贬值－功能性贬值－经济性贬值 \quad (7.3.1)$$

a.重置成本：指购买一辆全新的与被评估车辆相同的车辆所支付的最低金额。根据重置方式不同，重置成本可分为：复原重置成本和更新重置成本。复原重置成本是指用与被评估车辆相同的材料、制造标准、设计结构和技术条件等，以现时价格购置与被评估车辆完全相同的全新车辆所需的全部成本。更新重置成本是指利用新型材料、新技术标准、新设计等，以现时价格购置与被评估车辆具有相同或相似功能的全新车辆所需的全部成本。

b.实体性贬值：指汽车在存放和使用的过程中，由于物理和化学原因带来的磨损或自然损耗而导致的车辆实体发生的价值损耗，即由于自然力的作用而发生的有形损耗。

c.功能性贬值:指由于科学技术的发展导致二手车技术相对落后、性能明显降低引起的贬值,即无形损耗。

d.经济性贬值:指外部经济环境发生变化而引起的贬值。包括宏观经济政策、市场需求、通货膨胀及环境保护等因素。

②成新率法。

采用重置成本法进行汽车价值评估时,可以综合各种损耗或贬值确定被评估汽车的成新率。通过计算重置成本与成新率的乘积来确定被评估车辆的价值。其计算公式为:

$$汽车评估值=重置成本×成新率 \tag{7.3.2}$$

式中,成新率是指被评估汽车的现值与全新状态下的重置价值的比值。

在实际进行汽车价值评估过程中,会在式(7.3.2)的基础上再减去一定的折扣,从而估算出被评估汽车的价值。其计算公式为:

$$汽车评估值=重置成本×成新率×(1-折扣率) \tag{7.3.3}$$

对比分析三个汽车估价计算公式,式(7.3.1)中不仅扣除了有形损耗,还扣除了功能性损耗和经济性损耗,从理论上讲更科学。但应用该公式计算时,除了要准确了解二手车的更新重置成本和实体性贬值外,还必须计算其功能性贬值和经济性贬值,而这二者贬值因素要求估价人员对未来影响二手车的运营成本、收益乃至经济寿命有较为准确的把握,否则难以正确评估其市场价值。因此,该公式可操作性较差,使用困难。式(7.3.2)中成新率综合了各种贬值因素,基本上能够反映实际情况,同时操作简单易行,实施起来更容易。式(7.3.3)是在式(7.3.2)的基础上再减去一定的折扣,更贴近汽车行业的实际情况,容易被委托人接受,因此被广泛使用。

(2)重置成本估算

重置成本估算时,在理论上看,应用复原重置成本进行汽车价格估算更准确;但在实际应用重置成本进行汽车评估时,考虑到科技发展等因素,选用更新重置成本计算更合理。如果不存在更新重置成本,则选用复原重置成本。

重置成本的确定时间应以评估基准日车辆所在地收集到的价格资料为准。在资产评估中,其估算方法很多,对汽车评估定价一般采用以下两种方法:

①重置核算法。

重置核算法也称为直接法或细节分析法。其以现行市场价格为标准,计算被评估汽车的重置成本,估算步骤为:

a.将车辆按成本构成分为若干部分;

b.确定各组成部分的现时价格;

c.相加得出待评估车辆的重置全价,即

$$更新重置成本=直接成本+间接成本 \tag{7.3.4}$$

直接成本是指购置全新的相同或类似车辆时所花费的直接构成车辆成本的支出费用。一般是现行市场购置价格,加上运输费和办理入户手续时所交纳的各种税费,如车辆购置税、车船使用税、入户上牌费、保险费等。

间接成本是指购置车辆时所花费的不能直接计入购置成本中的其他成本。如购置车辆发生的管理费、专项贷款发生的利息、洗车费、美容费、停车管理费等。在实际的评估作业中,间接成本可忽略不计。

②价格指数法。

价格指数法也称为价格指数调整法,它是在车辆原始成本基础上,通过价格指数变动确定其重置成本,计算公式为:

$$车辆重置成本 = 车辆原始成本 × 车辆评估时的价格指数 / 车辆购买时的价格指数$$
$$(7.3.5)$$

或者

$$车辆重置成本 = 车辆原始成本 × (1 + 车辆购买日到鉴定估价日的价格变动指数)$$
$$(7.3.6)$$

式中,价格指数是反映不同时期商品价格水平的变化方向、趋势和程度的经济指标,是国家统计部门或物价管理部门以及政府机关发布的物价动态数据。价格指数按其计算时所采用基准日期的不同,可以分为环比价格指数(以上一期为基期)、年距环比价格指数(以上年同期为基期)和定基价格指数(以某一固定时期为基期)。在式(7.3.6)中,所采用的价格指数为定基价格指数,基期应和车辆的购置日期一致,计算期应和车辆评估的基准日期一致。

(3)实体性贬值估算

实体性贬值估算通常可采用以下两种方法:

①观察法。

观察法是由评估人员对车辆进行技术观察和检测,对被评估车辆的整车或各主要总成、部件分别进行技术鉴定,并综合分析车辆的设计、制造、使用、磨损维护、改装和经济寿命等因素,将评估对象与其全新状态相比较,考察由于使用磨损和自然损耗对车辆的功能、技术状况带来的影响,判断被评估车辆的有形损耗率,从而估算其实体性的一种方法。其计算公式为:

$$车辆实体性贬值 = 车辆重置成本 × 有形损耗率 \qquad (7.3.7)$$

②使用年限法。

该方法假设在汽车的整个使用寿命期内,车辆实体性贬值与时间呈线性递增关系;二手车价值的降低与其损耗的大小呈正比。其计算公式为:

$$车辆实体性贬值 = (车辆重置成本残值) × 已使用年限 / 规定适用年 \qquad (7.3.8)$$

对于正常使用的车辆,规定车辆使用年限,即车辆的使用寿命,应根据《机动车强制报废标准规定》执行。

车辆已使用年限是指汽车开始使用到评估基准日所经历的时间,已使用年限计量的前提条件是车辆的正常使用条件和正常使用强度。在实际评估中,运用已使用年限指标时,应特别注意车辆的实际使用情况,而不是简单的日历天数,同时要考虑车辆的实际使用强度。

例如,对于某些以双班制运行的车辆,其实际使用时间为正常使用时间的 2 倍,因此该车辆的已使用年限,应是车辆从开始使用到评估基准日所经历时间的 2 倍。

使用年限法较为简单,容易操作,一般用于二手车的价格初步估算或价值不高的二手车价格评估。

（4）功能性贬值估算

汽车的功能性贬值是指科学技术发展导致的车辆贬值，其影响因素众多，难以量化，往往采用调整系数进行修正。

（5）经济性贬值估算

经济性贬值是指因外部经济环境发生变化所造成的车辆贬值。由于影响因素众多，并且造成贬值的程度也不尽相同，所以在评估时通常统筹考虑这些因素，无法单独计算每种因素所引起的贬值。估算方法如下：

①车辆经济性贬值的估算主要以评估基准日以后车辆是否停用、闲置或半闲置作为估算依据。

②已封存或较长时间停用，且在近期内仍将闲置，但今后要继续使用的车辆，其估算的方法为：按照其可能闲置时间的长短及其资金成本估算其经济性贬值。

③根据市场供求关系，估算其贬值。

（6）车辆成新率估算

车辆成新率是反映被评估车辆新旧程度的指标，是指汽车的功能或使用价值占全新汽车的功能或使用价值的比率，即汽车的现时状态与全新状态的比值。车辆成新率的确定通常采用使用年限法、技术鉴定法和综合分析法三种。

①使用年限法。

使用该方法估算车辆成新率时，与实体性贬值中估算方法一致，即假设在汽车的整个使用寿命期内，车辆实体性损耗与时间呈线性递增关系。其计算公式为：

$$车辆成新率 = \left(1 - \frac{车辆已使用年限}{车辆规定使用年限}\right) \times 100\% \qquad (7.3.9)$$

②技术鉴定法。

技术鉴定法是指由评估人员使用技术鉴定的方法测定车辆成新率的一种方法。该方法与实体性贬值估算方法一致，即以技术鉴定为基础，由评估人员对车辆进行技术观察和技术检测，对被评估车辆的整车或各主要总成、部件分别进行技术鉴定，并综合车辆的设计、使用等因素，将评估对象与其全新状态相比较，鉴定汽车的技术状态。

a. 部件鉴定法。

部件鉴定法是指对汽车进行评估时，按其组成部分对整车的重要性和价值量的大小进行加权评分，最后确定车辆成新率的一种方法。基本步骤为：

第一步：将车辆分成若干个主要总成、部件，根据各部分的制造成本占整车制造成本的比重，确定各自的权重百分比 a_i。在实际评估时，应根据车辆各部分价值量占整车价值的比重，调整各部分的权重。其中：

$$\sum_{i=1}^{n} a_i = 1, i = 1, 2, 3, \cdots, n \qquad (7.3.10)$$

式中　a_i——被评估汽车某部件或总成的成本占整车成本的权重；

　　　i——被评估汽车划分主要总成、部件的数量。

第二步：以全新车辆各部分的功能为标准（100 分），根据评估车辆各总成、部件的技术

状况估算成新率 N_{ri}。若某部分功能与全新车辆对应部分的功能相同,则该部分的成新率 $N_{ri}=100\%$;若某部分的功能完全丧失,则该部分的成新率 $N_{ri}=0$。

第三步:以各总成、部件的估算成新率 N_{ri} 分别与各部分的权重 a_i 相乘,即得该总成、部件的加权成新率 NR_i。其计算公式为:

$$NR_i = N_{ri} \times a_i, i = 1, 2, 3, \cdots, n \tag{7.3.11}$$

式中　NR_i——被评估汽车某一部件或总成的加权成新率;

　　　N_{ri}——被评估汽车某一部件或总成的估算成新率;

　　　a_i——被评估汽车某一部件或总成的成本占整车成本的权重。

第四步:将各总成、部件的加权成新率相加,即得到被评估车辆的成新率。其计算公式为:

$$NR = \sum_{i=1}^{n} NR_i, i = 1, 2, 3, \cdots, n \tag{7.3.12}$$

式中　NR——被评估车辆的成新率。

应用部件鉴定法确定车辆成新率,其估算结果更接近客观实际,可信度高。它既考虑了车辆的有形损耗,也考虑了车辆由于维修或换件等追加投资使车辆价值发生的变化。但该方法计算比较烦琐,费时费力,而且车辆各组成部分的权重难以掌握,因此,这种方法一般用于价值较高的车辆的价格评估。

b. 整车观测法。

整车观测法主要是通过评估人员的现场观察和技术检测,综合分析车辆的设计制造、使用、磨损、维护、改装和经济寿命等因素,对被评估车辆的技术状况进行鉴定、分级,以确定车辆成新率的一种方法。对汽车技术状况进行分级的一般方法是先确定投入使用不久的车辆和将要报废处理的车辆,然后再根据车辆评估的精细程度要求在上述两者之间分若干等级。二手车技术状况评估分级如表 7.3.1 所示。

表 7.3.1　二手车技术状况评估分级

车况等级	新旧程度	技术状况描述	成新率
1	新	使用不久,行驶里程一般为 3 万~5 万 km,在用状态良好,能按设计要求正常使用	89%~65%
2	良好	使用 1~3 年,行驶里程为 5 万~8 万 km,使用过程中正常维护,在用状况良好,车门、车窗开启正常,内饰良好,车身漆面无锈点;故障率低,可随时出车使用	89%~65%
3	一般	使用 4~6 年,平均每年行驶里程超过 3 万 km,发动机或整车经过大修一次,大修后较好地恢复原性能,在用状态良好,外观中度受损,修复情况良好	64%~40%
4	老旧	使用 6 年以上,发动机或整车经过二次大修,动力性能、经济性能、工作可靠性能都有所下降。外观油漆脱落受损,金属件锈蚀程度明显,故障率上升,但车辆符合《机动车安全技术条件》的要求,在用状态一般或较差	39%~15%

续表

车况等级	新旧程度	技术状况描述	成新率
5	残旧	使用10年以上，基本达到或已达到使用年限。燃料费、维修费、大修费用增长速度快，排放污染和噪声污染不达标	15%以下

应用整车观测法估算成新率时，应观察检测或搜集的技术指标包括：车辆的现时技术状态、车辆的使用时间及行驶里程、车辆的主要故障经历及大修情况、车辆的外观和完整性等。

整车观测法大多通过人工观察进行车辆技术状况鉴定，因此，应用该方法客观、准确判断车辆成新率的基本前提是评估人员必须具有一定的专业水平和较丰富的评估经验。

整车观测法的判断结果没有部件鉴定法准确，一般用于中、低价值车辆成新率的初步估算，或作为利用综合分析法确定车辆成新率的参考依据。

③综合分析法。

综合分析法是以使用年限法为基础，综合考虑车辆的实际使用时间、实际技术状况、维护情况、原车制造质量、车辆外观质量、车辆用途、使用条件及重大事故经历等多种因素对二手车价值的影响，通过调整综合系数来确定成新率的一种方法。其计算公式为：

$$车辆成新率=\left(1-\frac{车辆已使用年限}{车辆总使用年限}\right)×综合调整系数×100\% \tag{7.3.13}$$

综合调整系数可参考表7.3.2中推荐的数据，用加权平均的方法确定，即将选取的调整系数与权重相乘求得各影响因素权分值，再将各权分值相加，得到所求综合调整系数。

不需要进行项目修理或换件的车辆，可采用表7.3.2中推荐的综合调整系数，并用加权平均的方法进行微调；车辆需要进行修理或换件，特别是大修后的汽车，在综合考虑表7.3.2中各项影响因素后，采用其他方法确定一个综合调整系数。

表7.3.2 车辆成新率综合调整系数

影响因素	因素分级	综合调整系数	权重/%	影响因素	因素分级	综合调整系数	权重/%
技术状况	好	1.2	30	原车制造质量	进口	1.1	20
	较好	1.1			国产名牌	1.1	
	一般	1.0			非国产名牌	0.9	
	较差	0.9		车辆用途	私用	1.2	15
	差	0.8			公务、商务	1.0	
维护	好	1.1	25		营运	0.7	
	一般	1.0		适用条件	较好	1.0	10
	较差	0.9			一般	0.9	
					较差	0.8	

综合分析法较为详细地考虑了影响二手车价值的各种因素,并用综合调整系数指标来调整车辆成新率,评估值准确度较高,是二手车鉴定估价最常用的方法之一,适用于具有中等价值的二手车评估。

(7)折扣率估算

上述成新率的估算方法往往只考虑了一种因素,如使用年限法计算的成新率仅仅考虑了使用年限因素对车辆的实体性损耗的影响。部件鉴定法虽然考虑了各个部件的损耗情况,但没有充分考虑年限以及行驶里程对车辆价值的影响。为了避免采用单一因素计算成新率的不足,实际车辆鉴定估价过程中,常采用公式(7.3.3)进行估算,即以一个折扣率来衡量其他因素对车辆价值影响的大小。

折扣率估算根据市场同种车型的供求关系、宏观经济政策、对车价变化的未来预期及市场实现的难易等因素,由二手车评估人员依据评估经验进行判定。

2. 现行市价法

现行市价法又称为市场法、市场价格比较法,是指通过比较被评估车辆与最近市场上公开出售的完全相同或类似车辆的异同,并将类似车辆的市场价格进行调整,从而确定被评估车辆价值的一种评估方法。现行市价法是最直接、最简单的一种评估方法,通常适用于成批收购鉴定和典当的车辆;单件收购估价时还可以讨价还价,达成双方都能接受的交易价格。

该方法的基本思路是:通过市场调查选择一个或几个与被评估车辆相同或类似的车辆作为参照物,分析参照物的构造、功能、性能、新旧程度、地区差别、交易条件及成交价格等,并与被评估车辆一一对照比较,从中找出两者的差别及其反映在价格上的差额,经过调整,计算出被评估车辆的价格。

(1)应用前提

①市场活跃。应用现行市价法准确评估需要有一个充分发育活跃的二手车交易市场,有充分的参照物可选。

②可比性。所选参照车辆应该是近期交易的,具有可比性的。所谓近期,是指参照车辆交易时间与评估基准日相近,一般在一个季度内;所谓可比,是指车辆在规格、型号、功能、性能、内部结构、新旧程度、交易条件等方面差别不大。

③可操作性强。所选参照物以及与被评估车辆所比较的指标、技术参数等资料是可收集到的,并且价值影响因素明确,可以量化。

(2)评估步骤

①考察、鉴定被评估车辆。收集被评估车辆的资料,包括车辆的类别、名称、型号等,了解车辆的用途、目前的使用情况,并对车辆的性能、新旧程度等作必要的技术鉴定,以获得被评估车辆的主要参数,为市场数据资料的搜集及参照物的选择提供依据。

②选择参照物。按照可比性原则选取参照物。车辆的可比性因素主要包括类别、型号、用途、结构性能、新旧程度、成交数量、成交时间、付款方式等。参照物的选择数量一般应在两个以上。

③类比、分析。对被评估车辆与参照物之间的各种可比因素进行认真分析比较,尽可能地予以量化、调整。具体包括以下几个方面:

a. 销售时间差异的量化。在选择参照物时,应尽可能选择在评估基准日成交的案例,以免去销售时间允许的量化步骤。若参照物的交易时间在评估基准日之前,可采用修正系数 K_1 将销售时间差异予以调整。

b. 车辆性能差异的量化。车辆性能差异的具体表现是车辆营运成本的差异,通过测算超额营运成本的方法将性能方面的差异量化,取修正系数 K_2。

c. 新旧程度差异的量化。被评估车辆与参照物在新旧程度上不一定完全一致,参照物也未必是全新的。这就要求评估人员对被评估车辆与参照物的新旧程度的差异进行量化,取修正系数 K_3。K_3 通常根据被评估车辆与参照车辆成新率的差别确定。

d. 销售数量、付款方式差异的量化。销售数量大小、采用何种付款方式均会对车辆的成交单价产生影响。对销售数量差异的调整采用未来收益的折现方法解决;对付款方式差异的调整,被评估车辆通常是以一次性付款方式为假定前提,若参照物采用分期付款方式,则可按当期银行利率将各期分期付款额折现累加,即可得到一次性付款总额。

汇总分析各因素差异修正系数及量化值,求出参照车辆的修正价格。其计算公式为:

$$P_1 = C_1 K_1 K_2 K_3 \cdots \tag{7.3.14}$$

式中　P_1——第一辆参照车辆修正价格;

　　　　C_1——第一辆参照车辆现行市价;

　　　　K_1——第一辆参照车辆销售与评估时间差异修正系数;

　　　　K_2——第一辆参照车辆与被评估车辆性能差异修正系数;

　　　　K_3——第一辆参照车辆与被评估车辆新旧程度差异修正系数。

在鉴定估价过程中,可根据车辆实际情况并考虑其他因素的影响,给出修正系数。汽车评估中,修正系数通常取 $0.9 \sim 1.1$。依次计算出其他参照车辆的修正价格 P_1、P_2、$P_3 \cdots$

④汇总各参照车辆修正价格,求出车辆评估价格。在汽车评估中,通常采用将各参照物的修正价格加权平均的方法来计算最终评估价格。

(3)计算方法

①直接比较法:指利用参照车辆的交易价格及参照车辆的某一基本特征直接与评估车辆的同一基本特征进行比较而判断被评估车辆价值的方法。所谓同一基本特征通常是指汽车类别、主参数、结构性能相同。

②类比调整法:现行市价法中最基本的评估方法。该方法要求参照车辆与被评估车辆在大的方面基本相同或类似,通过对比分析两者之间的差异,在参照车辆成交价格的基础上调整、估算被评估车辆的价值。

在具体评估过程中,上述两种方法通常有以下几种具体表现:

a. 市场售价类比法:指以参照车辆的成交价格为基础,考虑双方在功能、市场条件等方面差异的方法。其计算公式为:

$$评估值 = 参照车辆成交价 + 功能性条件差异 + 市场性条件差异 + \cdots \tag{7.3.15}$$

$$评估值 = 参照车辆成交价 \times 功能性差异系数 \times 市场性差异系数 \times \cdots \tag{7.3.16}$$

b. 功能价值法:指以参照车辆的成交价格为基础,考虑参照车辆与被评估车辆之间功能差异并进行调整的方法。其计算公式为:

$$评估值=参照车辆成交价格×功能价值系数 \tag{7.3.17}$$

$$功能价值系数=\frac{被评估二手车功能}{参照物二手车功能} \tag{7.3.18}$$

c. 成新率价格法:指以参照车辆的成交价格为基础,考虑参照车辆与被评估车辆之间新旧程度差异,通过成新率系数进行调整的方法。其计算公式为:

$$评估值=参照物成交价×成新率系数 \tag{7.3.19}$$

$$成新率系数=\frac{被评估二手车成新率}{参照物二手车成新率} \tag{7.3.20}$$

d. 市价折扣法:指以参照车辆的成交价格为基础,考虑被评估车辆在销售条件、时间等方面的不利因素,根据评估人员的经验或有关部门的规定,设定一个价格折扣率来估算价值的方法。其计算公式为:

$$评估值=参照车辆成交价格×(1-折扣率) \tag{7.3.21}$$

应用现行市价法进行鉴定估价,关键是要全面了解市场情况,了解得越全面,评估的准确性越高。因此,用现行市价法评估二手车的相关企业一般要建立各类二手车技术、交易参数的数据库,以提高评估效率。

(4)评估特点

市场价格综合反映车辆的各种因素。现行市价法以车辆的市场价格为基础,包含了车辆的各种贬值因素,评估过程比较直接。综合分析,现行市价法具有以下特点:

①能够客观反映二手车目前的市场情况,其评估的参数、指标直接从市场获得,评估值能反映市场现实价格。

②结果易于被各方理解和接受。

③需要公开及活跃的市场作为基础。

④可比因素多而复杂。即使是同一个生产厂家生产的同一型号的产品,使用者、使用环境、使用强度、维护水平等不同,车辆的实体损耗、新旧程度均各不相同。

⑤现行市价法对信息资料的数量和质量要求较高,而且要准确给出不同因素修正调整系数,要求评估人员必须具有丰富的评估经验,熟悉车辆的评估鉴定程序、鉴定方法和市场交易情况。

3. 收益现值法

收益现值法又称为收益还原法或收益资本金化法,是指通过估算被评估资产剩余寿命内的预期收益并按照一定折现率折算成现值,借以确定被评估资产价值的一种资产评估方法。在二手车鉴定估价中,收益现值法是指将被评估的车辆在剩余寿命期内预期收益,用适当的折现率折现为评估基准日的现值,以此来确定车辆价值的一种评估方法。其实质是将被评估车辆未来预期收益转换成现值,而将其转换后的现值作为车辆的评估值。

(1)计算原理

从资产购买者的角度出发,购买一项资产所付的代价不应高于该项资产或具有相似风险因素的同类资产未来收益的现值。收益现值法正是以这一事实为基础,即人们之所以购买某车辆,主要是考虑这辆车能为自己带来一定的收益。如果某车辆的预期收益小,车辆的价格就不可能高;反之车辆的价格肯定就高。投资者投资购买车辆时,一般要进行可行性分析,其预计的内部回报率只有在超过评估时的折现率时才愿意支付货币来购买车辆。

(2)应用前提

通常在车辆继续使用假设前提下应用收益现值法进行评估,应用收益现值法必须具备以下条件:

①被评估车辆必须是经营性车辆,而且具有持续获利的能力,即在车辆的交易中,人们购买的目的不在于车辆本身,而是车辆获利的能力。

②被评估车辆能够用货币金额衡量其未来经营收益。

③被评估车辆未来经营风险能够用货币加以衡量。

只有同时满足上述条件,才能运用收益现值法对车辆进行评估。综上所述,该方法较适用于投资营运的车辆。但由于购买者往往难以对预期收益准确预测,而且受较强的主观判断和未来不可预见因素的影响较大,因此,在实践中使用受限。

(3)评估步骤

①调查、了解营运车辆的经营行情及营运车辆的消费结构。

②充分调查、了解被评估车辆的情况和技术状况,确定车辆剩余寿命期。

③根据调查、分析结果,预测车辆的预期收益额。

④确定折现率。

⑤将预期收益折现,确定车辆评估值。

(4)评估值估算

收益现值法评估值的计算,实际上就是对被评估车辆未来预期收益进行折现的过程。

这一现值就是购买者未来能得到利益的价值体现。收益现值法的基本理论公式可表述为:

$$车辆评估值 = \sum 评估车辆剩余寿命期各期收益净现值 \qquad (7.3.22)$$

根据式(7.3.22)和资金等值原理,现值基本计算公式为:

$$P = \sum_{t=0}^{n} \frac{A_t}{(1+i)^t} + \frac{A_1}{1+i} + \frac{A_2}{(1+i)^2} + \cdots + \frac{A_n}{(1+i)^n}$$

式中　P——现值,即货币资金的现实价值;

　　　A_t——未来第 t 个收益期的预期收益额,当收益期有限时,A_t 还包括期末车辆的残值;

　　　n——车辆收益期数,即车辆剩余寿命年限;

　　　i——折现率;

　　　t——收益周期,一般以年计算。

当 $A_1 = A_2 = \cdots = A_n = A$ 时,即未来 n 个收益期的收益相同,且为等额值 A 时,则有:

$$P = A \left[\frac{1}{1+i} + \frac{1}{(1+i)^2} + \cdots + \frac{1}{(1+i)^n} \right] = A \frac{(1+i)^n - 1}{i(1+i)^n}$$

式中　A——未来各收益期的预期等额收益额;

　　　$\dfrac{(1+i)^n - 1}{i(1+i)^n}$——等额支付现值系数,记为 $(P/A, i, n)$,其值可查复利系数表获得。

（5）各评估参数的确定

①剩余使用寿命期。

剩余使用寿命期是指车辆从评估基准日到报废的年限。如果剩余使用寿命期估计过长，就会高估车辆价格；反之，则会低估车辆价格。因此，必须根据车辆的实际状况对剩余使用寿命进行正确评定。

②预期收益额。

正确确定收益额是合理运用收益现值法的关键。收益额是指由被评估对象在使用过程中产生的超出其自身价值的溢余额。对于预期收益额的确定应把握以下两点：

a. 预期收益额。预期收益额是指车辆使用带来的未来收益期望值，是通过预测分析获得的。无论对于所有者还是购买者，判断某车辆是否有价值，首先应判断该车辆是否会带来收益。对其收益的判断，不仅仅是看现在的收益能力，更重要的是预测未来的收益能力。

b. 收益额的计量指标。对于企业来说，常见收益额的计量指标主要有三种：一是企业所得税后利润；二是企业所得税后利润与提取折旧额之和扣除投资额；三是利润总额。汽车鉴定估价过程中，选择哪一种计量指标作为收益额，应针对汽车的评估目的而定。为了估算方便，通常采用企业所得税后利润计量，目的是准确反映预期收益额。

③折现率。

折现率是将未来预期收益折算成现值的比率。它是一种特定条件下的收益率，可说明车辆取得收益的收益率水平。收益率越高，意味着单位资产的增值率越高。

在运用收益现值法评估车辆时，折现率的确定是关键。折现率的微小差异，车辆评估值的差别会很大。折现率与利率不同，利率是资金的报酬，表示资产（资金）本身的获利能力，与使用条件、占有者和使用用途没有直接联系；折现率是管理的报酬，与车辆及所有者使用效果有关，它综合反映了投资者对投资收益的期望、对投资风险的态度。因此，在计量折现率时必须考虑风险因素的影响，否则，就可能过高估计车辆的价值。一般来说，折现率应包括无风险收益率、风险报酬率、通货膨胀率三方面的风险因素。即

$$折现率 = 无风险收益率 + 风险报酬率 + 通货膨胀率 \qquad (7.3.23)$$

无风险收益率是指资产在一般条件下的获利水平；风险报酬率是指冒风险取得报酬与车辆投资中为承担风险所付出代价的比率。风险收益可以计量，但风险收益率却不易计算，因为承担风险所付出的代价难以确定，只要求选择的收益率中包含这一因素即可。

运用收益现值法对车辆进行评估选择折现率时，应在对本企业、本行业历年收益率指标的统计分析基础上确定。最基本的确定原则是折现率至少不低于国家银行存款利率。

因此，在实际应用中，如果其他因素不好确定时，可取折现率等于利率。

（6）评价

①优点。

采用收益现值法的优点主要有：

a. 与投资决策相结合，比较适用于投资营运的车辆；

b. 能真实和较准确地反映车辆本金化的价格，容易被交易双方接受。

②缺点。

采用收益现值法的缺点主要表现为：

a. 预期收益额预测难度大，受较强的主观判断和未来不可预见因素的影响较大；

b. 收益现值法的基本原理与概念比较抽象，一般购买者难于理解和掌握。

4. 清算价格法

清算价格法是以清算价格为标准，对车辆进行价格评估。所谓清算价格，是指企业因破产或其他原因，要求在一定的期限内将车辆变现，在企业清算之日预期卖出车辆可收回的快速变现价格。

清算价格法在原理上与现行市价法基本相同，所不同的是迫于停业或破产，急于将车辆拍卖、出售，清算价格会大大低于现行市场价格。因此，清算价格法适用条件有限，只适用于企业破产抵押、停业清理时要售出的车辆。

（1）应用前提

①以具有法律效力的破产处理文件为依据，如法院的破产文书、抵押合同或其他有效文件。

②车辆在市场上可以快速出手变现。

③所卖收入足以补偿因出手车辆导致的附加支出总额。

（2）决定因素

在进行车辆评估时，决定清算价格的主要因素有：

①破产形式。如果车辆所有者丧失评估车辆处置权，出售车辆的一方无讨价还价的可能，以买方出价决定车辆售价；如果车辆所有者未丧失评估车辆处置权，出售车辆的一方尚有讨价还价余地，双方议价决定售价。

②债权人处置评估车辆的方式。按抵押时的合同契约规定执行，如公开拍卖或收归己有。

③清理费用。评估车辆价格时应对清理费用及其他费用给予充分的考虑，价格应足以补偿出售产生的支出费用。

④拍卖时限。一般来说，拍卖时限长售价会高，时限短售价会低。

⑤公平市价。公平市价是指评估车辆以双方都满意的价格成交，在清算价格中，卖方一般很难获得满意的价格。

⑥参照车辆价格。市场上出售相同或类似车辆的价格，市场参照车辆价格高，车辆出售的价格就高，反之则低。这与现行市价法一致。

（3）评估方法

运用清算价格法进行汽车鉴定估价，主要有以下三种方法：

①现行市价折扣法。现行市价折扣法是指对清理的车辆，在汽车交易市场上寻找一个相适应的参照车辆，根据快速变现原则，估定折扣率并据以确定其清算价格。如一辆旧桑塔纳轿车，在二手车市场上成交价为4万元，折价20%可当即出售，则该车清算价格为 $4 \times (1 - 20\%) = 3.2$（万元）。

②模拟拍卖法（意向询价法）。根据向被评估车辆的潜在购买者询价的办法取得市场信息，经评估人员分析，确定其清算价格。用这种方法确定的清算价格受供需关系影响很大，

要充分考虑其影响程度。

③竞价法。由法院按照破产清算的法定程序或卖方根据评估结果提出一个拍卖的底价,在公开市场或拍卖会上由买方竞争出价,谁出的价格高就卖给谁。

综上所述,汽车鉴定估价的方法具有各自的优缺点和适用范围,具体见表7.3.3。在汽车鉴定估价中,必须根据其特定目的,选择适用的汽车价格估算方法。

表7.3.3 不同汽车鉴定估价方法及其适用范围

鉴定估价方法	适用范围	鉴定估价方法	适用范围
重置成本法	以保险、资产保全为评估目的的车辆	收益现值法	投资营运的车辆
现行市价法	成批收购、鉴定和典当的车辆	清算价格法	企业破产、抵押、停业清理时要售出的车辆

任务四 汽车置换实务

汽车置换业务开展过程中涉及多个环节,参与汽车置换业务的相关人员有必要了解汽车置换中各类业务,以及每类业务中的具体操作流程和操作规范。

1.汽车置换收购流程

(1)操作流程

目前,国内众多汽车品牌经销商,如一汽大众、东风日产等均已开展汽车置换业务。相对于单一的新车销售,汽车置换流程比较复杂。一般的汽车置换流程如图7.4.1所示。

①客户申请汽车置换。

客户在申请汽车置换时,应带好以下必备手续和工具。一是车辆配件:千斤顶、套筒及三脚架、备胎、备用钥匙。二是车主手续:个人用车需带车主本人身份证,公车需提供车辆所属公司机构代码证复印件(加盖公章)。三是车辆手续:本地牌照、无违章未处理信息,机动车登记证,新车购车票/二手车交易发票(购车过户发票)。

②二手车评估。

汽车置换企业应对二手车进行评估与估价。二手车评估主要从以下方面进行:

a.外观检查。这里所说的外观,不单纯是车辆的外部,包括内饰、底盘等暴露在视线中的部位均属于外观。评估师会通过外观细节判断车辆是否出现过事故,如从漆面的新旧程度、螺丝的使用程度可以判断车辆是否补过漆、钣金等。当然最重要的是发动机下方的大梁,如果大梁有过维修痕迹,那么说明车辆肯定出现过比较严重的事故,这种情况4S店是不会收的。

b.日常维护。这一方面的评判主要依据车主提供的维护单据,以此来证明车辆的确按时进行了各项维护,所以车主应当尽量详细地提供车辆维护的凭证,提供得越详细,这项的评分就会越高。同时建议有车的朋友平时尽量完整保留车辆维护的凭证,在日后需要做二

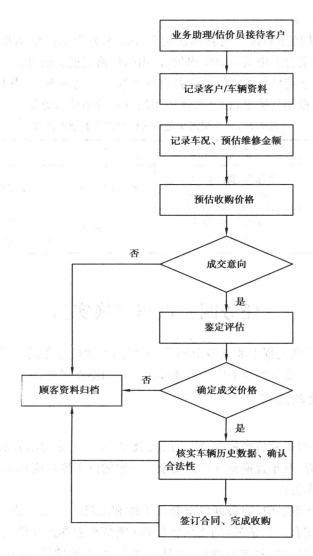

图 7.4.1　二手车收购流程图

手车置换的时候会有所帮助。另外,评估人员也会通过车内的清洁状况及一些细节方面来评判车主在日常使用中对车辆是否爱护,最后给出一个综合的评分。

c. 品牌知名度。根据准备置换的车辆在市场中的保有量、品牌的知名度等方面给出综合评价(一般分为进口、合资、自主品牌三种)。

d. 车辆用途。车辆用途主要分为家用、公用、运营三种。根据不同类型给出不同分值,一般家用车分值会稍高,公用和运营车辆使用的频率和强度会比较高,所以分值会稍低。

e. 车辆的使用环境。根据车辆的使用环境,如车辆作为上下班代步工具时,城市路况居多,或者经常跑长途高速路居多或国道等居多,给出评分。

f. 试车检查。评估师会驾车体验,从车辆各个方面的表现给出一个分值。

g. 最终出价。通过综合各个方面的表现,评估师会最终给出一个价格,评估环节就基本结束了。

③新车销售。

二手车评估解决了,就轮到置换新车了,消费者可以选择一款喜爱的新车,确定其价格。置换二手车的钱款直接抵冲新车车价。新车需交钱款＝新车价格减掉二手车评估价格。如果二手车贷款尚未还清,可由经销商垫付还清贷款,款项计入新车需交钱款。办理手续,最后提车,完成二手车置换。顾客补足新车差价后,办理提车手续。过户一定要留心车辆手续是否齐全,买车手续齐全,就会减少不必要的开支;当然再次置换新车时手续齐全,评估价格也会相应高一些。双方签订二手车购销协议与置换协议后,销售店办理二手车过户手续,顾客提供必要的协助和材料。

(2)操作要点

①汽车置换的车辆条件。

用于汽车置换的旧机动车必须符合以下规定:

a.二手车须经公安交通管理机关申请临时检验,检验合格,在机动车行驶证上签注检验合格记录方可进行交易。

b.军队转地方的退役车不满2年的,不能交易置换。

c.距报废时间不足1年的车辆,一律不能办理过户、转籍手续。

d.延缓报废的二手车,不准办理过户、转籍手续。

e.二手车来历不明、手续不全,不能交易置换。

f.走私、拼装等非法车,不能交易置换。

g.华侨、港澳台同胞捐赠的免税进口汽车,只限接受单位自用,不准转让或转卖(经海关审定同意者除外)。

h.各种车辆证照不全(机动车行驶证、营运证、牌照等)的,不能交易置换。

i.各种规费不全(车辆购置税、车辆保险费、车船使用税等)的,不能交易置换。

j.没有车辆产权证明(机动车登记证书、购车发票、二手车交易凭证、具有法律效力的判决书、拍卖凭证以及政府批文等)的,不能交易置换。

k.凡伪造、仿冒、涂改文件(凭证、票据、证照)的,不但不能交易,还要扣车,转交有关部门处理。

l.抵押车、封存车、海关免税期内车及其他不准过户、不准转籍的车辆需由车主在相关管理部门办理解禁手续后,方可进行交易置换。

②汽车置换需提交的证件。

办理汽车置换业务需要提交下列证件:

a.车主身份证(单位车辆还应提供法人代码证书、介绍信等证件)或户口簿。

b.机动车产权登记证。

c.机动车行驶证。

d.原始购车发票或前次过户发票。

e.车辆置换表。

f.鉴定评估表。

g.如直系亲属或亲兄弟、亲姐妹间置换,需提供相应法律证明文件。

h. 旧机动车过户证明。

③领取置换补贴的流程。

a. 车主将老旧机动车转出本市或送到具有正规资质的解体厂进行报废,具体要求参照《报废机动车回收管理办法》。

b. 车主到网上或办理网点填写并提交老旧机动车淘汰政府补助、企业奖励资金申请。

c. 车主提交申请后,交易办理平台会对车主信息进行审核。

d. 交易办理平台在车辆档案完成转出或注销后的 3 个工作日内完成审核,并向车主公示审核结果。

e. 审核通过后,车主可通过平台信息系统打印企业奖励凭证,或到办理网点领取企业奖励凭证。

f. 携带相关凭证到汽车销售单位购置新车。

g. 汽车销售单位将车主所购新车的有关信息上传至交易办理平台。

h. 交易办理平台会在 3 个工作日内完成审核并公示。

i. 车主到业务办理网点提交老旧机动车淘汰及新车更换的有关材料,同时申请政府补助。

j. 审核合格后,15 个工作日内即可将政府补助划拨至车主银行账户。

④二手车收购合同签订。

根据车辆评估结果,参考当期价格中心"收购参考价目表",依照收购人员具备的权限确定最高收购报价。若客户接受收购业务员报价,则直接进入"签订收购合同"流程。在双方自愿的前提下,友好地签订委托合同,并移交所有资料和物品,至此,二手车收购流程也就完成了。二手车置换中的二手车收购,是双方在经过二手车鉴定估价、确定了二手车收购价后,由双方签订旧机动车买卖合同来实现的。

⑤新车销售。

二手车置换中的新车销售与一般车辆销售区别不大,业务员应按下列程序进行工作:

a. 招呼。招呼客户,首先要表示欢迎,出示自己的业务卡,做自我介绍,然后礼貌询问有何要求。如果出现僵局,可先迂回话题,择机再转入主题。

b. 询问。招呼寒暄之后,就应该主动询问客户,了解客户买车作何用途(突出何种汽车性能和功能)、客户想买那种车型、客户的心理价位、客户买车的急迫程度等情况。

c. 介绍。业务员应主动介绍企业自身情况,介绍销售员自我经历和业绩,介绍现有车型。

d. 展示。将客户感兴趣的汽车驶出展台,扩展四周空间,便于客户和销售员活动。销售员展示、解说各种特点,然后让客户自己走动、检查,销售员此时应与客户保持一定距离,但应关注,一旦客户提问,应立即上前应答。

e. 演示。邀请客户坐进车内,启动发动机,当条件适当时可驾车路试,路试时要有意变换各种驾驶操作,并提示客户注意动态。

f. 参观。试车路线经过服务部时,将车停在销售服务部门口,邀请客户参观服务部。服务部良好的印象往往会使客户感到规范、可靠,增强客户对将来售后服务保障的信心。

g. 等待。招待客户就座、待茶、暂时离开，中断销售接触。该过程很重要，一方面可使销售人员回忆一下自己前段有无缺陷，必要时还可以向销售主管汇报情况，设计下一步的业务过程或补救措施；另一方面，可使客户有一个考虑、协商的余地。如果客户决定暂时不买，则销售员和主管就应与客户交换名片，赠送资料，热情送客，使客户将来再来。

h. 签约。达成口头协议后，就可以签订书面协议。该举措不同于一般商品交易中的一手交钱，一手交货那么简单，而应显得慎重、严肃、可靠，这样才会博得客户的信任和放心，乐意签约。经销商应该由销售部经理或指定的助手签字，以体现慎重、负责。某些特殊条款应附注在协议上，不能口头承诺，这是塑造良好形象的重要表现。

i. 代办。经销商应帮助客户代办入户、入籍手续，代办缴费、完税手续及其他手续。

j. 交车。交车前应请客户再看一遍车辆，以视确认。

2. 二手车处置实务

（1）二手车整修翻新

通过对二手车的整修翻新，既可以大大提升二手车的价值，同时也可以提升二手车置换公司在客户心中的影响力。目前，这项业务已在欧美国家广泛开展。德国的二手车置换公司在销售二手车的同时加上整修翻新业务，以提高收益率，创造公司整体形象。通常来说，开展二手车的整修翻新工作有以下几个途径：

a. 建立二手车整修翻新工厂，对所有收购来的二手车进行规模化的统一整修翻新。

b. 建立二手车整修翻新站，为需要对自己的二手车进行美容的二手车用户提供所需的整修翻新服务。中国一汽丰田公司在 2008 年年中全面启动"安心"二手车零售业务，还开发了对二手车商品实施严格的检测和与新车同等程度的彻底整备、高标准的清洁的"Smile（微笑）认证"二手车商品，将二手车置换推入深层次的服务竞争阶段。

（2）旧车配送

根据各地区二手车保有量、消费量的不同及环境的不同，在各地区间开展二手车的配送业务，平衡各地区的二手车供需关系，推动二手车贸易市场的发展，建立一个二手车配送网络，为开展二手车贸易建立基础。

配送功能的开展分为国内配送和国际配送两部分来进行。

国内配送。一方面，根据保有量的不同，可以在我国经济发达地区（如上海、北京）和一些经济欠发达地区之间开展二手车的配送业务；另一方面，根据消费观念的不同，可以在我国经济发达地区和经济欠发达地区的一些消费观念较落后、二手车车源不足的地区之间开展二手车的配送业务。此外，由于一些城市（如上海、北京）的环保要求较高，对汽车排气量等指标要求都较严，而外地有些城市要求则相对低一点，故一些不符合某些城市环保要求的二手车也可以配送到外地，而不造成二手车资源的浪费。

国际配送。根据各国经济水平和汽车工业发展的不平衡特点，可以在各国之间开展二手车的配送业务，以平衡国际二手车的资源分配。同时也可为国内的二手车消费者积极引进国外的二手车，开拓国际二手车资源。

配送功能的实现要求建立二手车的物流系统，并与国内外的二手车资源进行统一配送。

（3）二手车销售

在开展二手车销售之前，首先要对二手车销售区域进行统一规划，在此基础上，以各个销售区域为单位进行二手车销售。二手车销售主要有以下几种销售方式。

①"二手车超市"销售。

以某一汽车置换公司的总体品牌为出发点建立二手车超市，对各种不同品牌的二手车进行统一销售。

②特许经营销售

特许经营销售需要建立二手车贸易特许经营体系，建立二手车销售网点，通过汽车置换公司的特许经销商对各种品牌的二手车进行统一销售。二手车特许经营，也称为经营模式特许或特许连锁，在我国台湾又称为加盟经营。虽然称呼有所不同，但在国际上特许经营已经有了约定俗成的含义，欧洲特许经营联合会将其定义为：特许经营是一种营销产品（或服务和技术）的体系，是在法律和财务上分离和独立的当事人（特许人和他的单个受许人）之间紧密而持续的合作基础之上的营销产品（或服务和技术）的体系。特许人授予其受许人权利，并附以义务，以特许人的概念进行经营。此项权利经由财务上的交流，给予受许人在双方一致同意而制订的书面特许合同的框架之内，使用特许人的商号（或商标和服务标记）、经营诀窍、商业和技术方法、保障体系及其他知识产权。这一表述在法律上非常成熟，在目前中国特许经营立法大大落后于实践的现状下是极具借鉴意义的。

在特许经营的运营中，至少涉及以下两方当事人：特许人和受许人。特许经营在本质上是一种连锁经营的市场销售分配方式。特许经营的基本特征如图7.4.2所示。

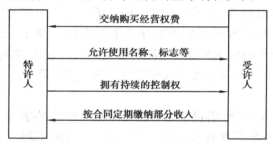

图7.4.2　特许经营的基本特征

建立二手车交易特许经营体系后，二手车置换公司可以在对特许经销商进行严格的审核之后为其提供统一回收、翻新后的二手车，授予统一的品牌和标志，实行统一规范的价格，确保统一的售后服务，并且提供一套完整的管理和营销制度，如店址选择、人员培训、技术指导、商务建设等，建立起"销售、整修、服务、信息"四位一体的二手车交易网络。

具体来说，二手车交易的特许经营体系实质上是扩大了二手车的销售规模，可以直接带来产品价格、服务质量的长期优势，通过利用网络技术和现代化管理手段，有效兼顾经营成本和市场需求。这是因为：

a.特许经营过程中销售的二手车辆的调配是利用计算机信息系统充分调动总部、分销中心、特许经营商的库存，科学利用仓储流动资金，大范围操控的物流体系。

b.特许经营网络能将各特许经营商的有限资金集合起来，形成巨大的促销资金，这种投资规模和资产规模足以使整个特许经营网络的总部集中最专业的市场策划人员负责营销策划工作，组织各种媒体参与广告宣传，发动专业机构进行市场人员培训，从而快速、有效地提升二手车置换公司的品牌知名度。

　　c.统一的特许经销商硬件条件及服务标准将进一步增强二手车置换的品牌形象,为二手车置换公司进行各种二手车的成功销售和盈利提供坚实的市场基础。而所有特许经销商又因为二手车置换公司的全国性广告、公关活动而得到更大的利益,从而形成全方位品牌管理的规模优势。

　　品牌二手车的出现,为二手车市场增添了新的变化,输送了新的力量,丰富了二手车的交易方式,使得买卖二手车不再仅通过二手车交易市场一个渠道来完成,同时很好地依靠和发挥了品牌的优势和强大的售后服务能力,能够提供与新车一样的质量担保,打消了消费者疑虑,激发了消费者的购买欲望。此外,品牌二手车通过执行生产企业严格的认证标准,明示车辆质量信息,明码标价,解决了长期以来二手车市场信息不透明的问题。通过新旧置换,也为二手车市场提供了丰富的经营资源。品牌二手车经销商置换业务的全面展开,品牌二手车的兴起与发展,为二手车交易市场快速发展又增添了强劲的引擎。

　　③与新车同地销售。

　　与新车同地销售即借用新车车辆展示厅的一部分,用来展示与新车同一品牌的二手车,借新车的销售来促进二手车的销售。

　　④互联网销售。

　　在互联网上建立二手车贸易平台,通过互联网进行二手车销售。

　　⑤二手车拍卖。

　　二手车拍卖业务一般有以下两种形式:

　　A.委托拍卖。二手车委托拍卖所需材料:a.机动车行驶证、购置证、通行费缴费凭证、车船税证;b.车辆所有人证件(私人提供身份证、户口本,企事业单位提供企业代码证)。二手车委托拍卖流程如图7.4.3所示。

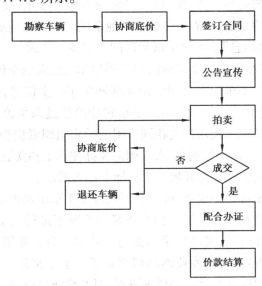

图7.4.3　二手车委托拍卖流程图

　　B.参加竞买。二手车参加竞买所需材料:a.竞买人身份证明,私人提供身份证,企事业单位提供企业代码证书;b. 保证金,按每次拍卖会规定的标准交付。二手车竞买流程如图7.4.4所示。

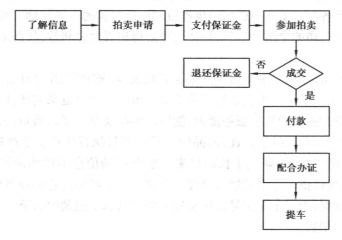

图7.4.4 二手车竞买流程图

根据商务部2006年3月24日颁布的《二手车交易规范》,从事二手车拍卖及相关中介服务活动,应按照《拍卖法》及《拍卖管理办法》的有关规定进行。委托拍卖时,委托人应提供身份证明、车辆所有权或处置权证明及其他相关材料。拍卖人接受委托的,应与委托人签订委托拍卖合同。委托人应提供车辆真实的技术状况,拍卖人应如实填写拍卖车辆信息。如对车辆的技术状况存有异议,拍卖委托双方经商定可委托二手车鉴定评估机构对车辆进行鉴定评估。

拍卖人应于拍卖日7天前发布拍卖公告。拍卖公告应通过报纸或者其他新闻媒体发布,并载明下列事项:a. 拍卖的时间、地点;b. 拍卖的车型及数量;c. 车辆的展示时间、地点;d. 参加拍卖会办理竞买的手续;e. 需要公告的其他事项。拍卖人应展示拍卖车辆,并在车辆显著位置张贴"拍卖车辆信息"。车辆的展示时间不得少于2天。

进行网上拍卖时,应在网上公布车辆的彩色照片和所拍卖的车辆信息,公布时间不得少于7天。网上拍卖是指二手车拍卖公司利用互联网发布拍卖信息,公布拍卖车辆技术参数和直观图片,通过网上竞价、网下交接,将二手车转让给超过保留价的最高应价者的经营活动。网上拍卖过程及手续应与现场拍卖相同。网上拍卖组织者应根据《拍卖法》及《拍卖管理办法》有关条款制订网上拍卖规则,竞买人则需要办理网上拍卖竞买手续。任何个人及未取得二手车拍卖人资质的企业不得开展二手车网上拍卖活动。

二手车交易网上拍卖体系的建立,可以起到规范二手车市场的功能,能使二手车交易进一步透明化、规范化,并能在不到二手车拍卖现场的情况下进行二手车的拍卖业务,从而大大节省二手车拍卖的工作时间,提高二手车交易的效率。为了方便二手车交易双方对二手车的查询、认证、评估和确定,大型专业网站都建立了二手车交易网上信息中心。该信息中心将收纳二手车置换公司所有二手车的详细资料,对其性能加以评估,并对用户提供二手车的网上身份确认服务,用规范化的语言描述各种二手车的性能,建设网上交易与认证系统,开展网上二手车定购和推介服务等。

拍卖成交后,买受人和拍卖人应签署"二手车拍卖成交确认书"。委托人、买受人可与拍卖人约定佣金比例。委托人、买受人与拍卖人对拍卖佣金比例未作约定的,依据《拍卖法》及《拍卖管理办法》有关规定收取佣金。拍卖未成交的,拍卖人可按委托拍卖合同的约定向委托人收取服务费用。拍卖人应在拍卖成交且买受人支付车辆全款后,将车辆、随车文件及法定证明、凭证交付给买受人,并向买受人开具二手车销售统一发票,如实填写拍卖成交价格。

任务五　汽车置换相关政策法规

为了带动行业的发展及规范二手车市场,我国出台了以下二手车方面的政策法规,仅供参考。

一、营造二手车自由流通的市场环境。各地人民政府要严格执行《国务院关于禁止在市场经济活动中实行地区封锁的规定》(国务院令第303号),不得制定实施限制二手车迁入政策。符合国家在用机动车排放和安全标准,在环保定期检验有效期内和年检有效期内的二手车均可办理迁入手续,国家鼓励淘汰和要求淘汰的相关车辆及国家明确的大气污染防治重点区域(京津冀:北京、天津、河北,长三角:上海、江苏、浙江,珠三角:广州、深圳、珠海、佛山、江门、肇庆、惠州、东莞、中山9个城市)有特殊要求的除外。已经实施限制二手车迁入政策的地方,要在2016年5月底前予以取消。(各地人民政府负责)

二、进一步完善二手车交易登记管理。整合二手车交易、纳税、保险和登记等流程,开展一站式服务,对具备条件的二手车交易市场推行进场服务。简化二手车交易登记程序,不得违规增加限制办理条件。优化服务流程,推行二手车异地交易登记,以便交易方在车辆所在地直接办理交易登记手续。(商务部会同公安部、税务总局、保监会按照职责分工负责)

三、加快完善二手车流通信息平台。建立二手车流通信息工作机制,积极整合现有资源,加强互联互通和信息共享,加快建立覆盖生产、销售、登记、检验、保养、维修、保险、报废等汽车全生命周期的信息体系。非保密、非隐私性信息应向社会开放,便于查询,符合国家有关要求的信息服务可以市场化运作,已经具备条件的行业信息要进一步加大开放力度。(商务部会同工业和信息化部、公安部、环境保护部、交通运输部、保监会按照职责分工负责)

四、加强二手车市场主体信用体系建设。依法采集二手车交易市场、经销企业、拍卖企业、鉴定评估机构、维修服务企业以及其他市场主体的信用信息,建立二手车市场主体信用记录,纳入全国信用信息共享平台,并按照有关规定及时在企业信用信息公示系统以及"信用中国"网站予以公开,方便社会查询和应用。(商务部、国家发展改革委、环境保护部、交通运输部、税务总局、工商总局、保监会按照职责分工负责)

五、优化二手车交易税收政策。按照"统一税制、公平税负、促进公平竞争"原则,结合全面推开营改增试点,进一步优化二手车交易税收政策,同时加强对二手车交易的税收征管。(财政部、税务总局按照职责分工负责)

六、加大金融服务支持力度。加大二手车交易信贷支持力度,降低信贷门槛,简化信贷手续。支持二手车贷款业务,适当降低二手车贷款首付比例。加快开发符合二手车交易特点的专属保险产品,不断提高二手车交易保险服务水平。(银监会、保监会按照职责分工负

責）

七、积极推动二手车流通模式创新。推动二手车经销企业品牌化、连锁化经营,提升整备、质保等增值服务能力和水平。积极引导二手车交易企业线上、线下融合发展,鼓励发展电子商务、拍卖等交易方式。推动新车销售企业开展二手车经销业务,积极发展二手车置换业务。(商务部、交通运输部按照职责分工负责)

八、完善二手车流通制度体系建设。抓紧修订《二手车流通管理办法》,规范二手车交易行为,强化市场主体责任;加强消费者权益保护,确保消费放心、交易便捷、服务完备;明确监管职责,加强市场监管,规范交易秩序,促进二手车市场健康、有序发展。(商务部牵头负责)
各地区、各有关部门要充分认识便利二手车交易、促进二手车流通的重要意义,加强组织领导,健全工作机制,强化部门协同和上下联动,确保各项政策措施落到实处。各地区要根据本意见,结合地方实际研究制订具体实施方案,细化政策措施。商务部等有关部门要抓紧研究制订配套政策和具体措施,加强部门协作配合,共同开展好相关工作。

任务六　案例分析

二手车置换新车价格表是基于二手车的剩余价值或者二手车报废后车管所给予的补贴来综合计算的。那么旧车置换是怎么算补贴的? 旧车置换给 4S 店或车商有什么差别? 二手车置换新车有没有价格表明细呢? 这篇案例给大家详细介绍了二手车置换新车价格表的内容。

众所周知,二手车置换是有补贴的,这是为了鼓励二手车的循环利用,经济环保。就首都北京而言,旧车置换补贴是针对 5 年以上的旧车,拟以现金补贴形式,费用由北京市和汽车企业各出一半。初步讨论按照车辆使用年限划分为 3 个等级,使用年限为 5~6 年的,每车置换获补 5 000 元;6~8 年的为 6 000 元,8 年以上最高获补 7 000 元。补贴金额的 50% 为北京市直接划拨,其余由旧车车主所置换的新车品牌车企所承担。

基于以上所说的二手车置换是市政单位和车企各半。也就是说,如果不在某 4S 店置换新车的话,那这个置换价格就会少一半。旧车置换到二手车商,很多人说二手车商的回收价格比 4S 店多,甚至要多几万块。个人觉得单从到手金额来说二手车商是有优势的,但是也不会高出几万块那么多,一般来说估计 5 000~10 000 元最多了,按照现在这个市场来说不会差别太大。

但如果旧车置换到 4S 店,4S 店的最大优势其实不是在于回收,而是在于置换,看上一辆车以后直接抵扣新车的价格,然后很多厂商也鼓励 4S 店如此操作,从而给出一定的置换补贴,因此现在来看 4S 店置换,尤其是同品牌的二手车和新车之间的置换是非常方便的,很多手续之类的往往不用客户去操作,4S 店的二手车部门和新车部门协调好就行了,非常迅速,省时省力,这是 4S 店的优势。

就上述所说的北京而言,5 年以上的旧车即可获得补贴,在华晨宝马 4S 店了解到的二手车置换新车价格如表 7.6.1 所示。

表 7.6.1　华晨宝马二手置换新车价格表

宝马	新车价/万元	5～6 年的私家车/万元	6～8 年的私家车/万元	8 年以上的私家车/万元
宝马 1 系	19.8～26.3	19～25.5	19.3～25.8	19.5～26
宝马 3 系	29.3～40.8	28.5～40	28.8～40.3	29～40.5
宝马 5 系	42.6～64.3	41.8～63.5	42.1～63.8	42.3～64
宝马 X1	27.8～33.9	27～33.1	27.3～33.4	27.5～33.6
宝马 X2	26.6～32.9	25.8～32.1	26.1～32.4	26.3～32.6
宝马 X3	38.9～47.9	38.1～47.1	38.4～47.4	38.3～47.3

　　二手车置换新车价格表仅供年份置换参考,具体二手车置换新车价格还会结合旧车的具体车况来估计残值予以抵扣新车价格。其他地区或者想买其他品牌的车主,大家可以到自己所在城市的车管所咨询及你想要购买新车的4S店进行具体咨询。

项目八

汽车金融发展困境及发展趋势

任务一　汽车金融发展困境及挑战

　　汽车金融在中国经过 20 年的发展,形成了较为成熟的竞争格局。2019 年,中国乘用车新车销量延续了下滑势头,较上年继续下降近 10%。随着中国汽车行业进入发展成熟的"新常态"时期,汽车金融市场的整体增速也开始减缓。与此同时,各种背景的公司持续涌入汽车金融市场,现有行业玩家也不断投入,加剧的竞争压缩了行业整体利润空间。日益严格的监管引领行业走上规范化的道路,但也给部分玩家带来经营压力,提出转型要求。

　　进入 2020 年,新冠肺炎疫情成为各行各业讨论的关键词。汽车金融行业也受到巨大冲击,行业亟待反弹。在这样的背景下,汽车金融企业需要对自我进行审视,重整旗鼓,摆脱粗放的经营模式,塑造可持续的发展竞争力。目前汽车金融面临着六大挑战。

1. 金融监管严格

　　传统消费金融是指向各阶层消费者提供消费贷款的现代金融服务方式。而互联网消费金融是消费金融与"互联网+"跨界联合产生的新的金融服务方式。它分为广义和狭义,广义的互联网消费金融泛指一切运用互联网技术为消费者提供金融服务的方式,狭义的互联网消费金融指的是为客户提供个人消费信贷,不包括住房贷款和汽车贷款。

　　互联网消费金融具有以下特点:首先,便捷性。消费金融公司通过互联网联通客户,在网上即可办理各种信贷审批及发放,打破了时间和空间的局限性,使得消费者申请消费信贷更加便捷。其次,互联网消费金融是一种基于场景的消费金融产品和形式。互联网消费金融直接切入消费领域,这是区别于传统消费金融的重要特征。最后,互联网消费金融公司依靠大数据挖掘为消费者提供个性化产品。互联网消费金融公司可以根据储存在平台上的海量客户信息,利用大数据分析,描绘出用户画像,能够据此开发富有针对性的信贷产品,并且提高了风控水平。

2015—2016年，在整个行业快速发展的同时，各个互联网消费平台也暴露出来许多问题，如P2P平台爆雷，过度授信，暴力催收等不合规经营事件，甚至出现了平台投资失败"跑路"的案例，这些事件严重影响了行业的健康发展，也增加了人们对该行业不信任的心理预期。为规范行业发展，2017年至今，政府方面已愈发重视互联网消费金融领域的整治和监管，出台了各项资质和业务监管政策，对相关法律法规和政策进行了补充和完善，肃清行业，使得该行业健康可持续发展。

从2017年11月央行、银监会发布《关于规范整顿"现金贷"业务的通知》开始，互联网金融、助贷业务便受到愈加严格的监管。2018年8月，银保监会印发《中国银保监会办公厅关于进一步做好信贷工作提升服务实体经济质效的通知》，释放了"一手抓风险，一手促发展"的信号。进入2018年，整体互联网消费金融行业增速放缓，行业发展进入整顿期。而监管将是推动行业整改的第一动力。监管的加强对汽车金融行业的规范化运营提出了更高的要求。

汽车消费金融是消费金融和汽车金融的交叉领域，是指为支持消费者购买汽车而对汽车消费的售前、售中和售后全过程提供的融资支持，以及与此相关的汽车消费保险、担保等一系列金融服务。汽车按揭贷款和汽车融资租赁是主要的业务方式。虽然汽车行业在2018年开始也进入了很长时间的低迷期，汽车产销量下滑，新车销售进入困境，但是汽车行业本身是一个庞大的产业链，多年来我国汽车保有量不断上升，由汽车带动的消费金融需求依然巨大。然而伴随着新车销售的高速发展和市场消费的不断进步，汽车金融经历了黄金十年，服务体系也日趋成熟。据第三方数据，2019年新车行业总体汽车金融渗透率已达到48%，甚至更高水平。但是即便有所成绩，汽车消费金融在发展过程中也是历经坎坷，挑战依然伴随着汽车行业的发展不断出现。

监管当局对消费信贷规范化运营提出更高要求，也意味着对汽车金融公司实施更为严格的市场准入细则。

监管要求在金融强监管的当下，汽车金融公司面临更为严格的市场准入要求。对新成立的汽车金融公司的审批流程、考核标准更加严格。在行业准入标准方面，按照2008年调整后的《汽车金融公司管理办法》的规定，对非金融机构的出资人金额由40亿元上调至80亿元，营业收入由20亿元上调至50亿元，同时还增加了"最近1年年末净资产不低于资产总额的30%（合并会计报表口径）"对资产质量进行更高标准要求。新《汽车金融公司管理办法》更强调汽车金融公司的专业性，汽车金融公司是与汽车产业发展密切相关的金融服务机构，是构建"融资—信贷—信用管理"三位一体的运营模式，应服务于汽车产业的各个环节，在新的管理办法中对汽车金融公司的管理团队的专业性提出了更多要求，这也符合对汽车金融公司的专业化和风险性的考量。

我国监管部门对金融机构的监管日趋严格，对汽车金融公司的融资方式也有着更加严格的监管要求，这在一定程度上限制了汽车金融公司获取资金。而汽车消费信贷的贷款期限为2~5年，需要稳定且充足的中长期资金。如公司无法解决严格的融资监管与公司业务模式对资金需求之间的矛盾，增加中长期资金的来源，公司的发展必然会受到严重影响。

金融监管趋严，业务增长所需信贷规模难以满足。国务院成立金融稳定发展委员会，统筹一行三会以及财政部,金融大监管格局初步形成,未来监管的工作导向将由机构监管向功能监管、行为监管转变;金融去杠杆力度较大,杠杆率继续收窄,同时金融去杠杆也促使银行金融机构信贷投放规模受限,总资产增幅下降。金融发展及监管趋势对汽车金融公司应对能力提出新的挑战。

针对汽车金融业务,我国政府也相应地制订了一系列的管理和约束制度,包括汽车金融公司的管理办法及汽车金融公司管理办法实施细则等,都对汽车金融服务公司进行了一定的约束和限制,而这也成为国内汽车金融服务公司发展的重要阻碍。

近几年,针对汽车金融领域的监管力度持续加强,已呈现常态化趋势。

2018 年 1 月,中共中央、国务院发出《关于开展扫黑除恶专项斗争的通知》,将打击重点放在了现金贷、校园贷、车辆二押、暴力催收等重点领域,多个地区车贷业务开展受到了严重影响。

2018 年 5 月,商务部发布《商务部办公厅关于融资租赁公司、商业保理公司和典当行管理职责调整有关事宜的通知》,融资租赁公司业务经营和监管规则职责划归银保监会。

2019 年 10 月,央行下发《个人金融信息(数据)保护试行办法(初稿)》,整顿了汽车金融公司依赖的数据公司。

一系列监管政策,不仅加大了对汽车金融公司的处罚力度,还结合复杂的市场状况予以警示,对汽车金融公司的合规经营提出了更为严格的要求。

2020 年是消费金融行业迎来机遇的一年,也是继续加强监管、有序发展的一年。近一年来,金融监管部门推出一系列政策鼓励消费金融发展,同时也从法律层面夯实了整个消费金融的监管框架。2020 年消费金融行业相关政策如表 8.1.1 所示。

表 8.1.1　2020 年消费金融行业相关政策

时间	发布机构	政策名称	主要内容
2020 年 3 月	银保监会	《中国银保监会非银行金融机构行政许可事项实施办法》	消费金融公司可以发行经监督许可的其他债务和资本补充工具
2020 年 7 月	银保监会	《商业银行互联网贷款管理暂行办法》	合理界定互联网贷款内涵及范围,明确互联网贷款应遵循小额、短期、高效和风险可控原则;明确风险管理要求,商业银行应当针对互联网贷款业务建立全面风险管理体系;规范合作机构管理;强化消费者保护;加强事中、事后监管
2020 年 9 月	银保监会	《中国银保监会办公厅关于加强小额贷款公司监督管理的通知》	规范小额贷款公司行为,对外最高 5 倍的融资杠杆
2020 年 11 月	银保监会	《关于促进消费金融公司和汽车金融公司增强可持续发展能力、提升金融服务质效的通知》	加大对消费金融公司和汽车金融公司的监管政策支持力度,监管从降低拨备监管要求、拓宽融资渠道、增加资本补充方式三大方面进行支持;消费金融公司拨备覆盖率可以从现有的 150% 降低至 130%;监管支持消费金融公司在银登中心发行 ABS 产品;监管允许消费金融公司发行二级资本债

随着互联网金融的发展,我国在具体的监管手段上不断完善,逐步明确了不同业务形态的监管主体及职责,尤其是第三方支付、P2P借贷和众筹融资这三种业务形态,它们的业务规模最大、发展速度快,已经成为行业的典型。这三种业务形态的发展模式逐渐成熟,监管部门的监管措施也较为完善,政府的监管态度也在不断发生改变,从开始的观望,到后来的鼓励和支持的态度,再到现在逐渐加强监管力度,表明风险防控成为金融监管工作的主基调,政府部门出台相关政策文件,加强监管力度,逐步规范其发展。

2020年以来,监管层大力整治网络借贷领域风险。

2020年年初召开的中国人民银行工作会议明确提出,在2020年要彻底化解互联网金融风险,网贷平台的出清工作成为2020年监管化解网贷风险的工作重点。11月27日,中国银行保险监督管理委员会首席律师刘福寿透露,互联网金融风险大幅压降,全国实际运营的P2P网贷机构到今年11月中旬完全归零。至此,P2P网贷正式退出历史舞台。

P2P网贷平台已清零落幕,P2P带来的问题却不能清零,清退中的网贷风险依然较大。譬如,出借人的权益保障、借款人的债务偿还、逃废债等一系列后续问题有待解决。零壹研究院院长于百程指出:并非实际运营的平台压降到零,网贷就清退完成了,绝大部分的平台在清退转型过程中或者被立案,但出借人资金还有几千亿没回收,如何平稳解决这些出借人资金问题,将是网贷清退中的重点和难点。

2020年,监管政策的导向驱使助贷行业向着合理化方向发展。

2020年5月,银保监会对外发布《商业银行互联网贷款管理暂行办法(征求意见稿)》,规范了商业银行线上借款业务,助贷行业被正名,整体上利好助贷行业。

2020年8月,民间借贷上限"4倍LPR"规定的出台,兜底模式将宣告结束,助贷机构的参与门槛大幅提升,只有少部分场景好、流量足、金融科技能力强的平台能够存活,助贷行业马太效应强化。

2020年11月,随着联合贷戴上"紧箍咒",最合规的助贷方式就只剩下分润模式。据了解,包括蚂蚁集团、京东数科、陆金所、360数科、乐信和信也科技在内的互金平台都在重点推广助贷分润模式。

2020年11月银保监会明确"把所有金融活动纳入统一监管范围"的政策导向,推动同类业务、同类主体公平竞争,2020年中央经济工作会议首次明确金融创新应审慎监管。近期监管先后收紧对网络小贷公司、金融科技公司的约束,对消费金融公司、汽车金融公司等持牌机构反而给予更多政策倾斜。如11月6日银保监会发布《关于促进消费金融公司和汽车金融公司增强可持续发展能力、提升金融服务质效的通知》,将汽车金融公司拨备覆盖率要求由150%降至130%,支持其开展信贷资产收益权转让业务来盘活资产,并明确其可发行二级资本债补充资本。我们认为在金融活动统一监管趋势下,汽车金融行业有望逐步走向合规健康发展,商业银行、汽车金融公司等持牌机构有望充分受益于政策红利。

2021年1月13日,为健全消费金融公司风险监管制度体系,强化分类监管,推动消费金融公司持续健康发展。银保监会发布《消费金融公司监管评级办法(试行)》(以下简称《办法》),监管评级结果将分为1级、2级(A、B)、3级(A、B)、4级和5级,评级结果数值越大,表明机构风险越大,需要越高程度的监管关注。

银保监会表示,《办法》的发布和实施,进一步完善了消费金融公司监管规制,为强化分类监管提供了制度支撑,有利于提升监管工作效能,引导消费金融公司强化风险防控,发挥特色功能,加快向高质量发展转变,更好地服务实体经济。《办法》的出台是利好消息。一方面,更具针对性的监管方式有利于及时发现和化解风险,引导机构合法、合规运营,监管效果更好;另一方面,优质的消费金融公司在开展业务和融资方面更具优势,评级不佳的机构也有了可依据的退出机制。

2. 资本成本上升

汽车行业发展喜忧参半,风险与机遇并存。一是行业平均财务数据中,总资产、扣除非经常性损益的净利润、基本每股收益、营业收入、股东权益都在逐年提高,可见市场需求不断扩大,行业发展潜力也很大。二是负债总额逐年增加,但随着总资产的提高,资产负债率基本稳定,说明行业的资本结构比较稳健,财务杠杆发挥了很大作用,行业财务风险整体不大。三是行业净资产现金含量、每股经营性现金含量及现金销售比例较低,说明行业在现金控制方面较弱,现金创造能力较差。四是经营净利润、毛利润方面还不错,但利润增长率和净资产增长率在个别年份出现较大波动,但并不影响总体利好趋势。

自2008年《汽车金融公司管理办法》实施以来,我国汽车金融市场开始进入有序发展阶段。截至2019年,我国汽车金融市场总体规模达到约1.7万亿元,其中持牌汽车金融公司约占一半份额。乘用车新车金融整体渗透率逐年提升,2019年,新车金融总体渗透率达43%。按使用金融产品的台数比例,贷款渗透率约35%,融资租赁渗透率约8%,贷款份额依然大幅领先。二手车金融受互联网汽车金融平台兴起的推动,近年来快速发展,截至2019年已达28%的渗透率。按使用金融产品的实际交易台数比例,贷款渗透率约18%,融资租赁渗透率约10%。商用车因其生产资料属性,金融渗透率更高。中重卡因其产品单价高和车队挂靠机制成熟的特点,2019年金融渗透率高达85%,并将继续缓慢提升。轻卡市场金融渗透率较中重卡则低得多,仅为35%,发展空间巨大,将保持稳步上升的趋势。

汽车金融成本控制主要存在以下几个方面的问题。

(1)供应链环节存在的问题

原材料价格波动风险管控不足。一般汽车整车厂在新项目招投标时要求零部件企业采用固定价格投标,不同汽车厂新项目开发周期大不相同。由于产品价格项目定点时就已经确定,产品在整个生命周期内存在原材料大幅波动的风险,这些风险全部由零部件企业承担。公司的主要原材料如浮法玻璃、PVB胶片、PVC注塑材料等均属大宗商品,其价格亦受国家宏观经济政策和外汇汇率波动的影响,目前公司在这方面欠缺相关风险的应对策略。

汽车玻璃配套由过去单一供应玻璃发展成为在玻璃上安装更多附件的总成化产品,公司附件开发和管理面临更大的挑战。目前安装在汽车玻璃上的附件品种繁多,单个零件采购量不大,对供应商而言不具规模优势,比较难争取到满意的价格。部分附件受专利及新技术限制,难以引进多家供应商,议价能力弱。

财务部会按公司年度经营目标分解各部门经营计划指标,其中,采购成本降低用来考核采购部,督促采购部门完成年度降本目标。由于采购成本下降仅关注价格的下降,导致采购部门对降价关注过多,而忽视采购材料的质量。

(2)产品开发阶段存在的问题

公司新产品开发成立以销售、工艺和质量为主导的跨部门项目小组,共同管理整个项目开发过程。项目开发管理是一项复杂的系统工程,公司在项目进度管理、质量规划、工艺技术验证等方面存在许多不足,需要改进和提升。

汽车零部件项目开发流程包括项目启动、设计评审、初始样件、首次交样、产品验证计划启动、试验和装车认可、小批量启动、PPAP 认可等几个阶段。企业在整个项目开发过程中,经常会发生工程设计变更,目前项目管理软件 PLM 处于上线阶段,许多功能需要进一步完善。

财务部在新产品项目开发阶段参与较少,项目小组重在关注项目进度节点,忽视项目开发成本和产品开发阶段问题的解决。在产品开发阶段,产品目标成本已基本确定,影响后续的成本改善空间。

(3)制造环节存在的问题

人工成本控制存在一定的不足。集团大力推行精益管理,生产自动化水平提升,但由于受新工厂员工劳动技能不足的影响,生产效率无法快速提升,导致人均产出和人工成本没有得到明显提升。

部分原材料供应质量不稳定,导致非生产性过程废品增加,产品质量管控难度增加,导致产品的生产成本上升。据某车间统计,目前因个别原材料质量及交付问题,须配置专职人员对来料进行全检,仍无法避免材料不良导致的生产废品。

新能源汽车的成本包括购车成本和使用成本两部分,与传统汽车相比,其成本偏高。据中投顾问发布的《2010—2015 年中国新能源汽车产业分析及投资咨询报告》显示,混合动力汽车的售价比同类型传统燃油汽车平均高出 30% 左右。此外,纯电动汽车的价格也居高不下,主要原因包括关键技术不成熟、缺乏相关标准,零部件的生产暂未形成规模化等。以比亚迪的混合动力汽车 F3DM 为例,其售价为 16.78 万 ~ 14.98 万元,但一辆普通的 F3 的价格为 5.28 万 ~6.68 万元,两者之间的高差价让消费者难以接受新能源汽车。

在使用成本方面,新能源汽车具有一定的优势,其能源来源的广泛性使得其能源成本比传统汽车要低很多,但为了保证使用效果,在现有的技术条件下,需要每 3 ~4 年更换一次电池,电池的成本居高不下影响到新能源汽车整体的使用成本。

为了控制产品开发环节的成本,首先,需加大研发方面的资金和技术投入,提高研发团队与主机厂的同步设计及产品研发能力。汽车整车厂产品更新换代加快,汽车零部件企业若想在市场上获得一定的竞争优势,零部件企业必须提高与整车厂的同步设计和开发能力,研发团队要紧跟主机厂的研发节点,满足主机厂对零部件的交样节点要求,零部件企业要定期向主机厂推广自己的新技术,以便主机厂将零部件企业掌握的新技术应用到新项目中,提高零部件企业高附加值产品销售占比。另外,公司应制订更加完善的项目开发人员激励考核机制,吸引更多的优秀人才。其次,加强研发项目进度管理,特别应加强研发过程中的工程设计变更成本管理。零部件企业应建立研发项目管理信息系统,对项目中标、开发、工装模检具及设计变更进行系统管理。针对主机厂原因发起的设计变更,应加强设计变更成本报价管理,确保设计变更成本得到合理补偿;针对内部原因发起的设计变更,应建立开发失效模式分析,系统管理设计变更。

3. 汽车销量下滑

随着社会经济的不断发展,人们的物质生活水平得到提升,汽车成为人们日常生活的一个重要消费品。随着消费水平的升级,我国已经成长为世界级的汽车产销大国。但从2018年下半年开始,汽车销量持续下滑,经销商盈利能力减弱,生存压力增加,经销商与主机厂商的矛盾突显。虽然2019年下半年汽车市场表现出了一定的恢复动力,但国内汽车市场形势依然严峻。2020年开年,中国迎来了更大的挑战,新型冠状病毒肺炎疫情肆虐,打乱了中国汽车市场的恢复节奏,对中国汽车市场造成了新的冲击。

根据中国汽车工业协会统计数据,2020年1—3月,汽车生产量为347.4万辆,销售量为367.2万辆,同比分别下降了45.2%和42.4%。其中,乘用车产销量分别为104.9万辆和104.3万辆,同比下降49.9%和48.4%;商用车产销量分别为79.0万辆和79.4万辆,同比下降28.7%和28.4%;商用车降幅总体低于乘用车,国内汽车市场销售压力足以预见。我国新车产销量同比下滑,目前中国汽车市场的增长态势面临着严峻的挑战。目前汽车企业产销率下滑、库存增加的原因是多方面、深层次的。

(1)新型冠状病毒疫情的影响

汽车属于大件耐用消费品,由于其自身的独特性,其销量受疫情影响非常严重。在新冠肺炎疫情暴发后,政府出台了严格的防控措施,消费者也增强了自我保护意识,大部分消费者都减少了各类外出活动,坚持居家隔离,防止疫情进一步恶化。这种状态极大地抑制了消费者的购车需求,大幅减少了汽车的销售量。同时,汽车销售企业只能通过线上开展营销工作,给汽车销售带来极大困难。最后,由于国内疫情的影响及疫情在全世界蔓延,中国整体经济增长将受到一定的冲击,预计全年GDP增速将低于预期,疫情影响带来的蝴蝶效应也将引发消费者对未来收入的担忧,直接影响消费者的消费信心,也将直接影响汽车这类大宗奢侈品的销售。受新冠肺炎疫情影响,国内外经济环境下行压力加大,不利于新车的销售,也更加不利于我国汽车行业回暖。

(2)国家宏观经济转型升级

近年来,下滑、衰退成为世界经济的主论调,欧美发达国家经济增速下降,新兴市场经济增长缺乏动力,导致全球汽车市场需求量下降,无论是汽车出口贸易还是对外投资建厂,形势都不太乐观。自2018年以来,中国汽车市场连续下滑,其主要原因就是国家宏观经济处于转型升级中,大量中小企业在去产能、去库存、蓝天保卫战、金融去杠杆及中美经贸持续摩擦等一系列的行动和事件中受到较大冲击,而其中的从业人员,尤其是中低收入人群受到了多重冲击,直接影响了四五线城市和广大农村购车群体的消费能力,导致国内汽车消费市场持续下滑。国民经济增长已经呈现并继续朝着平稳增长的趋向,必然导致车市连续两年"井喷"之后需求进入减速调整期。这也是当前车市下滑的主要原因。

(3)"限行"政策的影响

近年来,面临日益严重的空气污染和巨大的交通压力,各个地区从各自不同的角度出发,以"解决城市交通堵塞和环境污染""同国际接轨"等理由纷纷推出了一系列的"限制政策",全国各地推行实施机动车尾号限行交通管理措施引起了较大的反响。汽车限行主要是通过强制限制汽车在交通拥堵的高峰时段的出行次数来缓解交通压力和改善空气质量,剥夺的是汽车的使用价值。很显然,在小汽车限行之后,消费者的购车成本会发生改变,汽车行业的下行趋势将是无法避免的,也会直接影响国内汽车4S店的生存。

(4)汽车市场保有量渐趋饱和

汽车行业经过长时间的发展已渐趋于饱和。中国汽车保有量非常庞大,社会对汽车需求速度减缓,有车一族已占据绝大多数,新购车的人及换车的人是增长的主力。汽车作为一个价值较为高昂的大件耐耗品,购买力消耗殆尽,多数消费者目前尚无更新计划。对于新车销售来说,经济发展新一轮周期内新的购买力尚在逐渐形成中,也是汽车销量下滑的主要原因。当然,销量下降会导致各大厂商竞争更加激烈,优胜劣汰会加速,市场重新洗牌,对于很多竞争力不在头部的厂商来说面临巨大压力。

总体来看,多方原因对新车产销发展提出挑战,除上述所提及的原因,还受二手车销售波动、第六阶段排放标准实施、消费偏好变化以及消费升级等因素影响,汽车销售承受了一定的压力。受经济形势下行影响,连带汽车消费市场也受到了极大的影响,当然对企业个体是巨大的压力。但汽车消费金融仍存在机遇,汽车产业需通过节约成本,改变销售方式,进行产业改革,寻求传统汽车产业的转型升级、绿色发展,发展高科技、高性能汽车,要提高自主品牌的竞争力,更需要用市场的手段促进新车销量以探索出一条传统汽车企业未来的发展之路。

4. 欺诈风险高

根据《汽车金融公司管理办法》第十九条,简单概括就是,在融资方面,主要依靠股东或者汽车厂商母公司的支持,或者向银行借款。在运营方面,则主要是参与消费信贷,为消费者提供诸如汽车抵押贷款、汽车按揭贷款、汽车担保贷款等。在国外,用户能够在汽车金融服务机构选择消费信贷、购车储蓄、汽车消费保险、融资租赁等多种金融产品,而这些消费将会产生范围经济效应。目前,我国开展的汽车金融服务大部分是零售信贷业务和经销商融资业务,而且主要为前者。随着客户的需求日益增长,汽车金融产品种类和数量的增长速度很难满足市场的需求。商业银行在横向服务品种方面主导汽车金融市场的现状,使得汽车消费贷款成了主要的汽车金融产品,且产品设计相似。

随着汽车金融行业的成熟,汽车金融基础产品趋于同质化。汽车金融服务机构主要提供新车贷款、二手车贷款、售后回租、直租四大类产品。在汽车金融的初期发展阶段,贷款人更关注金融产品本身的价值,汽车金融服务机构多从信贷条件、贷款额度、贷款利率、还款方式等方面进行产品创新来吸引顾客。随着汽车金融行业的发展成熟,对于同一类汽车金融产品,信贷条件、贷款额度、贷款利率、还款方式等基础服务在汽车金融服务机构间的差异越来越小,产品的同质化程度越来越高。

我们应该拓展业务范围,提高产品个性化程度。随着我国经济社会的快速发展以及移动互联网的广泛应用和普及,人们对我国互联网金融的依赖程度越来越高,尤其是"90后"的新兴消费群体。这些消费群体对于互联网金融有着更多的消费需要,并且互联网消费也逐渐成了其主要的消费方式。这类新兴消费群体对各类互联网平台提供的金融服务产品已经有着比较清晰的产品认识,对于其相关的汽车互联网消费金融服务产品也具有较高的接受度,因此他们对"互联网+"这类汽车金融产品的购买力值得我们关注。

但是,我们不应该只关注互联网领域的金融服务产品,也要注重创新。第一,保持汽车金融产品创新性。例如大众汽车金融推出的33弹性贷、半价弹性贷、55弹性贷款、二年阶梯贷、"跃"贷弹性贷等。第二,发展二手车及新能源汽车的汽车金融市场。2018年,中国汽车市场总体销量下滑,但新能源汽车的销量却近乎翻倍,二手车市场也呈现增长趋势。第三,开展对衍生业务的贷款。衍生业务指客户通过大众金融购买车辆时,其贷款金额除了所购汽车车价的部分,还可以包括汽车的保险、税收、保养服务、配件、汽车美容等附加的支出金额。第四,发展融资租赁。租赁企业已经成为汽车金融公司的一大竞争者,完善汽车金融的融资租赁业务,发展租赁业务。

当然,薪酬制度在员工管理过程中起着至关重要的作用,它作为公司对员工为公司创造价值的一种回报,是对员工工作价值的肯定。好的薪酬制度能极大地调动员工的工作积极性,在满足员工的合理薪酬期望的同时能带来更多的成就和满足感。薪酬制度的负激励通过对员工合理的惩罚能起到警示员工的作用,以反面教材的形式督促员工正确认识错误并改正错误。反之,不合理的薪酬制度不仅不能满足员工对收入的期望,还会使其产生抵触情绪,消极怠工,甚至引发集体性跳槽现象,造成潜在的操作风险与人才的损失。不合理的奖惩机制,会给员工心理上造成不公平的印象,在实际工作中,也会产生不公平待遇,因而不能实现设立奖惩机制的初衷。

在市场化竞争日益激烈的背景下,要想脱颖而出取得快速发展,必须制订与公司业务实际情况相匹配的考核评价制度,这样才能激发员工的主人翁意识,调动全公司各部门员工都来关注业务风险,这比仅仅依靠业务线员工来关注风险,势必能更全面地发现风险和控制风险。在实操中,采用员工收入与业务量和风险双挂钩考核机制。即各个岗位工资不再是单纯的基本工资加提成形式,而是加入员工风险识别防范成果、跨部门合作配合度等评价指标作为全面评估绩效的标准。同时要做到奖罚明确,健全规章制度,将责任明确至个人,强调按章办事,强化全员的风险意识,保障各项风险管理措施得以有效实施,实现全员风险共担、利益共享。

随着国内金融市场的不断发展,国家政策的鼓励支持,汽车金融公司业务还有很大的发展空间。而我国科学技术的系统发展迅速进步,汽车消费信贷的审批也在逐步走向自动化。

5. 消费者恐慌

"互联网+"背景下的汽车金融市场进退得宜,是难得一遇的大好发展机遇。"互联网+"战略的提出,促使汽车金融行业与互联网金融行业相互融合,更多的经营主体开始关注并试水互联网汽车金融,越来越多的投资者涌入互联网汽车金融行业。涌入互联网汽车金融行业的不同经营主体,部分平台不具有合法的汽车金融业务经营主体资质,由此带来了市场准入风险,给金融监管带来挑战。

互联网汽车金融平台成立时间较短,企业内部治理还不完善,极易造成个人金融信息被泄露,侵权、侵财等事件发生,在一定程度上造成了消费者的恐慌,同时阻碍了互联网汽车金融行业的发展。如平台管理不善造成的客户个人隐私信息被窃取,甚至于部分平台主动将信息非法卖给他人从而获利,这些内部管理不善的后果给互联网汽车金融业务的发展带来了负面影响。现阶段,我国网络个人信息安全保护的法律法规还没有形成体系,个人信息保护的专门立法还没有出台。已有的相关规定较为模糊,多为原则性指导建议,并没有提出如何进行操作,缺乏实用性和可操作性。随着互联网的普及,客户在互联网上的信息泄露等问题逐渐凸显。在互联网汽车金融业务中,客户在平台上注册、交易时,个人身份、账户资金、交易等信息被平台记录和保存。如果平台内部管理不善,泄露或非法卖出客户个人隐私信息,将给客户造成极大的精神和经济损失。

其次,由于某些直租平台业务不规范或消费者对汽车直租产品的认知存在偏差,出现

"退租难"问题,造成消费者对直租行业的恐慌。

售后回租是类信贷的汽车融资租赁方式。承租方购车后通过回租协议把所有权转移至出租方以获得购车资金,租赁期满后所有权转回,在此过程中存在较高的欺诈风险,互联网平台和融资租赁公司降低了汽车金融门槛,汽车金融也面临着较高的欺诈风险。汽车金融参与者日益丰富,互联网平台和融资租赁公司降低了汽车金融门槛,使得央行征信体系下的"征信白户"也得以获取汽车金融服务。然而,贷款人信用要求的降低不可避免地带来了欺诈风险的提高。汽车金融的欺诈风险主要包括个人欺诈、团伙欺诈、内外勾结欺诈等多种欺诈方式。部分汽车直租平台用户出现"退车难"问题,引起消费者对汽车直租业务的恐慌。由于某些直租平台业务不规范,并未向消费者充分说明汽车直租业务的退租注意事项,或消费者对汽车直租产品的认知偏差,直租行业消费者"退租难"问题出现的主要原因包括以下三种情况:一是产品不可退,消费者购买的本身是"不可退"产品,因业务员并未详细告知或消费者对产品理解不充分,导致消费者在租赁前认为产品"可退",从而出现退租纷争;二是不符合退租条款,大部分汽车直租产品在租赁期结束后,有一定的退租条款,不符合该条款的车辆无法退租;三是平台不规范,部分业务操作不规范的直租平台在租赁期前向消费者承诺"可退租",但起初并未明示退租条件,待消费者退租时提出一系列消费者难以接受的条件,使得消费者退租难。

最后,互联网汽车金融企业中引起消费者恐慌的部分原因来源于信用风险,信用风险归结起来有主体信用风险、客体信用风险和第三方支付信用风险等。即购车借款人违约风险,参与主体经营管理不善引起的信用风险,第三方支付平台带来的信用风险等。其中,信用欺诈风险表现影响突出。

当前互联网汽车金融领域比较常见的欺诈表现有假冒他人身份签订合同;使用伪造的身份证明或伪造的购车证明签订合同;在签订合同时出具虚假资信证明;套贷,即虚增购车价格,贷款金额远远高于所购车辆的实际价格;空车套现,即贷款未用于购买车辆,而是挪作他用;以个人名义贷款,但是所购车辆或贷款的实际使用人为法人单位;用已经购买的车辆作为新购车辆进行贷款等。而在互联网汽车金融领域中,除了具有以上传统汽车金融领域会出现的欺诈行为以外,以沉默方式进行欺诈行为的更为突出,其中主要体现在借款方在签订借款合同过程中存在一车多押、实际抵押价值远低于抵押物价值、对抵押汽车的重要信息没有合理告知等问题。欺诈风险逐渐成为互联网汽车金融发展过程中的重要制约因素,必须对欺诈风险进行防范,以降低或消除消费者的恐惧,促进互联网汽车金融持续稳定发展。

6. 产品同质化高

汽车金融现作为一种实体运营活动,汽车市场经历多年的发展,随着人们实际需求的日渐饱和,已走向了必须突破的阶段。单纯依靠造车、卖车,已经无法让这个传统制造业进一步发展,甚至难以维持现状。而金融作为一种概念产物,可以运用其资本、结构条件创造的先天优势,协助汽车行业找到发展突破口,从而创造出一片新的领域。

传统金融优势比融资租赁明显,但是伴随融资租赁产品设计的合理化,融资租赁产品逐渐受到市场欢迎。在金融方案竞争特征上,汽车金融方案也由原来相对单一的方案向"零利率、长期数、高补贴等方案的综合应用"进行转化。在创新方案应用上,带残值担保的尾款产品,月供负担较小,期末处理灵活,尽管利率相对较高,但对于年轻人来说仍具有较大吸引力。同时为应对新冠肺炎疫情,各大汽车厂商还纷纷加码对汽车金融的支持力度。具体表现在着力推广融资租赁产品力度,推出了更长期限的融资租赁产品,并通过现金补贴经销商以提高推广贷款业务的积极性;推出创新金融方案,缓解受疫情影响的用户资金压力和打通受阻的金融业务申请渠道;加快贷款业务线上化进程;加大贴息力度等,金融方案同质化竞争加剧。

当前互联网汽车金融产业已经出现了明显的同质化现象,汽车金融业务过于集中在汽车"抵押—融资—理财"这种单一模式上,汽车后市场生态圈还远未形成。在过去几年内,车贷领域表现出的巨大前景吸引了许多互联网金融平台扎根驻足,虽然目前车贷市场还未达到明显饱和状态,但整体来看,由于车贷平台数量较多,整个车贷行业普遍面临区域重合和业务重合两大发展瓶颈。随着整个行业竞争的加剧,车贷市场的想象空间正在缩小,因此,车贷平台亟须突破现有思维的束缚,摆脱现阶段的"融资—抵押—理财"等单一模式,围绕不同应用场景提供消费类金融服务,围绕汽车后市场提供汽车维修、保养、改配、保险等品类进行布局等。

金融市场具有融资功能、价值体现功能和风险分散功能,汽车制造业不断寻求新的发展方式与金融业进行融合,从而促进主营业务和资本市场的发展,应运而生的互联网汽车金融行业为汽车行业和金融消费者提供了便利。但就互联网汽车金融本质来说,仍是属于金融范畴,不可避免地具有金融风险的特点,需要防范信用风险、流动性风险、系统风险、利率与汇率风险等传统金融风险。互联网汽车金融兼有汽车金融和互联网金融的双重属性,大数据、云计算等现代互联网技术影响着互联网汽车金融业态的发展。互联网汽车金融除了要面临传统的金融风险外,还要面临服务主体市场准入风险、行业自治风险、企业内部治理风险、信用欺诈风险等。

汽车金融公司可根据贷款客户的消费特点构建风险评估模型,并根据不断汇入的新数据对模型进行及时修正。金融市场瞬息万变,只有建立专业化的风险管理系统进行风险管理,企业才能在激烈的竞争中规避各种陷阱,实现稳健经营。汽车金融企业要理清信贷业务流程,从流程中寻找薄弱环节,确定风险易发环节,找出风险点;要根据贷款金额对风险进行分级控制,对贷款流程进行有效管理,对贷后催款实现专人跟踪,了解贷款人的最新动向,识别出潜在的风险;要估计风险的后果,并划分风险等级。根据企业内部风险等级分类,有针对性地对各类风险做好预防。建立风险评估模型,要对客户贷款的原因、贷款数额和购车数量、型号的必要性、客户净资产状况和负债状况以及客户所处市场宏观情况以及金融行业基本整体情况,在贷前、贷中、贷后三个环节进行全面评估。此外,客户所在行业整体运营和盈利情况能否间接反映客户的共性情况,贷款企业或客户个体财务状况、现金流情况、周边评价能够反映客户的经营稳定情况和信誉,这些情况的了解,能有效避免贷款客户在自身经营存在重大危机的情况下骗贷后跑路的发生。多数商用车的贷款客户把车辆用于运输经营,车辆耗损状况和客户负债情况等一直在变动,唯有实时捕捉到这些变化信息,才能及时预见风险,在最短的时间里做出反应,采取有力措施把风险带来的损失降到最低。因此,要及时了解客户及周边发生的最新情况,做到第一时间获得第一手信息,及时将信息上传到公司风险管理系统。

任务二　汽车金融发展趋势

困难和挑战往往与机遇并行,行业的瓶颈通常反而是企业脱颖而出的机会。尽管困难重重,前景并不悲观,许多积极的市场变化驱动着行业前进。细分市场逐步明确,待拓空间逐渐明朗。拨云见日,我们看到汽车金融市场孕育着许多新的机遇。汽车产业下行及金融监管严格的背景下,汽车金融的机遇与挑战并行,迎来七大发展趋势。

1.渠道下沉

(1)营销渠道与渠道下沉

营销渠道(Marketing Channels),是指产品从制造商流向消费者所采用的不同方式,而中间经过的不同功能但互相之间有联系的个人或组织就构成了营销渠道。通常指的是产品在进行市场交换时从生产过程最终由消费者所购买的过程当中产品所经过的整个通道。营销渠道的开端是产品的制造商,最后接收人是消费者,而参与产品流通的个人或组织是渠道的一个成员,在产品的流通当中发挥着一定的作用。而产品的销售过程需要不同成员的努力,提高产品的销售量、刺激需求等。产品可能面临着其他产品的竞争,因此需要对市场进行有效划分,自我调整营销渠道以实现产品销量的提高。

渠道下沉是指营销渠道长度结构及终端位置的一种变化。它是目标市场细分的一个组成部分。长度结构的变化就是企业将自己的渠道纵向延伸,由零级到一级,再到二级、三级……具体往往表现为上一级网点向下构建下一级网点的一种纵向延伸;终端位置的变化就是企业直接在更广阔的空间领域开辟新的销售渠道及终端,具体往往表现为企业直接将销售领域向低一级的城市和消费人群扩展。汽车销售的渠道下沉,具体表现在将汽车销售渠道的终端或触角从原来的一二线城市逐步向三四线城市延伸,甚至延伸至乡镇级的五线市场。

(2)渠道下沉的动因

一二线城市汽车销售市场饱和。由于车牌限制政策和近几年汽车保有量的提升,一二线城市汽车销量市场逐渐趋于饱和,当前中国汽车销售正逐步向低线城市甚至农村地区转移。大搜车官网数据显示,2018年"双十二"当天,通过"弹个车"购买汽车的客户中,三线及以下城市的消费者占比超过60%。汽车消费和汽车金融的区域下沉趋势明显。根据2020年10月汽车终端零售销量全国城市排行了解到,10月全国零售总销量为194.6万辆,环比下降2.8%,绝大部分一线城市销量呈下降趋势,三四线城市大部分销量实现环比增长。由此可以看出,新的增量主要来自三四线城市,市场增长点从中心城市向中小城市转移。这是一个很重要的转变,这个转变会使销售渠道的分布发生很大的调整,用以满足三四线城市的需求。2018年"双十二"当天通过"弹个车"购车客户地区分布如图8.2.1所示。

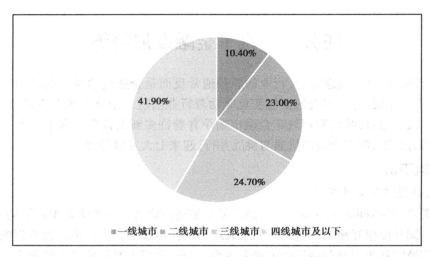

图 8.2.1 2018 年"双十二"当天通过"弹个车"购车客户地区分布

瞄准三四线城市弥补市场空白。近两年我国汽车市场的增速下滑,汽车行业面临着增长乏力的困境。对此汽车市场都在积极拓展三四线城市的渠道,寻找新的利润增长点。由于国内汽车经销体系以 4S 店为主,4S 店又是单品牌经营,在这样的经销体系下,因其成本过高,难以覆盖三四线城市。然而在未来,三四线城市将成为汽车消费金融最大的市场,目前很多汽车品牌都开发了 2S 店或是准 4S 店扩展到县级市甚至更小的城市,汽车金融产品也将跟随大步伐走到更小的城市去。而且随着车贷市场进入者的逐渐增多,未来车贷市场竞争将更加激烈,提供服务的渠道也势必向多元化转移,而在三四线城市提供分期购车和二手车买卖的银行与汽车金融公司很少,这意味着有一大波拥有汽车梦想的人享受不到普惠金融的服务,所以这个市场的潜力不容小觑。例如"以租代购"就是为消费者提供长租服务的新模式,通过逐月支付车辆租金,待租期满一定年份后,企业将车辆所有权过户给客户,这一模式实现了产权和物权的分离,用户在用车期间,还可选择更换车辆,此举意味着降低用户的购车风险,也更符合三四线城市用户的消费能力。

"80 后""90 后"被称为"新一代"消费者,小镇青年也成为汽车金融消费市场的主力军。近年来国家对农业的各项政策扶持和对农民的各种财政补贴,增加了农民的收入,农村乡镇汽车销售市场也是一个不容忽视的重要环节。BCG 数据显示,新一代消费者 2016—2021 年城镇消费额复合增长率为 11%,是上一代消费者的 2 倍多;同期新一代消费者的贡献率达到 69%,远高于上一代的 31%。根据中国汽车流通协会发布的《2018 年中国汽车市场消费报告》数据显示,"80 后""90 后"购车者占 74%,是最主要的新车购买人群。在 18~40 岁,"未使用过分期消费,且不想尝试使用"的比例随着年龄的升高而升高,可见年轻人对分期消费的使用程度和认可度比中年人高。相比中年人,伴随着互联网成长的"数字原住民"更容易接受新兴事物和观念,消费观念升级趋势将愈加明显,促进互联网消费和消费信贷发展。因为这部分人群是更具个性化消费需求的消费群体,对消费信贷的接受程度高,所以随着消费者年龄的变动、需求的变化和超前消费观念等因素的驱动,渠道网络将由中心城市向中小城市甚至农村乡镇下沉。2018 年新车购买人群分布如图 8.2.2 所示。

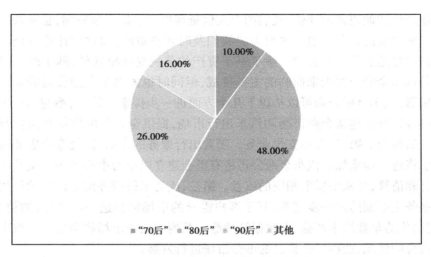

图 8.2.2　2018 年新车购买人群分布

2. 附加服务竞争

近期,我国汽车金融服务的范围经济发展问题突出,汽车金融产品的趋同现象比较严重,但汽车金融业只要更加注重依据不同客户满足其需要,提供多种产品就可以实现范围经济,提高覆盖率。汽车金融行业应该一致创新,深化汽车金融服务,提供更多有质量和效率的金融服务产品。由于国内的汽车制造企业大多是国有企业,创新服务意识较弱,在汽车金融服务方面一直依靠中间商,中间环节过多导致汽车制造企业的利润被一层层剥削,并且在经营资金链上,很多汽车制造企业原始资金较少,面对市场机会,往往缺少资金对汽车金融服务业务进行开拓。目前,国内的汽车金融体系在垄断条件下的计划经营形式在制度上有较大的安排,缺陷纳入了较少市场经济的竞争,导致汽车金融市场发展畸形,仅存在直接和间接汽车贷款两种单一形式。

汽车金融服务公司是办理汽车金融业务的企业,通常隶属于汽车销售的母公司,公司经销商及其下属零售商的库存产品提供贷款服务并允许其经销商向消费者提供多种选择的贷款或租赁服务。欧美国家尤其是美国政府对发起设立汽车金融服务公司的股东资格,核心来源没有太多的限制,银行、工商企业和个人只要达到规定的条件均可以参加,发起设立汽车金融服务公司时,汽车金融服务公司的投资主体比较广泛,并提供多样化的服务,与知名企业强强联合,为客户提供多重保障,能够为客户根据自身情况定做信贷产品。专业的汽车金融服务不仅覆盖了汽车售前、售中和售后的全过程,还延伸到汽车消费的相关领域。汽车金融服务是一个融资信贷、信用管理的运行过程。汽车消费贷款服务模式主要有以下几种:分期付款销售模式、融资租赁方式、汽车分期付款、合同的转让与再融资方式、信托租赁方式、剩余款项一次还清的分期付款方式。

另外,面对消费趋势的变化,尤其是中低线消费的新生代年轻购物达人,应了解他们的购买动因,生产出能够吸引这类消费者的优质产品。在此基础上,我们更应该通过与主机厂及经销商合作,积极通过经销商开拓低线市场的分销渠道。除此之外,线上渠道的梳理和建设也是未来发展的核心,创造出适合客户的产品和服务是大势所趋。相对于新生代的年轻购物达人,我们应该更加谨慎地对待消费者出现的消费分级。值得注意的是,随着自动驾驶对汽车行业产生的颠覆式的变化,我们的个人信贷客户将会进一步萎缩,企业及出行公司将会是我们未来主要的服务对象。这也需要我们及时调整策略,通过设计符合企业的金融和租赁产品来更好地服务未来客户。除了基于资产的传统商业模式外,基于服务的商业模式变迁可能是汽车金融公司未来面临的主要挑战,但同时也为汽车金融公司的未来发展带来了重大的机遇,汽车金融公司可以从以下几个方面进一步探索。第一,参与出行市场。汽车金融公司可以很好地连接金融市场和汽车出行市场,提供全方位的贷款和租赁服务以及多品牌车队产品组合。第二,参与支付业务。随着出行服务的发展,围绕客户服务消费所带来的支付需求将进一步增加。汽车金融公司将有机会建立以车为中心的内部交易平台来处理相关的交易和清算,并从中赚取相应的收益。第三,成为出行服务细分市场的提供商。随着未来出行服务生态圈的进一步完善,基于客户需求的市场将会进一步细化,如租车、保险服务、个人定制化的车载娱乐产品、大数据管理等一系列的细分市场将会出现。汽车金融公司可以根据自身的情况,选择适合自己的细分市场进行发展。

同时,消费者作为汽车金融赖以生存的根本,汽车金融公司应始终以人为本,坚持以客户为中心,以消费者需求为导向,汽车市场已经从卖方市场转变为买方市场,传统零售的"货→场→人"也已经转变为"人→货→场"。在汽车新零售商业模式的影响下,汽车金融要结合用户需求和使用场景提供产品和服务。要考虑和研究客户新的消费行为和消费习惯,推出迎合客户和市场需求的产品与服务。尤其是针对"95后"年轻群体的贷款产品,应当具备定制化、简易化、灵活化的特征。同时,随着新一代消费者权益意识的觉醒,汽车金融公司提供产品和服务的同时,也要更加重视消费者权益,切实维护消费者利益。汽车金融机构有一套先进的电子化信贷控制系统,能够针对汽车消费的特点,开发出专门的风险评估模型、抵押登记管理系统、催收系统、不良债权处理系统等。经营管理的专业化程度高。在营运中,从金融产品设计、开发、销售和售后服务专业,汽车金融公司都有一套标准化的业务操作系统,这种独立的标准化的金融服务节省了交易费用,提高了交易效率,赢得了规模经济优势。

随着消费者选择融资的原因改变,金融产品开始摆脱同质化,差异化产品随之涌现,在需求端,更多消费者开始处于资产管理考虑而选择购车融资方案,多方考量其他消费或者投资,对比选择更适合自身资金状况的金融方案,以此提升资产配置灵活度,因此对汽车金融产品提出了更高的要求。在供给端,由于差异化产品有限,产品竞争力愈发关键。为摆脱单一价格竞争并获取更大份额和利润空间,金融企业逐步推出差异化产品吸引消费者,借助产品方案的灵活性和增值服务脱颖而出。例如针对细分客群和消费者提供定制化程度较高的产品方案。针对细分客群涉及的产品,考虑客户的征信特征和金融需求,为消费者定制参数可调节的个性化产品,根据信用情况,客户在一定范围内可选择首付比例。汽车金融产品附加服务创新的背后需要丰富的能力支撑,包括深度洞察客群,打造用户数据全程风险管控和精确余值管理。只有不断提升自身能力,才能打造真正具备竞争力的产品,从而避免单一的价格战。

因此,由于不同汽车金融服务机构间的基础产品逐渐趋于标准化、同质化,汽车金融服务机构的竞争将从提高贷款利率等基础金融产品,转移至提供附加服务的能力。汽车金融的附加服务包括但不限于贷中和贷后的汽车保险、保修、保养,以及把还款情况良好的客户加入信用白名单等,实现客户体验的最佳化、便捷化,通过汽车金融服务机构提供附加服务,客户使用汽车金融将不再仅仅是出于融资需要,而是能在整个汽车使用周期中获得全方位的服务,以优化服务结构,建立良好的协调能力,提高自身的组织性与凝聚力,创新特色金融服务。

3. 直租爆发

汽车"以租代购"模式兴起,汽车直租迎来爆发式增长。以租代购不用交高额的首付就能轻松地把汽车开走,它是汽车销售的一种延展,由租赁公司取代银行,让消费者从烦琐的贷款手续解放出来。消费者逐月支付租金,是消费者实现低首付和零首付分期买车的一种消费形式,消费者先用后买,租赁期结束后再将汽车过户给自己。近年来,随着我国汽车行业的飞速发展以及人们消费观念的不断提高,以租代购的汽车销售模式逐渐被更多的人了解、接受,中国的汽车融资租赁业务将从回租为主循序渐进向直租方向发展。行业预测,汽车直租业务将在 2~3 年后进入快速增长期,预计 2025 年渗透度将达到 20%,10 年后,中国将出现资产规模很大的汽车直租公司。未来 15 年,直租业务将有 1~5 倍的增长空间。

汽车以租代购有以下两大发展前景。

(1)有较大的发展潜力

随着金融的不断发展,人们的消费观念开始超前化,以租代购受到越来越多的人青睐。它的核心是将汽车的所有权和使用权分离,租赁到期后再将所有权过户给客户。故而,对于汽车融资而言,以租代购属于一种新形态,并且会得到全新的发展契机,进而有望使得汽车行业带动相关行业迎来良好的发展前景。

就汽车以租代购的本质而言,它是一种新兴的购车方式,与传统的分期购车有所不同,以租代购让购车更加便捷。以租代购这种购车方式,有效地实现了车辆购买使用权和所有权的分离。客户采取以租代购方式购车,可以先拥有对产品汽车的使用权,然后再具有所有权,依照汽车合同的租赁期,每月按时偿还租金。与以往购车融资不同的是,采取以租代购这个模式有更加明显的优势。其主要优势有两点:第一是传统的车贷其首付成本比较高,而以租代购并没有,且用车租金一般少于分期所支付的月供;第二是这种模式能够让一些潜在顾客成为真正的消费者,即购车实力较为缺乏者。并且将以租代购所有权设置为归以租代购单位,可有效防止无继续偿还租金能力或者是未按期支付租金过程中所引发的风险,可有效保障物权持有者的利益。

据相关调查显示,全世界的汽车行业中以租代购的项目最完善的市场处于西方欧美国家。根据相关数据调查,美国在 21 世纪初就通过以租代购的汽车销售模式出售汽车,其中采取以租代购的销售模式所售出的新车占总车辆的 37%。随着汽车租赁模式的运行,汽车租赁模式在汽车销售中所占的比例正在逐年上升,在这种背景之下,我国以租代购模式还处于起步阶段。有数据显示,2015 年,我国整体金融放款车辆大约有商务车 170 万台,乘用车 700 万台。汽车相关金融机构放款大约为 400 万台,而采取以租代购模式的只有 30 万台,银行方面放款车辆大约占 300 万台,其中融资机构放款台数大约占总放款台数的 4%。另外,相较于渗透率而言,美国的汽车业务渗透率高达 80%,而以租代购项目的占比大约为 47%。我国银行协会公布的 2015 年中国汽车金融机构行业发展报告中显示,我国到 2015 年汽车金融市场的规模将可高达八千亿左右。汽车金融的总渗透率也达到了将近 40%,在 2015 年的车辆金融领域各个方面中,以租代购类的占比依旧较低,未超过5%,故而,在这方面具有很大的市场发展前景。总之无论是车辆以租代购的占比或者是金融渗透率方面来讲,我国以租代购的汽车市场有着很大的发展空间。

(2)抢滩市场

有调查表明,我国目前车辆金融服务的方式共有三种类型:第一种是按揭借贷的方式,由保险公司与商业银行共同建立;第二种是分期支付的方式,是由汽车加工的厂商所建立的;第三种是以租代购的方式,是由汽车的服务公司所参与的。有关人士认为,上述三种服务模式既存在一定的优势,也存在一定的劣势,其中商业银行缺点在于其缺乏业务专业性,所提供的金融业务并不全面,且对于单笔车辆信贷额度很小,需要办理较为烦琐的手续;汽车金融机构所存在的劣势是融资渠道非常的窄。中国汽车金融机构所具备的资金与商业银行相比并不充足;对于资产证券化商品与金融债有很严格的要求,暂时难以通过发售应收款项融资、买车储蓄、企业债、商业票据等这些渠道进行筹资。相较于汽车金融机构与商业银行模式的劣势而言,以租代购方式有着更加明显的优势,对于汽车产品的选择更加灵活,融资的选择是多样化的,能够结合消费者自身的情况来进行选择。最重要的是消费者首付的费用很低,能够被大多数消费者认可,有效地降低了消费者买车的门槛,鼓励更多消费者进行买车的消费,付款的方式也更加的灵活,方便消费者购买。最重要的是以租代购这种方式满足一定的简单条件就可以进行办理,不需要去看个人征信。只要客户满足一定的年龄要求,没有法院执行记录,也没有逾期提供身份证、驾驶证和银行卡,就可以办理以租代购。不仅省去了购车首付,还能够分期付款,省下一次性购车的费用,让消费者进行其他投资。

随着国家扶持力度的增大,国家颁布相关政策。结合以租代购这样的方式特点,将以租代购这个销售模式当作有效的动力来推动汽车销售行业的发展。但是在现阶段中,以租代购在汽车行业中实行面临的最大困境是,一些新兴的金融单位和创业公司很难进入汽车市场。当前大量的以租代购销售模式是以二手汽车市场作为主要方向。据有关调查显示,我国至2020年时,预计我国汽车消费市场到2020年二手汽车的销售量将会达到2 000万辆,新车销售量则会达到3 000万辆,同时我国汽车市场的规模会更进一步的扩大化,特别是二手车的金融业务有很大的发展空间,并且是今后主要侧重的一个发展市场。

汽车以租代购之发展策略如下。

①拓宽融资渠道。

实际上,对汽车租赁企业而言,拓宽融资渠道是最为重要的。无论是国家所颁布的相关政策,还是汽车行业的发展情况,都对汽车行业融资渠道起着决定性的作用。目前,由于受到我国国情的影响,国内的汽车金融企业中,企业融资的渠道主要是银行。因为我国很少有汽车金融企业能够采取多渠道、多方向的融资,因此资金面的狭窄在很大程度上制约了汽车金融行业的发展。而且我国尚无信贷联盟,因此需要国家出台相关政策,让以租代购公司能够通过债券方式进行融资,以此来推动汽车金融企业的进一步发展。

②发展我国的二手车市场。

要想推动我国以租代购市场进一步发展,其中重要的一个措施就是大力发展二手车市场,以此来唤醒人们更换汽车的意识。但这对于二手车市场的要求相对较高,需要发展较为完善且成熟的一个二手车市场,故而需要我国有关部门对二手车市场进行严格监管,不断进行规范,促使其逐渐发展成熟、完善。

③加强建设信息系统。

对于租赁行业而言,其主要属于一种信誉消费。良好的信誉对于汽车以租代购行业而言,是确保其得到持续发展的一个保障,需要银行及我国政府部门介入其中。故而相关监管部门应当建立起一个专业平台,对租赁物品编号及其相关信息进行登记,既便于统一规范管理,还能够避免一些不必要的纠纷。

④加强控制租赁风险。

目前,我国社会信用体系并不是很完善,然而对于汽车以租代购业务而言,不可由于体系不完善而出现停滞现象。故而,需要通过采取一系列技术手段对租赁过程中会出现的风险进行控制,如租赁保证金等。

⑤建立一个央行征信系统。

对于中央银行而言,应当将其功能充分发挥出来,建立一个征信系统,将以租代购公司信用记录在系统中,以便于查询。

总之,以租代购作为汽车金融的重要组成部分,不仅能够为汽车经销商和厂商带来利润,更能够方便消费者。以租代购也会在汽车行业中得到更好的发展,从而带动整个汽车行业的发展。

4. 新业态起步

汽车工业是我国国民经济的支柱,虽然我国汽车工业已进入高速发展阶段,但入世后的竞争使它必须保持长期、稳定的增长,同时不断进行技术创新,汽车金融服务是依托并促进汽车工业发展的规模很大的金融产业,可以成为汽车工业发展的助推器;对汽车厂商而言,汽车金融服务通过对经销商的库存融资和对客户的消费信贷,促进了汽车销售过程中批发资金和零售价资金的相互分离;对消费者而言,由于汽车的高折旧性,消费者更倾向于以分期付款的方式来购买汽车,这不仅可以解决其支付能力不足的问题,更重要的是降低了消费者资金运用的机会成本,而汽车工业又具有极强的技术性,这就要求有专门的机构来为消费者提供这种信贷及技术服务。

汽车金融是汽车产业快速发展的催化剂,凭借灵活多样的金融产品和便捷周到的服务手段,不仅有利于汽车销售市场的持续拓展,更给汽车金融机构带来高额利润。近年来,国际汽车销售中汽车信贷的渗透率逐渐提高,我国汽车金融行业的发展也非常迅猛,各大汽车生产商相继在华成立汽车金融公司。然而,在国内汽车金融公司业绩直线飙升的同时,在业务中遇到的困难也极大地限制了其未来发展。本文介绍了国内外汽车金融行业的发展历程,重点讨论中国汽车金融行业面临的各种困境,包括行业竞争、政策约束、金融环境、专业人才等。

目前,汽车金融公司在中国面临诸多挑战。首先,申请牌照条件苛刻,审核周期较长。其次,目前个人和企业信用记录只对银行机构开放,汽车金融公司无法获取个人信用信息,在开展业务时需承担巨大的风险。最后,汽车金融公司融资渠道单一、金融产品供给不足、手续烦琐、传统消费观念等原因,都制约了国内汽车金融业务的进一步发展。尽管汽车保险营业额在财产保险中居第一位,已占到了财产保险的50%以上。汽车金融在国外已经非常成熟。在中国汽车市场蓬勃发展状态之下,按理说,汽车金融业务也应该跟着水涨船高,但是"买车不用付全款"这种听起来很美的事情却在中国市场遭遇了"水土不服"的问题。一是汽车消费信贷需求不足;二是汽车金融公司服务能力不强;三是汽车金融的法律政策环境急需改善。应建立和完善统一规范的汽车金融业务法规,降低贷款成本。

《中国汽车金融行业现状调研分析及发展趋势预测报告(2016 版)》通过汽车金融项目研究团队多年来对汽车金融行业的监测调研,结合中国汽车金融行业发展现状及前景趋势,依托国家权威数据资源和一手的调研资料数据,对汽车金融行业现状及趋势进行全面、细致的调研分析,采用定量及定性的科学研究方法撰写而成。

《中国汽车金融行业现状调研分析及发展趋势预测报告(2016 版)》可以帮助投资者准确把握汽车金融行业的市场现状及发展趋势,为投资者进行投资作出汽车金融行业前景预判,挖掘汽车金融行业投资价值,同时提出汽车金融行业投资策略、营销策略等方面的建议。

在我国开展汽车金融服务,面临的主要问题是市场问题。一是信用体系极为缺乏。到目前为止,国内仍然没有建立起一个具有足够代表性的个人信用系统,社会化的信用体系极不健全。此外,信用观念在中国市场还有待普及。这个国内保险公司和商业银行为之挠头的问题,国外汽车金融服务商也会遇到。二是国内资本市场不发达,这对汽车金融服务商推出金融服务产品来说存在限制。三是国内金融市场还不完善。根据国际经验,我国的汽车金融将向着以下方向发展:一是商业银行将同专业化的汽车金融服务公司联合发展;二是金融服务向全方位方向发展;三是汽车金融公司将汽车金融风险管理专门化。

为支持我国汽车金融的发展,降低汽车金融的风险,建立征信法律制度、担保法律制度等完善的法律制度是汽车金融机构稳健经营的重要保障。随着我国汽车行业的不断发展,我们应该正视汽车金融发展中存在的种种问题,同时,要吸取国外先进的汽车金融公司的经验,使我国的汽车金融业逐步做强做大,使我国的老百姓都能享受到我国汽车金融公司的服务。

5. 金融科技应用

随着人工智能、大数据、区块链等技术在金融科技的应用不断深入,汽车零售商和经销商在金融科技应用方面也加快了步伐,主要涵盖贷前、贷中、贷后三大汽车金融链条。

贷前利用人工智能进行生物识别、OCR 识别、电子面签、电子合同等实现无纸化贷款流程,提升面签和审核效率;利用互联网大数据补充央行体系下传统征信数据,完善风控模型,同时,外部数据辅助构建反欺诈模型。目前,用于汽车金融的信用信息除央行征信数据外,还包括个人和企业在行政司法系统留下的负面履约信息和互联网金融、电商、运营商等新兴领域的信用数据。例如,行政司法信息是个人和企业在履行法定义务过程中形成的负面信息,主要由征信机构通过行政司法机关的信息共享平台获取;新兴领域信用数据是指互联网金融、电商、运营商等新兴领域的信用数据,主要由市场化征信机构(如百行征信)和金融科技公司实现覆盖;央行征信数据是指银行、汽车金融公司、消费金融公司、证券公司、保险公司等传统金融机构信贷过程的信用信息,由央行征信系统实现覆盖。总而言之,人工智能实现了贷款全流程的线上化、自动化和智能化;大数据在企业征信、反欺诈和信用评估方面得到全面应用;区块链优化了汽车金融贷款流程,保证了资金和信息的安全性。

贷中提供附加服务,通过大数据根据客户的购车需求和信用征信情况定制多样化、个性化的贷款方式、额度、价格,使消费者能够享受更多个性化的附加服务。发放贷款后,金融科技持续为汽车金融服务机构进行客户信用数据追踪和客户管理,对客户的车辆使用情况和客户还款情况、信用情况进行实时监控,对可能出现的逾期进行提前预警,提高汽车金融服务机构的风险管理能力。另外,通过电子签名、电子合同等技术实现远程签约,零售汽车金融服务机构得以为客户提供远程服务,从而降低人工成本和门店扩张成本。汽车金融电子合同的签订主要包括实名认证、意愿认证、电子签名、数据存证四个步骤,通过这些步骤,能够进行个人或企业实名认证,以防止身份冒用、欺诈等风险,实名认证后,通过短信验证或生物识别等方式进行意愿认证、合同的签署,同时,保证签约行为是签约人的真实意愿;认证通过后,汽车贷款人通过数字证书、电子印章系统、时间戳、数字签名验证等方式进行电子签名;最关键的是汽车金融合同签署的整个签署场景通过原文存证、摘要存证、区块链存证等方式进行存证。在零售汽车金融贷中,金融科技也持续为资金端提供反欺诈支持和提前风险预警。贷中的反欺诈和风险预警主要通过对"车"与"人"两方面的共同监控和追踪实现。对车的监控主要依赖于车载 GPS 和车联网大数据的应用,实时监控车辆驾驶轨迹,及时发现异常驾驶行为,防范欺诈行为;对人的关注主要是追踪客户的还款行为和其他信用情况,对可能发生的逾期行为进行提前预警,降低违约率,提高风控能力。

贷后面对贷款逾期问题,能够利用金融科技优化逾期贷款催收方式,并收集和管理客户信息,形成金融科技在零售汽车金融中的应用信用闭环,辅助二次营销。另外,汽车金融贷款的一次完整流程就已经实现了新一轮的信用信息采集。汽车金融贷后,金融科技还将继续为汽车金融服务机构进行客户管理,形成可循环使用的客户数据库。金融科技的引入在优化客户使用汽车金融服务体验的同时,还为下一轮汽车金融业务保留了新的信用数据,形成信用闭环,辅助二次营销。在零售汽车金融发生逾期后,人工电催、上门催收是传统的催收方式。在传统催收方式下,汽车金融服务机构主要采取人工方式进行催收,一旦客户出现逾期,则会有专门的催收人员进行电话催收、上门催收等,传统催收方式不仅人工成本高、效率低,而且难以管理催收人的情绪,客户体验差。为提高催收效率,同时减少暴力催收等违规催收行为的发生,汽车金融服务机构应用互联网、人工智能、大数据等技术建立智能催收系统。在智能催收系统下,不仅使用没有情绪的机器人来代替人,使得催收过程更加"人性化",提高客户体验,还根据客户的信贷情况进行催收评分,提高催收成功率。

随着零售汽车金融行业的蓬勃发展,金融科技公司也开始争相进入零售汽车金融场景,提供覆盖零售汽车金融贷前、贷中、贷后全流程解决方案。像百融金服,主要应用人工智能、大数据等技术,提供自动化审批流程、身份核验、反欺诈风险识别、额度策略、还款行为追踪、车辆 GPS 跟踪、失联自动报警、催收评分卡及催收机器人等产品和服务;车晓科技应用车联网通信、大数据、人工智能、区块链等,提供信用管理、风控技术输出、动产风险动态预估、智能终端、资产保全、科技保险、残值处置及金融资产科技管理等;谷米应用云计算、空间大数据、人工智能等进行实时监控、电子围栏、风险客户重点关注、监控车辆二次抵押行为及风险车辆数据报表等。金融科技公司的加入不仅提高了零售汽车金融的效率和风控,还改变了原有零售汽车金融市场的结构,促进了零售汽车金融市场的健康发展。

6. 马太效应凸显

自 2012 年起,中国乘用车市场进入微增长时代,各系别品牌格局逐渐清晰、明朗。2016年,中国汽车品牌份额达 43.3%,同比增长 2.0%,独占鳌头;其中中国品牌各厂家的市场份额排名日趋稳定,第一阵营的上汽通用五菱、长安乘用车、长城和吉利四巨头的地位无法撼动。TOP10 企业的销量集中度高达 75%，行业竞争加剧，淘汰进程日益加速，处于市场份额排名第 15 位的 L 企业汽车品牌，正面临最大的危机。（本段文字数据来源：乘用车保险数）

2017 年，国际货币基金组织（IMF）发布的《世界经济展望报告》中显示，全球产出上调至 3.7%，较 2016 年增速高 0.5%，全球经济复苏基础良好，预计 2018 年、2019 年全球增长均增长至 3.9%，说明全球经济增长势头加强且市场前景乐观。2017 年，我国制造业产值高达 242 707 亿元，占世界制造业总产值比例约 30%，总体产值以 7% 的高速度持续增长。不难看出，制造业在我国经济结构中具有不可忽视的影响力，而汽车制造作为其主导产业，涉及面广泛、技术更新快且与其他相关产业有较高的关联度和附加值。在良好的宏观经济环境下要坚持质量第一，效益优先，它的发展水平和实力可以有效地反映一个国家的综合国力和竞争力。我国汽车工业在国际范围内从产业规模、产业研发、结构调整等方面实现了跨越式的发展，已经形成了全系列、多品种的各类整车及零部件生产配套体系，成为全球汽车工业体系的重要组成部分，并逐步由汽车生产大国向汽车产业强国转变。普华永道研究报告预测 2019 年全球汽车销量将突破 1 亿辆，其中中国占比可达 40.4%。然而，汽车行业高速发展的同时也带来了环保、交通、能源等一系列社会问题。环境污染持续加剧，空气质量不断恶化，在节约资源、节能减排和循环经济的政策指引下，汽车轻量化以及新能源汽车成为我国汽车行业发展的新方向。

2018 年 1 月，受汽车购置税优惠政策退出，汽车转型升级尚未结束，空气质量不佳且进口关税下调等条件影响，我国汽车销量整体放缓。2017 年，我国乘用车销量为 2 471.83 万辆，同比增长仅 1.4%，但优秀的自主品牌依然保持较快的增速，上汽、广汽、吉利三大龙头齐头并进。其中，作为民族汽车企业代表的吉利优势明显，2017 年销量为 130.52 万辆，同比增长 63.31%，而其余自主车企则出现不同程度的回落，自主品牌汽车呈现出明显的马太效应，强者越强，弱者越弱，差距也越来越大。

随着全球经济的快速发展、基础设施建设的不断投入、物流行业的迅猛发展、城市环卫工作的机械化运作、便捷出行生活的需要，汽车作为主要的运输工具，广泛应用于居家生活、工程施工、物流运输和特种作业等相关领域。汽车工业作为国家的支柱产业，越发显现出其重要的作用和强大的发展势头。2017 年，我国汽车销量为 2 888 万辆，同比 2016 年增长高于 3%，其中商用车销量 416 万辆。2017 年，我国汽车出口 89.1 万辆，同比增长 25.8%，其中，商用车出口 25.2 万辆，同比下降 8.9%。面对国内激烈的行业竞争环境，汽车制造企业增长乏力、产能过剩，众多企业将发展的目标转向海外市场。但是随之而来的海外市场多样化的政治、经济和文化环境，使得营销活动变得十分复杂，无法"一招鲜吃遍天"。这时，如何选择海外营销策略就变得十分重要，海外营销策略能够提供选择目标市场的技术支持，指导海外营销活动的开展，保障营销活动的有序进行，积极防御和抵抗各类风险。

行业竞争环境日益加剧，各品牌的营销策略本地化竞争升级，如广汽 GS4，通过广东战略的局部战役的成功赢得了 SUV 整个战争的成功。上海通用五菱更是将渠道辐射至乡村，通过区域差异化的独特优势，占据了主动权。现有的竞争策略制订已经不能靠全国性的策略，将所有的消费者囊括其中，甚至以城市为单位的战略性竞争策略才能找到属于自己品牌的超级客户。汽车使用环境恶化、区域性的政策环境、经济性环境、技术壁垒及社会影响因素不尽相同，如北京、上海的限牌，北上广深与西北地区的经济环境不同，发达地区的技术壁垒突破快,各个地区的本地化社会构建要素不同导致消费者的购车用途不同等,了解每个省份的使用环境及竞争性环境十分必要。消费者本地化标签及消费观念的差距日益变大,消费者需求进一步变化,从"买便宜的"到"买优质的"、从买"大众的"到买"小众的"、从买"商品"到买"服务"、从"拥有"物品到"共享"物品,从满足生活基本需求到生活方方面面的精致化升级,消费者的消费能力和消费理念都在发生着变化。"消费"的个性化复杂度不断提升,原有单一甚至粗犷的分析维度已经无法满足现有的市场变化。

7. 产业链合作

我国拥有相对完整的汽车产业体系,将助力我国提升在全球范围内汽车价值链地位。2020 年 6 月,我国汽车产销量同比均刷新了历史新高,三季度汽车产业景气指数进一步持续转好。我国汽车产业供应链的完整性也将进一步为中国汽车产业集聚、规模效益和价值链地位攀升打下良好基础。

与此同时,大数据在各行各业的深度渗透已势不可当。对于已经进入创变融合时代的汽车产业而言,大数据在全产业链中所发挥的优势和作用愈加不可忽视。利用大数据来促进汽车全产业链实现转型升级,拓展汽车全产业链潜力及挖掘更加丰富的衍生价值,不失为一条高效途径。一方面,实现跨行业资源融合大数据,促进汽车全产业链有效联动。大数据可以帮助企业更加精准地洞察消费者的真实需求,以大数据为支撑将推动汽车产业从"经营产品"到"经营用户"转变,有利于提升市场营销的精准度,辨识用户需求,优化潜在客户培育,提升产品质量和对用户的服务质量,使用户获得更加优质的体验。同时,消费需求的个性化,要求传统制造业突破现有生产方式与制造模式,对消费需求所产生的海量数据与信息进行大数据处理与挖掘。另外,大数据也有效地推动了智能网联汽车的发展,通过大数据技术进行大规模机器学习和深度学习,对驾驶行为数据、车辆性能数据、车主人物画像、基于网联车辆的互联网行为等数据进行处理、分析和挖掘,提取数据中所包含的有价值信息。另一方面,建立完善汽车全产业链大数据体系,提升产业转型升级效率和质量。一定程度上讲,大数据将是驱动汽车产业变革的原动力。大数据的应用,真正的核心在于挖掘数据中的价值而不是简单的数据计算,由此建立和完善有助于汽车全产业链转型升级的大数据体系。在汽车产业向电动化、智能化、网联化、共享化的转型过程中,汽车产业内部的加速融合以及跨产业的联动将是必然趋势,大数据将发挥越来越重要的作用。

随着我国汽车产业快速发展,大批自主生产制造的本土品牌汽车投入市场。随着汽车产业的崛起,汽车金融业务也逐渐兴起,银行、汽车金融公司、租赁公司等机构纷纷涉足该领域,汽车金融业务助力汽车的销售,有效地解决了消费者买车的资金问题。

但是,技术创新未能推动汽车全产业链内涵式发展,技术创新多限于集成创新和再创新,缺乏原始创新能力,因此不能从根本上改变汽车全产业链的发展结构,导致产业链结构层次较低,整体附加值仍有待提升,汽车全产业链应对风险和持续发展的能力未得到强化,而且关联产业仅能推动汽车全产业链的外延式发展,汽车全产业链金融服务水平亟待提升。目前,我国汽车金融产业的金融服务主要聚焦在汽车后市场环节,包括三类基本产品:车贷+保险+租赁。我国早期汽车金融市场主体以商业银行为主,在后期发展中逐渐出现了各种专业的汽车金融公司。从市场竞争格局看,商业银行在汽车金融市场仍处于主导地位,而汽车金融公司的市场份额却只有很少一部分。究其原因,主要是在政策导向,资金成本、客户层次等市场因素只是表层原因。

因此，产业链金融服务应该构建常态化政企沟通机制。金融行业监管趋严的背景下，产业链金融服务的授信业务涉及较多法律问题。必须明确政策法规的执行范围，同时积极表达诉求：降低资产证券化业务准入限制，允许从事买方信贷业务的汽车企业财务公司与汽车金融公司享受同等政策待遇，从而为整车销售提供更为全面的优质金融服务。同时加强有关金融衍生品的创新。通过优化金融服务、推出更具有创新性的汽车金融产品，汽车金融公司可以有效降低经营业务的风险，避免宏观经济波动及金融市场的系统性风险。这要求有关机构不断扩展并创新汽车产业的价值链，合理化车辆和相关金融产品的定价，促进汽车产业与金融服务业的融合与并行发展。在国外汽车金融服务公司中，克莱斯勒公司的金融财务业务、通用公司的汽车票据承兑业务和福特公司汽车信贷业务等，都通过这种方式更好地降低了行业风险，稳定了公司的发展。

近年来，在互联网信息技术行业，BAT互联网三巨头都对汽车金融市场进行了布局。阿里整合阿里汽车和蚂蚁金服等内部优势资源，通过天猫平台推出了"车秒贷"；腾讯集团凭借其在社交领域的优势，也开始试水汽车互联网金融，并推出了针对特定汽车品牌的购车理财产品；百度也紧随其后，致力于加强车贷与车险供应商之间的合作关系，以求优势资源互补。同时部分汽车金融服务机构逐渐重视加强汽车产业链建设，通过加强产业链合作，发挥汽车金融服务的优势，从而更好地带动经济，促进我国汽车产业的发展。

附　录

附加险

　　附加险条款的法律效力优于主险条款。附加险条款未尽事宜,以主险条款为准。除附加险条款另有约定外,主险中的责任免除、双方义务同样适用于附加险。主险保险责任终止的,其相应的附加险保险责任也同时终止。

　　①附加绝对免赔率特约条款

　　②附加车轮单独损失险

　　③附加新增加设备损失险

　　④附加车身划痕损失险

　　⑤附加修理期间费用补偿险

　　⑥附加发动机进水损坏除外特约条款

　　⑦附加车上货物责任险

　　⑧附加精神损害抚慰金责任险

　　⑨附加法定节假日限额翻倍险

　　⑩附加医保外医疗费用责任险

　　⑪附加机动车增值服务特约条款

附加绝对免赔率特约条款

　　绝对免赔率为5%、10%、15%、20%,由投保人和保险人在投保时协商确定,具体以保险单载明为准。

　　被保险机动车发生主险约定的保险事故,保险人按照主险的约定计算赔款后,扣减本特约条款约定的免赔。即:

$$主险实际赔款=按主险约定计算的赔款×(1-绝对免赔率)$$

附加车轮单独损失险

投保了机动车损失保险的机动车,可投保本附加险。

第一条　保险责任

保险期间内,被保险人或被保险机动车驾驶人在使用被保险机动车过程中,因自然灾害、意外事故,导致被保险机动车未发生其他部位的损失,仅有车轮(含轮胎、轮毂、轮毂罩)单独的直接损失,且不属于免除保险人责任的范围,保险人依照合同约定的本附加险负责赔偿。

第二条　责任免除

(一)车轮(含轮胎、轮毂、轮毂罩)的自然磨损、朽蚀、腐蚀、故障、本身质量缺陷;

(二)未发生全车盗抢,仅车轮单独丢失。

第三条　保险金额

保险金额由投保人和保险人在投保时协商确定。

第四条　赔偿处理

(一)发生保险事故后,保险人依据本条款约定在保险责任范围内承担赔偿责任。赔偿方式由保险人与被保险人协商确定;

(二)赔款=实际修复费用-被保险人已从第三方获得的赔偿金额;

(三)在保险期间内,累计赔款金额达到保险金额,本附加险保险责任终止。

附加新增加设备损失险

投保了机动车损失保险的机动车,可投保本附加险。

第一条　保险责任

保险期间内,投保了本附加险的被保险机动车因发生机动车损失保险责任范围内的事故,造成车上新增加设备的直接损毁,保险人在保险单载明的本附加险的保险金额内,按照实际损失计算赔偿。

第二条　保险金额

保险金额根据新增加设备投保时的实际价值确定。新增加设备的实际价值是指新增加设备的购置价减去折旧金额后的金额。

第三条　赔偿处理

发生保险事故后,保险人依据本条款约定在保险责任范围内承担赔偿责任。赔偿方式由保险人与被保险人协商确定。

赔款=实际修复费用-被保险人已从第三方获得的赔偿金额。

附加车身划痕损失险

投保了机动车损失保险的机动车,可投保本附加险。

第一条　保险责任

保险期间内,被保险机动车在被保险人或被保险机动车驾驶人使用过程中,发生无明显碰撞痕迹的车身划痕损失,保险人按照保险合同约定负责赔偿。

第二条　责任免除

(一)被保险人及其家庭成员、驾驶人及其家庭成员的故意行为造成的损失;

(二)因投保人、被保险人与他人的民事、经济纠纷导致的任何损失;

(三)车身表面自然老化、损坏,腐蚀造成的任何损失。

第三条　保险金额

保险金额为 2 000 元、5 000 元、10 000 元或 20 000 元,由投保人和保险人在投保时协商确定。

第四条　赔偿处理

(一)发生保险事故后,保险人依据本条款约定在保险责任范围内承担赔偿责任,赔偿方式由保险人与被保险人协商确定;

$$赔款 = 实际修复费用 - 被保险人已从第三方获得的赔偿金额$$

(二)在保险期间内,累计赔款金额达到保险金额,本附加险保险责任终止。

附加修理期间费用补偿险

投保了机动车损失保险的机动车,可投保本附加险。

第一条　保险责任

保险期间内,投保了本条款的机动车在使用过程中,发生机动车损失保险责任范围内的事故,造成车身损毁,致使被保险机动车停驶,保险人按保险合同约定,在保险金额内向被保险人补偿修理期间费用,作为代步车费用或弥补停驶损失。

第二条　责任免除

下列情况下,保险人不承担修理期间的费用补偿:

(一)因机动车损失保险责任范围以外的事故而致被保险机动车的损毁或修理;

(二)非在保险人认可的修理厂修理时,因车辆修理质量不合要求造成返修;

(三)被保险人或驾驶人拖延车辆送修期间。

第三条　保险金额

本附加险保险金额＝补偿天数×日补偿金额。补偿天数及日补偿金额由投保人与保险人协商确定并在保险合同中载明,保险期间内约定的补偿天数最高不超过 90 天。

第四条　赔偿处理

全车损失,按保险单载明的保险金额计算赔偿;部分损失,在保险金额内按约定的日补偿金额乘以从送修之日起至修复之日止的实际天数计算赔偿,实际天数超过双方约定修理天数的,以双方约定的修理天数为准。

保险期间内,累计赔款金额达到保险单载明的保险金额,本附加险保险责任终止。

附加车上货物责任险

投保了机动车第三者责任保险的营业货车(含挂车),可投保本附加险。

第一条　保险责任

保险期间内,发生意外事故致使被保险机动车所载货物遭受直接损毁,依法应由被保险人承担的损害赔偿责任,保险人负责赔偿。

第二条　责任免除

(一)偷盗、哄抢、自然损耗、本身缺陷、短少、死亡、腐烂、变质、串味、生锈,动物走失、飞失、货物自身起火燃烧或爆炸造成的货物损失;

(二)违法、违章载运造成的损失;

(三)因包装、紧固不善,装载、遮盖不当导致的任何损失;

(四)车上人员携带的私人物品的损失;

(五)保险事故导致的货物减值、运输延迟、营业损失及其他各种间接损失;

(六)法律、行政法规禁止运输的货物的损失。

第三条　责任限额

责任限额由投保人和保险人在投保时协商确定。

第四条　赔偿处理

(一)被保险人索赔时,应提供运单、起运地货物价格证明等相关单据。保险人在责任限额内按起运地价格计算赔偿;

(二)发生保险事故后,保险人依据本条款约定在保险责任范围内承担赔偿责任,赔偿方式由保险人与被保险人协商确定。

附加发动机进水损坏除外特约条款

投保了机动车损失保险的机动车,可投保本附加险。

保险期间内,投保了本附加险的被保险机动车在使用过程中,因发动机进水后导致的发动机直接损毁,保险人不负责赔偿。

附加精神损害抚慰金责任险

投保了机动车第三者责任保险或机动车车上人员责任保险的机动车,可投保本附加险。

在投保人仅投保机动车第三者责任保险的基础上附加本附加险时,保险人只负责赔偿第三者的精神损害抚慰金;在投保人仅投保机动车车上人员责任保险的基础上附加本附加险时,保险人只负责赔偿车上人员的精神损害抚慰金。

第一条　保险责任

保险期间内,被保险人或其允许的驾驶人在使用被保险机动车的过程中,发生投保的主险约定的保险责任内的事故,造成第三者或车上人员的人身伤亡,受害人据此提出精神损害赔偿请求,保险人依据法院判决及保险合同约定,对应由被保险人或被保险机动车驾驶人支付的精神损害抚慰金,在扣除机动车交通事故责任强制保险应当支付的赔款后,在本保险赔偿限额内负责赔偿。

第二条　责任免除

(一)根据被保险人与他人的合同协议,应由他人承担的精神损害抚慰金;

(二)未发生交通事故,仅因第三者或本车人员的惊恐而引起的损害;

(三)怀孕妇女的流产发生在交通事故发生之日起30天以外的。

第三条　赔偿限额

本保险每次事故赔偿限额由保险人和投保人在投保时协商确定。

第四条　赔偿处理

本附加险赔偿金额依据生效法律文书或当事人达成且经保险人认可的赔付协议,在保险单所载明的赔偿限额内计算赔偿。

附加法定节假日限额翻倍险

投保了机动车第三者责任保险的家庭自用汽车,可投保本附加险。

保险期间内,被保险人或其允许的驾驶人在法定节假日期间使用被保险机动车发生机动车第三者责任保险范围内的事故,并经公安部门或保险人查勘确认的,被保险机动车第三者责任保险所适用的责任限额在保险单载明的基础上增加一倍。

附加医保外医疗费用责任险

投保了机动车第三者责任保险或机动车车上人员责任保险的机动车,可投保本附加险。

第一条　保险责任

保险期间内,被保险人或其允许的驾驶人在使用被保险机动车的过程中,发生主险保险事故,对于被保险人依照中华人民共和国法律(不含港澳台地区法律)应对第三者或车上人员承担的医疗费用,保险人对超出《道路交通事故受伤人员临床诊疗指南》和国家基本医疗保险同类医疗费用标准的部分负责赔偿。

第二条　责任免除

下列损失、费用,保险人不负责赔偿:

(一)在相同保障的其他保险项下可获得赔偿的部分;

(二)所诊治伤情与主险保险事故无关联的医疗、医药费用;

(三)特需医疗类费用。

第三条　赔偿限额

赔偿限额由投保人和保险人在投保时协商确定,并在保险单中载明。

第四条　赔偿处理

被保险人索赔时,应提供由具备医疗机构执业许可的医院或药品经营许可的药店出具的、足以证明各项费用赔偿金额的相关单据。保险人根据被保险人实际承担的责任,在保险单载明的责任限额内计算赔偿。

附加机动车增值服务特约条款

第一条　投保了机动车保险后,可投保本特约条款。

第二条　本特约条款包括道路救援服务特约条款、车辆安全检测特约条款、代为驾驶服务特约条款、代为送检服务特约条款共四个独立的特约条款,投保人可以选择投保全部特约条款,也可以选择投保其中部分特约条款。保险人依照保险合同的约定,按照承保特约条款分别提供增值服务。

第一章　道路救援服务特约条款

第三条　服务范围

保险期间内,被保险机动车在使用过程中发生故障而丧失行驶能力时,保险人或其受托人根据被保险人请求,向被保险人提供以下道路救援服务。

(一)单程 50 公里以内拖车;

(二)送油、送水、送防冻液、搭电;

(三)轮胎充气、更换轮胎;

(四)车辆脱离困境所需的拖拽、吊车。

第四条　责任免除

(一)根据所在地法律法规、行政管理部门的规定,无法开展相关服务项目的情形;

(二)送油、更换轮胎等服务过程中产生的油料、防冻液、配件、辅料等材料费用;

(三)被保险人或驾驶人的故意行为。

第五条　责任限额

保险期间内,保险人提供 2 次免费服务,超出 2 次的,由投保人和保险人在签订保险合同时协商确定,分为 5 次、10 次、15 次、20 次四挡。

第二章　车辆安全检测特约条款

第六条　服务范围

保险期间内,为保障车辆安全运行,保险人或其受托人根据被保险人请求,为被保险机动车提供车辆安全检测服务,车辆安全检测项目包括:

(一)发动机检测(机油、空滤、燃油、冷却等);

(二)变速器检测;

(三)转向系统检测(含车轮定位测试、轮胎动平衡测试);

(四)底盘检测;

(五)轮胎检测;

(六)汽车玻璃检测;

(七)汽车电子系统检测(全车电控电器系统检测);

(八)车内环境检测;

(九)蓄电池检测;

(十)车辆综合安全检测。

第七条　责任免除

(一)检测中发现的问题部件的更换、维修费用;

(二)洗车、打蜡等常规保养费用;

(三)车辆运输费用。

第八条　责任限额

保险期间内,本特约条款的检测项目及服务次数上限由投保人和保险人在签订保险合同时协商确定。

第三章　代为驾驶服务特约条款

第九条　服务范围

保险期间内,保险人或其受托人根据被保险人请求,在被保险人或其允许的驾驶人因饮酒、服用药物等原因无法驾驶或存在重大安全驾驶隐患时提供单程 30 公里以内的短途代驾服务。

第十条　责任免除

根据所在地法律法规、行政管理部门的要求,无法开展相关服务项目的情形。

第十一条　责任限额

保险期间内,本特约条款的服务次数上限由投保人和保险人在签订保险合同时协商确定。

第四章　代为送检服务特约条款

第十二条　服务范围

保险期间内,按照《中华人民共和国道路交通安全法实施条例》,被保险机动车需由机动车安全技术检验机构实施安全技术检验时,根据被保险人请求,由保险人或其受托人代替车辆所有人进行车辆送检。

第十三条　责任免除

(一)根据所在地法律法规、行政管理部门的要求,无法开展相关服务项目的情形;

(二)车辆检验费用及罚款;

(三)维修费用。

参考文献

［1］强添刚,张文会.汽车金融［M］.3 版.北京:人民交通出版社,2019.

［2］苏斌,周建珊,肖钢.汽车金融［M］.广州:华南理工大学出版社,2007.

［3］张国新.汽车金融与贸易:理实一体化教程［M］.2 版.上海:上海交通大学出版社,2016.

［4］何忧予.汽车金融服务［M］.北京:机械工业出版社,2006.

［5］吴兴敏,吴志强.二手车鉴定与评估［M］.2 版.北京:人民邮电出版社,2014.

［6］祁翠琴.汽车保险与理赔［M］.3 版.北京:机械工业出版社,2017.

［7］张一兵.汽车租赁业务与管理［M］.2 版.北京:机械工业出版社,2020.

［8］田苗,余庆瀛,瞿芮,等.汽车消费金融存在问题及规范探究［J］.现代经济信息,2020
（11）:138-139.

［9］谭任杰,洪醒醒,林铨.新零售时代汽车金融的创新与监管趋势初探［J］.惠州学院学报,
2020,40（5）:48-53.

［10］向颖佳.汽车金融支持实体经济效应研究［J］.消费导刊,2018(8):159.

［11］魏道辉.互联网消费金融发展现状研究［J］.广西质量监督导报,2019(8):229.

［12］梁旺春.汽车零部件企业成本管控研究:以天津泓德汽车为例［J］.中国市场,2019(6):
115-116.

［13］刘芃芃,李丹.共享汽车成本分析［J］.国际公关,2019(11):291.

［14］李建全.价值链视角下的江淮汽车成本管理［J］.现代商贸工业,2020,41（23）:
114-116.

［15］许海东.新型冠状病毒肺炎疫情对中国汽车市场的影响［J］.上海汽车,2020(5):1-3.

［16］韩玉龙.浅析 2018 年我国汽车销量下滑与新能源汽车市场高涨成因［J］.南方农机,
2019,50(7):245.

［17］辛国斌.正视汽车产业发展新阶段的新问题［J］.汽车纵横,2020(11):24-25.

［18］陈昂.我国汽车金融行业现状及发展预测［J］.现代营销·学苑版,2019(2):34-35.

［19］侯家明.“互联网+”背景下汽车金融发展探讨［J］.合作经济与科技,2020(12):62-64.

［20］梁环忠,林靖,林虹利.汽车消费金融营销策略探析:以大众汽车金融公司为例［J］.天

津商务职业学院学报,2020,8(1):51-60.

[21] 罗钰."互联网+"背景下我国汽车金融的市场研究[J].中国商论,2019(23):60-61.

[22] 张丽.互联网汽车金融风险及法律规制[D].上海:华东政法大学,2018.

[23] 蔡姗姗.B 汽车金融公司信贷风险管理优化研究[D].西安:西北大学,2019.

[24] 韩作兰.金融风险防控背景下 A 汽车金融公司内部风险管理研究[D].昆明:云南师范大学,2018.

[25] 刘兆玮.A 公司汽车金融风险管理研究[D].大连:大连海事大学,2019.

[26] 陈思迎.大数据背景下机动车辆保险欺诈风险及其防范研究[D].成都:西南财经大学,2019.

[27] 张宝雷.网约车融资租赁风险管理研究:以 FA 公司为例[D].北京:中国社会科学院研究生院,2020.

[28] 菲利普·科特勒,加里·阿姆斯特朗,洪瑞云,等.市场营销原理(亚洲版)[M].何志毅,赵占波,译.2 版.北京:机械工业出版社,2012.

[29] 徐岗.MQ 公司营销渠道管理改进研究[D].济南:山东大学,2018.

[30] 王晓.众腾汽车销售有限公司营销渠道改进研究[D].绵阳:西南科技大学,2019.

[31] 马春阳.探析汽车销售渠道下沉[J].汽车工业研究,2012(6):38-41.

[32] 王俊保.汽车金融公司零售产品市场营销渠道优化研究[J].经贸实践,2019(16):204.

[33] 罗兰贝格管理咨询.汽车金融市场进入发展新阶段,新兴细分市场前景可期(下)[J].汽车与配件,2020(24):62-66.

[34] 呼宁.我国汽车金融的发展趋势研究[J].现代商贸工业,2018(7):137-138.

[35] 孙敏娴.互联网金融背景下我国汽车金融市场发展现状与问题探究[J].中外企业文化,2020(7):31-32.

[36] 殷顺平.汽车融资租赁业的前景发展探究[J].当代会计,2019(5):40-41.

[37] 秦晓云.有形动产以租代购业务的会计与税务处理问题探讨:以汽车融资租赁公司为例[J].商业会计,2019(5):59-62.

[38] 吴胜春.汽车金融走出边缘[J].经济导刊,2003(8):18-20.

[39] 杨晓光.汽车金融市场要开放,国内商业银行咋应对[J].中国城市金融,2003(2):17-19.

[40] 刘畅.汽车金融:等待绿灯[J].经济导刊,2003(8):21-25.

[41] 许会斌.汽车金融服务中市场主体的合作[J].中国金融,2003(10):20-21.

[42] 曾磊.ZL 长尾式消费金融商业模式研究[D].广州:广东工业大学,2019.

[43] 杜宜君.我国城市信用体系建设监测指标研究:基于第三方信用服务机构视角[D].北京:北京交通大学,2019.

[44] 杨筱溪,段丁强.大学生互联网消费信贷风险影响因素及防范策略:基于"蚂蚁花呗"平台视角[J].河北金融,2019(11):61-65.

[45] 马路贤.互联网金融前景展望[J].合作经济与科技,2019(21):68-69.

[46] 刘森.基于修正 KMV 模型对汽车类上市公司供应链金融信用风险研究[D].南昌:江西财经大学,2019.

[47] 何雪乔. 基于供应链金融的中小企业信用风险评价研究[D]. 大连：大连海事大学,2019.

[48] 吴泽航. 基于哈佛分析框架对吉利汽车公司的财务分析[D]. 石家庄：河北师范大学,2019.

[49] 于国涛. ZX 汽车集团公司海外市场营销策略研究[D]. 济南：山东大学,2018.

[50] 宋文雄. L 汽车企业营销策略研究：区域差异化视角下的河北市场分析[D]. 北京：对外经济贸易大学,2018.

[51] 高运胜,孙露,张玉连. 新冠疫情全球蔓延对我国汽车产业链的冲击与机遇[J]. 国际贸易,2020(11):36-44.

[52] 袁俊华. 新业态下财务公司产业链金融服务：以江铃汽车集团财务有限公司为例[J]. 银行家,2019(9):100-103.

[53] 张雯. 嘉定汽车全产业链发展现状、问题及对策[J]. 科学发展,2019(7):27-32.

[54] 李梦. 浅析我国汽车金融发展[J]. 山东纺织经济,2019(6):25-28.

[55] 石静. 我国汽车金融发展现状与对策研究[D]. 成都：西南交通大学,2014.